Culture post-coloniale 1961-2006

Collection Mémoires/Histoire

Le suivi éditorial a été assuré par Bertrand Richard.

Tél. : 01 44 73 80 00. Fax : 01 44 73 00 12. E-mail : contact@autrement.com
ISBN : 978-2-7467-0895-7. ISSN : 1157-4488.
Dépôt légal : octobre 2006. Imprimé en France.

PASCAL BLANCHARD ET NICOLAS BANCEL
En collaboration avec SANDRINE LEMAIRE

Culture post-coloniale 1961-2006

Traces et mémoires coloniales en France

Cet ouvrage a été réalisé en collaboration avec l'Association connaissance de l'histoire de l'Afrique contemporaine (ACHAC)

Éditions Autrement - collection Mémoires n° 126

SOMMAIRE

AVANT-PROPOS
CULTURE POST-COLONIALE : LE TEMPS DES HÉRITAGES

Nicolas Bancel et Pascal Blanchard

Dans le long cheminement qui consiste à déceler dans la société française les traces de l'entreprise coloniale, nous avons retenu un découpage en quatre temps : une phase de sensibilisation de l'opinion (du XVIIe siècle jusqu'aux débuts de la IIIe République) ; une période où émerge une « culture coloniale » en métropole (1871-1931)[1] ; une époque où s'affirme une culture impériale (de l'Exposition coloniale internationale de 1931 jusqu'à la fin des indépendances, au début des années 1960)[2] ; et enfin la période des héritages postcoloniaux (depuis la fin de la guerre d'Algérie jusqu'au débat de 2005 sur le « retour de mémoire coloniale »), qui fait l'objet du présent ouvrage. Nous avons déjà, dans des travaux antérieurs, appréhendé la question des « héritages[3] » et du retour du refoulé mémoriel[4]. L'idée est donc ici différente : il s'agit de mesurer en quoi (et sous quelle forme) se perpétuent, se

1. Nous renvoyons au premier tome de notre travail, sous la direction de Pascal Blanchard et Sandrine Lemaire, *Culture coloniale. La France conquise par son Empire (1871-1931)*, Autrement, 2003.
2. Nous renvoyons au second tome sous la direction de Pascal Blanchard et Sandrine Lemaire, *Culture impériale. Les colonies au cœur de la République (1931-1961)*, Autrement, 2004.
3. Pascal Blanchard, Nicolas Bancel et Sandrine Lemaire (dir.), *La Fracture coloniale. La société française au prisme de l'héritage colonial*, La Découverte, 2005.
4. Nicolas Bancel, Pascal Blanchard et Françoise Vergès, *La République coloniale. Essai sur une utopie*, Albin Michel, 2004 ; Nicolas Bancel et Pascal Blanchard, *De l'indigène à l'immigré*, Gallimard, 1998.

reconfigurent, se renforcent ou disparaissent des éléments de notre *culture* qui trouvent leur genèse (ou une partie de leurs origines) dans une « culture coloniale » en formation depuis le XVIIe siècle. La question qui préside à cet ouvrage est ainsi la suivante : la généalogie coloniale – dans des champs *a priori* aussi hétéronomes que la mémoire et l'histoire dans leurs rapports avec la formation de l'« identité nationale » et à travers des faits culturels tels la littérature, le cinéma, la chanson, mais aussi le tourisme ethnique ou l'humanitaire, ou des modes de gouvernementalité (la politique de la francophonie, les spécificités des « politiques africaines » post-coloniales) – peut-elle être d'un quelconque secours pour rendre ces phénomènes historiquement intelligibles ?

Nous faisons le pari que la perspective postcoloniale engagée ici peut-être heuristique, dans la mesure où elle n'est pas gouvernée par le systématisme et la téléonomie. Autrement dit, la perspective postcoloniale doit intégrer à l'analyse historique, autant que faire se peut, la pluralité des facteurs qui caractérise les phénomènes ici étudiés. Elle doit aussi, dans ces processus postcoloniaux, mesurer les mutations, préciser les transformations, expliquer les reconfigurations, comprendre les ruptures et les fractures. Ces précisions théoriques nous sont apparues nécessaires à la suite des mésinterprétations que la perspective postcoloniale suscite parfois chez quelques historiens du sérail, qui ne veulent y voir qu'analogies entre période coloniale et post-coloniale. Argument facile on en conviendra, mais qui a l'avantage de rejeter en bloc toutes les avancées théoriques et empiriques réalisées depuis deux décennies dans les *postcolonial studies* et, ainsi, de préserver un confort intellectuel un peu malmené. Nous y reviendrons.

Cet ouvrage cherche ainsi à approfondir les travaux entrepris dans les recherches sur la post-colonie. Dans cette perspective, le livre collectif *La Fracture coloniale. La société française au prisme de l'héritage colonial* constituait une première approche de la question, qui cherchait, à travers une collaboration pluridisciplinaire, à mettre à jour quelques pistes de travail permettant de penser les articulations du colonial et du postcolonial dans l'ex-métropole, en s'attachant à l'étude de quelques effets culturels, politiques, géopolitiques et sociaux emblématiques, de la période coloniale jusqu'à aujourd'hui. Il faut ici, eu égard aux polémiques suscitées par l'ouvrage à sa sortie en septembre 2005, préciser de nouveau les ambitions qui gouvernent le présent livre.

Tout d'abord, ce travail fait suite à un processus entamé de longue date sur la notion de « culture coloniale », qui prend sa source au début des années 1990 lorsque nous avions appréhendé la société française par le biais de plusieurs prismes : l'imaginaire colonial tel qu'il s'exprimait dans la production iconique coloniale ou le cinéma colonial[5] ; les différents paradigmes sur l'Autre[6] ; les liens entre immigrations des « Suds » en métropole et le phénomène colonial, soit au cours de la période coloniale, soit depuis les indépendances[7] ; les processus plus complexes ayant trait, par exemple, à l'identité républicaine (avec un ouvrage comme *La République coloniale*), aux processus de construction de l'altérité en métropole (avec le programme débuté en 2001 sur les « zoos humains ») ou aux grandes « apothéoses coloniales » (à travers le programme débuté en 2006 sur les expositions et manifestations coloniales en France et à l'étranger). C'est adossés à ces recherches que nous poursuivons ici un travail de déconstruction (au sens prospectif du terme) sur la (ou les) culture(s) post-coloniale(s), en même temps qu'une réflexion sur les processus constitutifs des temporalités propres aux champs postcoloniaux dans les sociétés occidentales.

La culture coloniale proprement dite émerge selon nous dès les débuts de la IIIe République :

> Tout au long de ce processus, de 1871 à 1931, la France est passée d'une société exclusivement hexagonale[8] à un environnement impérial. En même temps, émerge et s'impose une culture coloniale qui atteint son apogée au moment des commémorations du centenaire de la conquête de l'Algérie et de l'Exposition coloniale internationale de 1931. Cette culture, sous des formes multiples, se diffusera et s'inscrira en profondeur dans la société française au cours des trois décennies suivantes, jusqu'au moment des indépendances et de la guerre d'Algérie ; avant de muer au cours de la période post-coloniale, jusqu'à s'échouer dans le débat sur la « crise » de l'intégration.

---

5. De 1991 à 1994 avec comme point de départ le programme *Images et Colonies*.
6. De 1994 à 1999 avec les projets *L'Autre et Nous* et *De l'indigène à l'immigré*.
7. De 2000 à 2007 à travers des ouvrages comme *Le Paris noir*, *Le Paris arabe*, *Le Paris Asie*, *Marseille, porte Sud*, *Sud-Ouest, porte des outre-mers*, *Lyon, carrefour des Suds*...
8. Excepté les quelques territoires coloniaux hérités de l'Ancien Régime ou des restaurations successives comme le Sénégal, l'Algérie, les Antilles, la Nouvelle-Calédonie...

La *culture coloniale* peut être appréhendée comme « [l']omniprésence dans la société française de son domaine colonial qui devient progressivement la Plus Grande France, puis l'Empire, la France d'outre-mer et enfin, l'Union française. Cette place du domaine colonial [...] n'est pas le fruit exclusif d'une propagande d'État [...], mais le résultat d'un faisceau d'influences, de relais et d'interactions dont on ne mesure qu'aujourd'hui l'importance. Cette culture se constitue donc par strate. » Dans ce premier volet de notre travail, nous distinguions « trois moments très marqués au sein de ce processus graduel : le temps de l'imprégnation (de la défaite de Sedan à la pacification du Maroc), le temps de la fixation (de la Grande Guerre à la guerre du Rif), le temps de l'apogée (de l'Exposition des arts décoratifs à l'Exposition coloniale internationale de 1931)[9] ». C'est sur ces bases que va se diffuser cette culture en métropole qui, au lendemain des indépendances, va se reconfigurer en France dans des espaces attendus, mais aussi dans des univers nouveaux, comme les objets traités dans cet ouvrage en témoignent.

Dans notre approche de la « postcolonie », qui s'appuie d'abord sur un travail sur le temps long et revient à la source de l'idée coloniale en France, nous ne nous sentons pas inféodés à l'une ou l'autre des théories postcoloniales aujourd'hui en débat (théories d'ailleurs pratiquement absentes du champ historiographique en France, mais largement débattues dans la littérature scientifique de langue anglaise). Celles-ci[10], quoiqu'elles heurtent certains conservatismes ou chapelles scientifiques en France, ont incontestablement contribué à décloisonner radicalement, dans le champ historique comme en littérature comparée, en politique et en géopolitique, l'approche de la colonisation et de ses effets, ici et là-bas. Et cela en proposant à la fois de renverser les perspectives sur la colonisation prise comme un phénomène dialectique de flux mais aussi les contre-flux entre les métropoles et leurs empires (flux culturels, de biens, de valeurs et de sens, de populations), qui auraient favorisé les incessants métissages de notre modernité, à l'intérieur des mondes coloniaux[11] et à l'intérieur des anciennes métropoles. Cette

9. Pascal Blanchard et Sandrine Lemaire, *Culture coloniale*, *op. cit.*

10. Voir, par exemple, Françoise Vergès, *La Mémoire enchaînée. Questions sur l'esclavage*, Albin Michel, 2006.

11. Voir Florence Bernault, « L'Afrique et la modernité des sciences sociales », *Vingtième siècle*, n° 70, avril-juin 2001, et les travaux d'Achille Mbembe : *La Nais-*

approche permet de rompre avec les chronologies traditionnelles séparant nettement périodes coloniale et post-coloniale, mais aussi avec la segmentation des recherches entre historiens des « aires culturelles » (histoire de l'Afrique, de l'Asie, etc.), spécialistes des idées politiques métropolitaines et analystes (sociologues, politologues, ethnologues) de la société française contemporaine (segmentation qui ressort principalement de l'organisation institutionnelle des recherches au sein de l'université et du CNRS, mais c'est là une autre question). Ces clivages se révèlent handicapants pour analyser les formes de la « culture post-coloniale », tout simplement parce que celle-ci renvoie à des facteurs traités isolément par ces différents champs de recherche.

Par ailleurs, la profusion dans la littérature scientifique de langue anglaise des théories postcoloniales ne favorise pas – il est vrai – la possibilité d'une construction systémique. Il est vrai aussi – mais c'est là une tradition anglo-saxonne – que ces théories ne s'appuient pas toujours sur des corpus empiriques bien délimités, favorisant parfois des constructions intellectuelles un peu éthérées[12] (à l'inverse, l'indigence du débat historiographique en France marque l'avers du culte de l'empirie). Il faut souligner cependant que la théorie postcoloniale développée dans les recherches en langue anglaise est loin d'être fermée : c'est au contraire un champ en pleine ébullition[13] et, comme le remarque Jean-Marc Moura dans ces pages, il contribue aujourd'hui – et de manière opportune – à une série d'inflexions théoriques et critiques dans le champ des études littéraires, où la théorie postcoloniale commence à être prise en compte. Les études postcoloniales constituent donc un ensemble de recherches portant sur un espace géopolitique et culturel ainsi que sur une durée (colonisation, post-colonisation) qui interrogent les différentes sciences humaines.

Pour ce qui regarde cet ouvrage, nous ne nous situons donc pas dans les controverses sur la théorie postcoloniale, tout simplement parce que nous pensons, dans le cas spécifique de la France et de son ex-Empire, qu'il est encore trop tôt pour cela. Nous ne disposons pas encore de suffisamment d'études concrètes s'appliquant à opérationnaliser le

---

sance du maquis dans le Sud-Cameroun, Karthala, 1996 ; *De la postcolonie*, Karthala, 2000.

12. Voir Antoine Compagnon, *Le Démon de la théorie*, Seuil, 1998.

13. *Cf.* Stephen Slemon, « The Scramble for Post-colonialism », in Chris Tiffin, Alan Lawson (éd.) : *De-scribing Empire. Postcolonialism and Textuality*, Routledge, 1994, p. 16-17.

double point de vue du renversement dialectique (effets croisés de la colonie et de la post-colonie dans l'ex-Empire *et* dans l'ex-métropole) et de la transgression chronologique (qui consiste à relativiser la « coupure radicale » entre colonie et post-colonie en métropole) pour pouvoir prétendre à une théorisation bien assise.

Quoi qu'il en soit, nous n'avons guère de goût, avouons-le, pour les constructions intellectuelles systémiques : la densité historique se charge toujours de les remettre en question. Il faut souligner également que la question postcoloniale fait l'objet, en France, d'un malentendu : elle est critiquée, notamment, par quelques historiens qui ne veulent pas admettre que la France a été, elle aussi, « colonisée par son Empire », que l'expérience coloniale – en termes, entre autres, de représentations de la diversité humaine, de gouvernementalité, de productions d'institutions, de politique de puissance, etc. – a eu des conséquences dans la métropole. Il s'agit pourtant d'un fait, mais qui n'atteindrait pas pour eux à la dignité d'« objet de recherche ». Cette position ressort de deux orientations théoriques.

La première, assez classique, se fonde sur des outils d'intelligibilité censés être inaltérables : la primauté de l'« économique », par exemple, voudrait que tous les phénomènes culturels soient assignés au rapport de force entre « fractions de classe », le tout se voyant surdéterminé par la violence du capitalisme marchand. Les « retours du colonial » en métropole seraient ainsi « marginaux », les phénomènes, par exemple, de cristallisations identitaires ou de mémoires négligeables et de toute manière indexés à la « superstructure ». Marxisme du pauvre, on en conviendra, et qui n'est pas vraiment à discuter ici : comme toujours, les phénomènes historiques sont plurifactoriels. Pour reprendre l'exemple précédent, aux situations sociales spécifiques (classes et fractions de classe) s'ajoutent en effet les manières très diverses dont sont pensées les « communautés », l'histoire, la mémoire, certaines couches de sens se superposant chez les acteurs pour infléchir le sens de leur propre vie. S'ajoutent aussi les manières dont sont représentées et pensées les populations ex-coloniales dans la société d'accueil, débouchant sur des discriminations très concrètes qui se superposent à la fragilité des positions sociales de ces populations.

La seconde position postule une rupture radicale entre la métropole et ses colonies. Il faut peut-être voir dans cette attitude le poids des outils intellectuels forgés spécifiquement, depuis près de quarante ans, pour analyser les sociétés africaines et qui, du fait même de leur spécificité, ne pourraient s'appliquer à la métropole. On ne pense pas ici à la question du pouvoir (la situation coloniale offre un exemple frappant d'un exercice du pouvoir totalement dissymétrique entre colons et colonisés, même si les stratégies de résistances, d'indifférences, de temporisations ou d'alliances avec les pouvoirs coloniaux ont été largement étudiées), mais, pour reprendre notre exemple, aux spécificités des immigrations coloniales et postcoloniales ou aux rapports intercommunautaires : la France étant une république, il ne saurait être question d'envisager le corps social sous l'angle des communautés, quoiqu'elles existent et se pensent, de plus en plus, comme telles. On peut regretter cette évolution historique (nous la regrettons), il n'en demeure pas moins qu'elle se vérifie depuis quelques années et que de nombreux sociologues se sont attachés à comprendre le phénomène.

En dépit de ces résistances, comment ne pas voir que la colonisation comme généalogie d'un univers mental différencialiste et d'un univers social inégalitaire (et fondé sur la race) joue un rôle non négligeable dans la post-colonie ? De même, comment penser que les biopolitiques appliquées aux colonies – avec leur cortège de justifications quant à l'inégalité raciale et/ou culturelle entre colons et colonisés – n'ont pas imprégné les imaginaires et les conceptions sur l'Autre[14] dans la métropole ? Le déni de ces questions a quelque chose d'un peu effarant, mais renvoie probablement aux conceptions ethnocentristes que nous nous faisons de la nation, de l'État et de l'histoire.

Enfin, nous avons postulé récemment l'existence d'une « fracture coloniale » en France. Cette *fracture* possède plusieurs dimensions : une dimension historique (qui se joue autour de la rupture de 1962 et des indépendances), une dimension mémorielle (voir les « conflits » de mémoire en lien avec ce passé), une dimension identitaire (autour de la question du rapport entre la République et la colonisation) et une dimension « sociale » au regard de la situation des populations issues de l'ex-empire colonial et des discriminations qu'elles subissent. Nous écrivions également que caractériser la « fracture coloniale » comme un tout rigide et définitivement théorisé était impossible :

---

14. Voir à ce sujet André Pichot, *La Société pure. De Darwin à Hitler*, Flammarion, coll. « Champs », 2001, dans lequel l'auteur montre comment la colonisation a potentialisé les conceptions de l'inégalité raciale dans les sciences du vivant, particulièrement l'anthropologie physique, la biologie évolutionniste et l'eugénisme.

> Ce concept voudrait à la fois signifier la tension et les effets de la post-colonialité : il recouvre des réalités multiples et des situations hétérogènes, dans la mesure où ces réalités et ces situations peuvent être éclairées, en partie, par des processus de longue durée, reliés à la situation coloniale. Il ne faut donc pas chercher de cohérence systématique dans les effets de cette fracture : elle affecte différemment des champs divers, qui ne sont pas nécessairement liés. Chacun des contributeurs de cet ouvrage tente d'en appréhender une facette, une conséquence, une partie, une dimension mythologique... Chacun en fixe (ou cherche à en fixer) les limites ou les extensions[15].

Mêlant positions idéologiques et critiques historiques, certains ont décrié ce concept, tout en reconnaissant l'importance de l'héritage colonial. D'autres ont considéré qu'évoquer cette fracture était susceptible de fragiliser la République et n'ont voulu voir dans cette analyse (malgré les nombreuses précautions prises par nous dès l'introduction de l'ouvrage) qu'un simple décalque de situations coloniales transposées dans le présent. Au-delà de ces critiques localisées, il n'en demeure pas moins que la question coloniale et post-coloniale s'est imposée et que le regard que nous portons sur notre passé peut difficilement, désormais, faire l'économie de l'entreprise coloniale et de ses effets sur la métropole.

On comprendra aisément, au regard des précisions qui précèdent, que les débats sur le caractère « anticolonialiste » ou non – sans même parler d'une approche « antirépublicaine » parfaitement imaginaire – de la perspective postcoloniale n'ont en vérité pas grand sens. Il s'agit simplement de comprendre ici comment la colonie « fait retour » en métropole. Cette précision semble utile, tant les débats durant ces deux dernières années ont parfois tourné à une véritable caricature entre historiens réputés « anticolonialistes » et d'autres mettant l'accent sur la « complexité » de la situation coloniale, tout en argumentant parfois sur les réelles « avancées » qu'aurait permis la « mission civilisatrice » de la France. La polarisation de ces positions – qui pourraient être utilement prises comme un analyseur des rapports qu'entretient l'écriture de l'histoire au politique et à l'élaboration du récit national[16] – ne nous est à

---

15. Pascal Blanchard, Nicolas Bancel et Sandrine Lemaire (dir.), *La Fracture coloniale*, *op. cit.*

16. Cette réaction est particulièrement perceptible dans les ouvrages suivants,

peu près d'aucune utilité ici. Tout d'abord, on aura saisi que la perspective postcoloniale adoptée ici constitue une partie de l'histoire de France en tant qu'elle est affrontée à d'autres mondes et à l'histoire de son expansion. C'est, à notre sens, cela qui, ici et là, peut provoquer un blocage qui n'est pas historiographique mais bien politique et idéologique.

Au-delà de ces polémiques conjoncturelles, cet ouvrage n'a donc d'autres ambitions que d'ouvrir des pistes de recherches susceptibles de saisir certaines des articulations colonie/post-colonie *en métropole* et, incidemment, de provoquer un décloisonnement disciplinaire. Dans le contexte français de l'absence de recherche sur la question post-coloniale (et au regard du nombre de chercheurs et universitaires recrutés sur cette perspective, c'est-à-dire *aucun*), c'est déjà beaucoup, et si ce simple objectif pouvait être rempli par cet ouvrage, il nous comblerait largement.

Ces précautions prises, il faut toutefois repréciser les positions des auteurs face à ce que l'on peut nommer les « processus postcoloniaux ». Processus signifie transformation. Ce qui veut dire qu'on ne peut penser les « processus postcoloniaux » en termes de décalques, de lignes de continuités linéaires par lesquelles se « reproduiraient » des situations proprement coloniales *dans* la postcolonie. L'analogie est, bien souvent, réductrice et/ou fausse. Il s'agit donc de comprendre comment ces processus s'enracinent généalogiquement dans la période coloniale, et comment notre contemporanéité hérite de ces processus – incompréhensibles en dehors de la perspective de longue durée qu'implique l'articulation coloniale/post-coloniale ; comment, enfin, certaines caractéristiques de ces processus (se métissant, se transformant...) se prolongent jusqu'à nous. Il serait, par exemple, difficile aujourd'hui de contester la généalogie coloniale de la politique africaine de la France après les indépendances. Nous proposons ici d'étendre à d'autres champs cette perspective, afin d'analyser d'autres processus

rédigés par des intellectuels et des scientifiques qui ne sont pas spécialisés dans l'histoire de la colonisation, mais qui semblent avoir perçu en quoi l'histoire coloniale peut remettre en question la « grandeur nationale ». Voir à ce sujet Jean-Pierre Rioux, *La France perd la mémoire*, Perrin, 2006 ; René Rémond, *Quand l'État se mêle de l'histoire*, Stock, 2006 ; Pierre-André Taguieff, *La République enlisée*, Éditions des Syrtes, 2005, et, dans le même mouvement, Alain-Gérard Slama, *Le Siècle de monsieur Pétain*, Perrin, 2005 ; Max Gallo, *Fier d'être français*, Fayard, 2006 et Paul-François Paoli, *Nous ne sommes pas coupables*, La Table ronde, 2006.

postcoloniaux. Cela relève d'une audace toute relative, puisque ce travail est entrepris depuis plus de vingt ans dans la littérature de langue anglaise et que certains chercheurs, tel Herman Lebovics, l'ont adopté, concernant la France, depuis plus de quinze ans. Le parfum de scandale qui a entouré la parution de *La Fracture coloniale* (susceptible de se déployer à nouveau lors de la sortie de cet ouvrage, les mêmes causes pouvant produire les mêmes effets...) est donc incompréhensible du point de vue historiographique (sauf à saisir les raisons qui nous permettraient d'analyser ces réactions comme un analyseur de la situation historiographique et intellectuelle de la France, ce que nous avons décidé de ne pas faire ici).

Ce cadre posé – perspective dialectique sur le fait colonial, transgression des chronologies canoniques –, nous ne sommes pas quittes des problèmes qu'il continue de poser. Problèmes de chronologie d'abord. Comme pour bien des phénomènes historiques, la chronologie instituée se révèle féconde pour certains phénomènes et inadaptée pour d'autres. C'est le cas des phénomènes culturels qui s'actualisent ou se développent durant la période coloniale et post-coloniale – comme le démontre le chapitre sur le tourisme ethnique – mais dont la chronologie excède probablement le cadre de la chronologie politique de la colonisation et de la décolonisation. C'est le cas, également, de la construction des catégories de perception des colonisés, qui peut s'enraciner dans une durée plus longue, comme nous avions pu le constater avec les « zoos humains[17] », même si la situation coloniale favorise la cristallisation de ces catégories en instituant une inégalité systémique entre colonisés et Européens. La chronologie colonie/post-colonie devra donc être remise en cause, en tenant compte de la singularité des phénomènes, de leur chronologie propre, à laquelle les périodisations « coloniale/post-coloniale » ne peuvent entièrement répondre.

Pour mener à bien cette approche, nous avons organisé cet ouvrage en deux grandes parties : « Enjeux et mémoires post-coloniaux », « Influences et continuités post-coloniales ». La première partie tente d'approcher les questions relatives aux difficultés d'intégration, dans l'histoire nationale, des récits hétérogènes constitués par la colonisation, la post-colonie et l'esclavage. Suzanne Citron montre ainsi dans sa contribution comment, malgré les renouvellements historiographiques

17. Nicolas Bancel, Pascal Blanchard, Gilles Boëtsch, Éric Deroo et Sandrine Lemaire, *Zoos humains*, La Découverte, 2006.

proposés par la « nouvelle histoire », et en analysant notamment l'ouvrage-programme *Les Lieux de mémoire* et les cérémonies du bicentenaire de la Révolution, persiste une vision mythologique du « récit national » dont les racines sont à chercher dans l'élaboration généalogique de ce récit à la fin du XIXe siècle, mis en forme par Ernest Lavisse. Suzanne Citron indique le retard pris par l'historiographie dans ce domaine. Dans cette perspective, la contribution de Sandrine Lemaire propose de revenir, à partir des résultats de l'enquête sur les mémoires coloniales menée à Toulouse en 2003[18] et de l'analyse d'un corpus de manuels scolaires, sur les rapports entretenus entre « histoire nationale » et « histoire coloniale ». L'auteur montre ainsi que si l'histoire coloniale est aujourd'hui mieux intégrée aux manuels scolaires, son interprétation est gouvernée par un principe d'extranéité : l'histoire coloniale est une histoire lointaine, désincarnée, qui n'est pas partie prenante de l'histoire nationale. Dans le même mouvement, Françoise Vergès revient sur les débats sociaux et historiographiques qui ont agité la France ces deux dernières années, proposant une analyse critique du partage entre « savoir légitime » et « savoir illégitime », tout en revenant sur la réalité des traces de l'esclavage dans les sociétés occidentales modernes. L'auteure revient également sur l'écriture de l'histoire nationale comme devant garantir l'univocité d'un récit, là où, selon elle, d'autres voix – et notamment celles liées, de près ou de loin, à la colonisation et à l'esclavage – devraient se faire entendre.

La contribution de Robert Aldrich illustre ces impasses historiographiques et idéologiques en faisant porter ses observations sur les difficultés à faire émerger, en France, un musée consacré à la colonisation. L'auteur revient tout d'abord sur les politiques patrimoniales durant la période coloniale et l'accumulation des collections, avant d'analyser la trajectoire du musée de la porte Dorée, depuis son érection en 1931 jusqu'à son inauguration récente en juin 2006. L'auteur montre qu'entre le musée du quai Branly, le Mémorial de la France d'outre-mer à Marseille et différents projets muséographiques, la politique patrimoniale ne parvient pas à saisir la spécificité de la période coloniale, ni à véritablement mettre en œuvre un projet à la hauteur de l'enjeu historiographique et culturel.

---

18. Voir la synthèse des résultats de cette étude en dernière partie de l'ouvrage collectif dirigé par Pascal Blanchard, Nicolas Bancel et Sandrine Lemaire, *La Fracture coloniale*, *op. cit.*

Peut-être est-ce la « concurrence des mémoires » qui a, elle aussi, un rôle à jouer dans ces impasses : Esther Benbassa analyse ainsi la dynamique des revendications mémorielles actuellement à l'œuvre en revenant sur les spécificités de la construction et de la reconnaissance de la mémoire juive, particulièrement liée aux événements tragiques qui ont marqué l'histoire de la diaspora, avec comme centre de gravité le génocide dont ont été victimes les Juifs d'Europe durant la Seconde Guerre mondiale. L'auteure montre que cette mémoire est articulée autour d'un « paradigme de la souffrance », et que c'est sur ce paradigme que sont en train de se structurer les revendications mémorielles liées à d'autres événements historiques, tels l'esclavage et la colonisation. Cette « victimisation » généralisée est, selon l'auteure, en passe de devenir une forme d'éthique subsumant les anciens repères. Enfin, deux textes aux tonalités très différentes viennent illustrer les traces de la colonisation dans l'armée. Mathieu Rigouste s'attache à montrer que la stratégie de défense intérieure est profondément imprégnée d'une part par les stratégies de contrôle mises en place durant la colonisation, et particulièrement la guerre d'Algérie, et d'autre part par le changement d'« ennemi global » à la suite de la chute de l'Empire soviétique. Dès lors, la menace intérieure est figurée par l'immigré postcolonial, particulièrement l'immigré maghrébin. Antoine Champeaux, Christian Benoît et Éric Deroo s'attachent quant à eux à observer la mémoire coloniale soigneusement préservée (ou réinterprétée) de plusieurs unités de l'armée, et montrent comment le souvenir colonial au sein de ces unités constitue l'un des ferments du sentiment d'appartenance des soldats, mais aussi une fierté pour les régiments qui peuvent s'enorgueillir d'un passé colonial.

Dans le champ des mémoires et de la persistance des représentations, Saïd Bouamama et Pierre Tévanian explorent l'héritage contemporain du racisme colonial. Ils insistent tout d'abord sur la distinction à opérer entre « racisme » et « xénophobie » pour montrer, en s'appuyant sur plusieurs enquêtes, comment le *racisme postcolonial* est spécifique et vise précisément les populations ex-colonisées. Les auteurs font notamment le constat que les discriminations spécifiques qui atteignent en priorité ces populations ont un ancrage historique et institutionnel ; mais ils n'en élaborent pas moins une analyse critique des discours de déni qui entourent, selon eux, les fondements historiques de ces discriminations et des énoncés visant à décontextualiser ces discriminations en les attribuant à des capacités culturelles et cognitives défaillantes des minorités qui en sont les victimes. En multipliant les exemples de reproduction des situations coloniales *ici et maintenant*, les auteurs entendent démontrer l'actualité de la postcolonie. Vincent Geisser, dans une perspective comparable, analyse la construction de la doctrine de l'« intégration », en revenant sur ce qui fait selon lui sa double origine : d'une part le modèle de l'assimilation coloniale élaboré sous la IIIe République, d'autre part la doctrine de l'intégration construite durant la guerre d'Algérie. Selon Vincent Geisser, la construction de ces modèles s'élabore dans le cadre de crises de l'identité nationale et vise à être une ressource pour « renationaliser » l'identité française. C'est particulièrement le cas lors de la crise des années 1983-1986, durant laquelle les discours de l'intégration, élaborés par des institutions d'État, se dissémineront par capillarité à l'ensemble du corps social.

La seconde partie de cet ouvrage entend ouvrir quelques pistes quant aux héritages coloniaux à l'œuvre dans la société contemporaine. Dans cette perspective, Jean-Marc Moura indique le caractère profondément éclairant de la postcolonialité dans le domaine littéraire. Les études coloniales se sont tout d'abord concentrées sur les littératures anglophones, puis francophones, alors qu'émergent aujourd'hui d'autres secteurs encore peu explorés, telles les littératures postcoloniales lusophones. L'analyse postcoloniale contribue à décloisonner les disciplines : dans le champ de la critique littéraire, celle-ci croise l'histoire, la sociologie, la linguistique historique, en prêtant une attention particulière aux situations coloniales et post-coloniales – marquées par l'asymétrie des situations Nord-Sud, l'organisation du marché de la littérature, les frontières des États africains, etc. Jean-Marc Moura propose des perspectives pour élargir le questionnement postcolonial, en se dirigeant vers des études comparées transcoloniales. Delphine Robic-Diaz et Alain Ruscio s'attachent quand à eux à saisir les articulations entre périodes coloniale et post-coloniale dans la littérature, la chanson et le cinéma. S'appuyant sur de nombreux exemples, les auteurs montrent les continuités entre le « colonial » et le « postcolonial ». Pour le cinéma notamment, ils dévoilent comment une morale de l'« éducation des indigènes » et de l'indéfectibilité du lien entre la métropole et ses colonies se poursuit dans le cinéma postcolonial, alors qu'à l'inverse la chanson et la littérature ont, globalement, opéré une distanciation critique vis-à-vis du phénomène colonial. Ces processus divergents soulignent, s'il le fallait, la complexité et l'absence de téléonomie « postcoloniale » dans le champ culturel.

Concernant une dimension géopolitique de la postcolonialité, Jean-Pierre Dozon revient sur la persistance, jusqu'à une date récente, de l'influence de la France sur son « pré carré » africain. L'auteur montre comment la métropole a construit en Afrique un « État franco-africain » en ayant su s'attacher les élites francisées durant la période coloniale, et comment s'est bâtie cette relation particulière entre la France et cette partie de son ex-Empire, lui permettant de compter comme puissance internationale. Cette relation semble toutefois en passe de se transformer radicalement depuis la dévaluation du franc CFA et la concurrence globalisée. Les récents soubresauts ivoiriens, le rejet, dans une partie des opinions publiques africaines francophones, de l'ancienne métropole, peut préparer une rupture non encore consommée.

Dans le champ géopolitique également, Amina Yala s'attache à comprendre les liens entre la fondation des ONG humanitaires modernes et les missions religieuses qui étendirent leur action avant et pendant la période coloniale. Outre le fait troublant que les ONG humanitaires sont nées au moment même où les empires s'effondraient, l'auteure montre que les ONG actuelles ont hérité de nombreux référents discursifs de ces missions. Amina Yala analyse également les motivations des volontaires, pour montrer que l'extension des ONG durant les années 1970-2000 doit être analysée au regard de la crise de longue durée que traversent les pays occidentaux, rendant nécessaire le dégagement d'horizons nouveaux dans certaines franges de la jeunesse confrontées au chômage. L'auteure pointe également la prédominance de l'Afrique noire dans les choix des volontaires, imprégnés, selon elle, d'un ensemble de stéréotypes de longue durée, à fondements coloniaux. Enfin, Amina Yala revient sur les prolongements de la « mission civilisatrice » coloniale dans les discours des volontaires, en montrant que la volonté – réelle – de « faire le bien » s'accompagne souvent du sentiment considéré comme légitime visant à transformer les mondes dans lesquels ils pénètrent. Nicolas Bancel, lui, s'attache à analyser le phénomène du « tourisme ethnique » en proposant tout d'abord de circonscrire l'historicité du phénomène touristique, en montrant que la périodisation coloniale/post-coloniale n'est peut-être pas la bonne pour appréhender celui-ci. À partir d'une analyse intertextuelle des discours et des images de brochures touristiques, il propose de comprendre comment des « unités discursives » se retrouvent depuis la fin du XIXe siècle jusqu'à nos jours, mais aussi comment se sont transformées certaines d'entre elles avec l'adjonction de préoccupations proprement contemporaines. Gabrielle Parker propose une analyse de l'histoire de la francophonie, en montrant comment la « politique de la langue » a été intimement articulée à l'expansion coloniale et comment c'est la perte de l'Empire qui a activé le désir d'élaborer des institutions internationales de la francophonie, dans lesquelles la France pourrait poursuivre sa politique de « rayonnement culturel ». Enfin, le chercheur et spécialiste des médias Dominique Wolton analyse longuement le concept de « stéréotype », en indiquant la très grande difficulté à faire ressortir des « stéréotypes postcoloniaux », tant le sens de ceux-ci doit être analysé au regard de situations historiques radicalement différentes.

On le voit, les perspectives dégagées ici par des auteurs venus d'horizons disciplinaires différents sont très diverses. Le plus saisissant nous paraît être l'ouverture de champs de recherches nombreux et vastes, qui appellent des travaux plus étroitement thématisés. Les horizons qui s'ouvrent sont un eldorado pour le chercheur en sciences sociales...

1. ENJEUX ET MÉMOIRES POST-COLONIAUX

MÉMOIRE COLONIALE : RÉSISTANCES À L'ÉMERGENCE D'UN DÉBAT

Nicolas Bancel et Pascal Blanchard

Myriam Cottias, en analysant le traitement mémoriel de l'esclavage dans les « anciennes colonies » au lendemain des abolitions, l'a qualifié de « politique de l'oubli[1] ». La même analyse est-elle possible concernant l'histoire coloniale ? Il nous semble que l'expression « politique de l'oubli » suggère une volonté clairement consciente d'apposer un voile ; dans le cas de l'histoire coloniale, l'oubli semble davantage être un processus complexe et multiforme – que les autorités successives à la tête de l'État ont pu voir d'un bon œil car il permettait le maintien du mythe de la « mission civilisatrice » de la République outre-mer – qu'un « complot » en bonne et due forme. Cependant, cinquante ans après la défaite de Diên Biên Phu et le début du conflit algérien, devant les intenses polémiques de ces deux dernières années concernant l'histoire et le legs coloniaux, l'oubli a manifestement atteint ses limites. Une page est tournée, la « mémoire coloniale » investit de toute part la société française. Le surgissement, récent mais intense, de ces mémoires de la colonisation est une occasion de s'interroger sur ce que l'on appelle la « mémoire coloniale ».

Le maelström actuel est rythmé par les prises de parole désormais quotidiennes des tenants de différentes « mémoires coloniales » – associations de rapatriés, de harkis ou de « descendants de colonisés », comités mémoriels, collectifs plus ou moins représentatifs, partis

1. Myriam Cottias, « La politique de l'oubli », *France-Antilles*, hors-série, *Cent cinquantenaire de l'abolition de l'esclavage*, mai 1998.

politiques… –, mais aussi par les *entrepreneurs de mémoire* que sont l'État et les collectivités locales – lorsqu'ils se targuent de légiférer sur l'interprétation de la colonisation, sur l'orientation des programmes scolaires ou lorsqu'ils construisent des lieux de mémoire –, et enfin par les historiens, qui se sont mêlés passionnément aux débats en tentant de définir des frontières entre histoire et mémoire ou de fixer les « règles » du métier. Pour y voir clair, il convient de réfléchir sur les enjeux d'une telle émergence de ce passé colonial. Pourquoi cette question est-elle passée de l'invisibilité à l'omniprésence ?

La « mémoire coloniale » se voit aujourd'hui instrumentalisée par des groupes très divers qui la constituent en « moyen de reconnaissance » au nom du passé ou qui s'opposent, de l'autre côté, à exhumer ce passé au nom du fait qu'elle recélerait des dangers pour l'image de la République et l'unité du corps social. La situation présente nous encourage donc à envisager l'esquisse d'une épistémologie de la mémoire historique à travers la « mémoire coloniale[2] ».

Histoire, mémoire : où se situe la frontière entre ces deux termes[3] ? Pour les historiens, l'histoire se construit sur des sources vérifiées et objectivées, indispensables à la construction du « fait historique[4] ». La mémoire est quant à elle une reconstruction du passé – individuelle ou collective – qui ne s'appuie pas sur des méthodologies scientifiques mais favorise au contraire la formation de mythes et de légendes, dans le rapport affectif que les individus ou les groupes entretiennent vis-à-vis du passé. La mémoire peut elle-même être une source pour l'historien des mentalités qui doit l'utiliser avec toutes les précautions en usage dans le traitement des sources. Épistémologiquement, les frontières sont claires. Mais en va-t-il de même dans la réalité du travail de l'historien ? Celui-ci n'est-il pas traversé, comme les autres acteurs sociaux, par un vécu, des orientations idéologiques et une action qui excèdent le simple cadre universitaire ? N'est-il pas également enserré dans des logiques

2. Cet article est une version réactualisée d'un texte précédemment paru dans *Cahiers français*, juillet-août 2001. Nous y soulignions les « pièges de la mémoire coloniale ».

3. Voir sur ce point le dossier de la revue *Pages des libraires* sur « Histoire & mémoire » et les nombreuses contributions autour de cette question publiées en septembre 1998.

4. Sur ce sujet, voir par exemple Paul Veyne, *Comment on écrit l'histoire*, Seuil, 1996, et Paul Ricœur, *La Mémoire, l'histoire, l'oubli*, Seuil, 2003.

d'institution, et porté à choisir des objets en fonction de hiérarchies académiques implicites[5] ? Plus fondamentalement encore, l'historien a-t-il encore un lien avec la fonction généalogique de l'histoire lors de son institutionnalisation universitaire qui, à partir de la seconde partie du XXe siècle, a pour visée de préserver la mémoire – c'est-à-dire l'identité collective – d'une nation en assurant l'univocité d'un « récit national » qui donne du sens à la collectivité ?

Les controverses sur l'histoire coloniale montrent bien que l'historien est concrètement aujourd'hui confronté au vacillement des frontières entre histoire et mémoire. Si nous devons rester vigilants à conserver vivantes les méthodologies qui différencient l'histoire comme discipline des récits mémoriels, il n'est pourtant pas absurde de s'interroger sur les limites et les contraintes – institutionnelles, idéologiques, politiques – de l'exercice de l'écriture de l'histoire. Et peut-être le vacillement actuel est une occasion pour la discipline de sortir, en quelque sorte « par le haut », de ces convulsions polémiques (y compris au sein du groupe des « historiens du colonial » où les luttes entre « chapelles » sont devenues un des éléments du présent débat), en ne s'arc-boutant pas sur une épistémologie fondée sur une pratique scientifique de la critique des sources – sur laquelle chaque historien professionnel se reconnaît – et en n'évitant pas les questions délicates que pose la question de la « mémoire », y compris dans le propre travail de l'historien envisagé comme pratique sociale.

Qu'est-ce que la mémoire coloniale ?

La « mémoire coloniale » est diffractée. Elle circule par les récits des acteurs qui ont un lien avec l'histoire coloniale, elle s'immisce dans la littérature, les films, la musique, les arts plastiques, mais elle est aussi construite, en tant que telle, par des dispositifs publics : c'est la « mémoire officielle » de la colonisation. La mémoire, comme intercession entre les réalités du présent et la logique récessive du récit qui ordonne un sens à celles-ci, est un *processus*, une reconstruction permanente, et elle laisse aussi des traces, immédiates, indélébiles, incorporées dans l'imaginaire social. L'État – c'est sa fonction – est le garant du « récit

5. L'ouvrage de Michel de Certeau, *L'Écriture de l'histoire*, Folio, 2002, conserve aujourd'hui, à notre avis, toute sa puissance interprétative sur cette question.

national ». Il est donc tenté, par l'intermédiaire de la loi, de l'orientation des manuels scolaires ou de la politique patrimoniale et muséale, d'infléchir et d'interpréter l'histoire en la convertissant en « mémoire » ou en « récit » national. C'est ce qui s'est passé, pour le résumer brièvement, depuis quarante-cinq ans lorsqu'il s'est agi de l'histoire coloniale. Or, l'intervention législative dans le champ miné de la « mémoire coloniale » ne peut que déclencher de vieux conflits encore à fleur de peau. En effet, il est risqué d'instrumentaliser ce passé, comme il est équivoque de prétendre, au premier débat un peu vif sur la question, que le « temps des colonies » est de retour ou qu'il faut éviter le débat sur la colonisation sous prétexte qu'il contrevient à la « fierté d'être français » (Max Gallo[6]). Une fierté qui obligerait à mettre une chape de plomb sur ce passé colonial ou à n'en parler que pour glorifier « ces grandes heures qui ont fait l'histoire de France ».

Lorsqu'il s'agit de la période coloniale, on le constate, l'émergence d'une mémoire « apaisée[7] » est difficile, beaucoup plus que pour tout autre phénomène historique de notre passé récent[8]. La « mémoire coloniale » en France pose des questions complexes, et, plus que Vichy – qui reste un « malaise de notre histoire », voire un accident autoritaire que la République peut évacuer puisque Vichy abroge précisément la République[9] –, ne peut se réduire à un simple « incident de parcours » dans le récit national. La colonisation est en effet un phénomène massif, complexe, et dont les conséquences sont encore perceptibles aujourd'hui, comme en témoignent les contributions réunies dans le présent ouvrage. Un récit normatif ne pourra se débarrasser de cet événement par le déni et évacuer sans débat trois siècles d'histoire (1650-1960). En même temps, et malgré la richesse de la recherche historique que la distance avec les événements a permis de développer, on doit reconnaître, comme l'analysait Daniel Rivet[10] au début des années 1990, qu'il y a une sorte « d'éclipse » dans le champ des savoirs et qu'il est toujours difficile de « faire passer ce passé qui ne passe pas ».

L'analyse de l'histoire coloniale nous contraint ainsi à penser les rapports entre histoire et mémoire, autrement dit à comparer l'état des

6. Max Gallo, *Fier d'être français*, Fayard, 2006.
7. Raphaëlle Branche, *La Guerre d'Algérie : une histoire apaisée ?*, Seuil, 2005.
8. Benjamin Stora, *La Gangrène et l'Oubli*, La Découverte, 1991.
9. Henry Rousso, *Vichy. L'événement, la mémoire, l'histoire*, Seuil, 2001.
10. Daniel Rivet, « Le fait colonial et nous », *Vingtième Siècle*, mars 1992.

savoirs sur une question – ici, le passé colonial – et les formes de socialisation que ces savoirs empruntent pour se diffuser, car ce passé colonial « demeure pourtant largement prégnant et l'on aurait tort de vouloir en écarter le souvenir[11] ». Par ailleurs, et parce que la mémoire coloniale est particulièrement sujette à l'occultation, à la fragmentation et à la mythification, son étude nous questionne sur les conditions de possibilité de la construction d'une mémoire coloniale « nationale » et ses obstacles.

D'une certaine manière, l'histoire coloniale française est en quête de *paxtonisation*[12], comme si cela ne pouvait être qu'hors de France que pouvait enfin s'ouvrir de façon claire un débat bloqué depuis quarante ans. Pourtant, l'année 2005 a marqué un tournant majeur : de périphérique, la question coloniale est redevenue centrale dans les enjeux mémoriaux de la société française, après être passée par une phase transitoire d'une quinzaine d'années qui a privilégié l'étude de la guerre d'Algérie (avec comme point d'orgue la reconnaissance par la France du terme « guerre » en juin 1999) de manière déconnectée de l'histoire coloniale dans sa globalité. Comme l'expliquait Benjamin Stora, ce travail sur la guerre d'Algérie a permis une réflexion « sur le décalage entre ceux qui devaient légitimement oublier pour continuer à vivre après la guerre d'Algérie, ceux qui souffraient de cruelles réminiscences, et ceux qui ne supportaient plus, de part et d'autre de la Méditerranée, les trous de mémoire voulus, volontaires de cette guerre ». Malgré cela, il constatait que depuis quinze ans, on assistait à une polarisation des mémoires coloniales en France, alors que simultanément « d'autres lignes commencent à se dessiner ». L'historien expliquait ainsi, dans ce même article de synthèse[13], que la « flambée de mémoire » actuelle avait plusieurs causes : « Ce retour de mémoire n'est pas simplement lié à un travail journalistique, il entre en résonance avec les désirs d'un nouveau groupe porteur de la mémoire de la guerre d'Algérie : les enfants issus de l'immigration algérienne en France », ce qu'illustre le combat autour de la mémoire du 17 octobre 1961[14]. Le second tournant, dans la même

11. Bernard Mouralis, *République et Colonies*, Présence africaine, 1999.
12. Par référence à l'ouvrage de l'Américain Robert Paxton, *La France de Vichy*, Seuil, 1973, qui a provoqué une véritable révolution historiographique et ouvert une fois pour toutes la blessure franco-française sur la période vichyste.
13. Benjamin Stora, « Guerre d'Algérie : 1999-2003, les accélérations de la mémoire », *Hommes et Migrations*, dossier « Français et Algériens », n° 1244, juillet-août 2003.
14. Le maire de Paris a déposé une plaque dans la capitale le 17 octobre 2001 en mémoire des événements de 1961.

perspective, fut la quête de mémoire des « enfants » de l'immigration a caine et antillaise, mémoire liée à la colonisation et à l'esclavage.

Certes de façon anarchique, brutale, polémique, provocatrice ou idéologisée, la « question coloniale » est néanmoins sortie de la marginalisation pour entrer dans la sphère des grandes « questions de notre temps »[15]. Ce contexte nouveau forme les motifs d'une trame plus générale qui nous oblige à faire la généalogie de la formation de cette mémoire (ou des *mémoires*) coloniale pour en cerner les conjonctures essentielles. Revenir sur la construction, dans la longue durée, de la « mémoire coloniale » a donc pour objectif de comprendre comment ces conjonctures et les métamorphoses de la perception de la colonisation ont des répercussions jusqu'à aujourd'hui. Comment, également, elles résonnent encore dans le corps social et sont ainsi parties prenantes de l'édification d'une mémoire nationale en France. Comment, surtout, elles déclenchent des passions partisanes sans précédent[16], des violences verbales, des attaques (y compris au sein même de l'université[17]) contre

15. On en voudra pour indice la floraison de numéros spéciaux de revues et d'émissions de télévision sur la question. Par exemple, le dossier « Le trou de mémoire » proposé par la revue de la LDH *Hommes & Libertés* au cours de l'été 2005 ; le dossier « Repenser le passé colonial » proposé par la FSU dans sa revue *Nouveaux Regards* (n° 30 de juillet-septembre 2005), le dossier du *Nouvel Observateur* « La vérité sur la colonisation » du 8 au 14 décembre 2005 ; le dossier spécial, en septembre 2005, de la revue *Histoire & Patrimoine* sous le titre « France coloniale, deux siècles d'histoire » ; le dossier de la revue *Hérodote* sur « La question postcoloniale » en 2006 ; le numéro spécial au mois d'octobre 2005 de la revue *L'Histoire*, sous le titre « La colonisation en procès » ; le dossier hors-série du *Monde 2*, en mai 2006, sous le titre « Colonies, un débat français » ; sans oublier l'ensemble des revues de sciences humaines qui, comme *Le Débat* avec Olivier Pétré-Grenouilleau ou *Cités* avec le dossier dirigé par Silyane Larcher, se sont emparées du sujet depuis dix-huit mois.

16. *El Watam*, en avril 2006, constatait sous la plume de Mohamed Hachemaoui que la France n'arrivait pas à admettre « une vérité anthologique : la colonisation n'était pas une œuvre de civilisation... ».

17. Deux exemples nous semblent révélateurs de ces prises de position. Tout d'abord, un numéro de *La Nouvelle Revue d'histoire* sous la conduite de son directeur Dominique Venner. L'angle de ce dossier s'attache à faire le lien entre les « vingt jours qui ont ébranlé la France » (les émeutes dans les quartiers de novembre 2005), l'histoire de l'immigration, le monde arabe, l'histoire coloniale et celle de l'esclavage... pour démontrer que « les conséquences de la colonisation sont suffisamment dramatiques pour les Européens ». Dès lors, les contributions se succèdent dans une dramatisation croissante de la question et un révisionnisme sans retenue : Jacques Dupâquier (dont l'article est illustré par la célèbre

ceux qui se complairaient dans le « communautarisme » ou voudraient abattre la « République ».

Comment sonder la « mémoire coloniale » et quels sont les indices diffractés dans la culture qui nous permettraient de l'évaluer ? Quelle est la part de fabulation, de mythe, d'interdit, de réécriture[18] et de réinterprétation permanente dans la construction de la mémoire ? Le cas de la « mémoire coloniale » est particulièrement éclairant dans une perspective épistémologique cherchant à identifier les frontières entre histoire et mémoire, dans la mesure où les savoirs accumulés depuis plus de quarante ans sur la colonisation et le colonialisme n'ont fait que très peu l'objet d'un travail de socialisation jusqu'au début des années 2000 et n'ont donc eu qu'un impact très limité jusqu'à un passé récent sur la construction d'une mémoire collective[19]. En même temps, sans le travail fécond et riche des historiens, le basculement auquel nous assistons n'aurait pas pu avoir lieu.

---

couverture du *Figaro* avec le dossier « Immigration ou invasion ? ») est interrogé sur la démographie et les flux migratoires ; Péroncel-Hugoz pose la question en titre « La colonisation, "péché" français ? » et souhaite rétablir l'œuvre coloniale de la France ; Philippe Conrad, à partir du conflit colonial franco-anglais, démontre que « les drames de la France d'aujourd'hui ont leur origine dans son histoire » ; Arnaud Teilleur offre le portrait incontournable de Lyautey ; Bernard Lugan, sous le titre « Esclavage : la fin des idées reçues » se livre à son combat favori contre les « historiens marxistes » ; René Marchand replace ce débat dans une vision d'ensemble, digne du choc des civilisations, sous le titre « La revanche de l'histoire ». Un second exemple, sur le Net cette fois-ci, nous est donné par un site récent (*Études coloniales*, avril 2006) où, sous l'égide de deux historiens de la colonisation (Marc Michel et Daniel Lefeuvre), le nouveau combat vise à se positionner au centre d'une histoire détachée des « débats de mémoire ». Leur démarche s'illustre à travers la liste des « chercheurs sur la colonisation » proposée, qui évite soigneusement un certain nombre d'entre eux, et l'absence de nombreux titres qu'ils jugent « non conformes » en voulant, pourtant, situer leur initiative au-delà de toute « nostalgie » et toute « repentance ». Deux exemples qui concourent à la même démarche : réagir à l'émergence actuelle de débats parfois violemment critiques sur le passé colonial et qui mettent à mal sa mythologie, de manière, peut-être, à la préserver.

18. Et même de *reconstructions* ou d'*inventions* comme le souligne Bernard Lewis dans *History : Remembered, Recovered, Invented*, Princeton University Press, 1983.

19. Nicolas Bancel, Pascal Blanchard et Sandrine Lemaire (dir.), « Mémoire coloniale, mémoire de l'immigration, mémoire urbaine. Une enquête menée à Toulouse », *in La Fracture coloniale. La société française au prisme de l'héritage colonial*, La Découverte, 2005.

Mais il y a sans doute plus difficile encore, au-delà d'un travail de deuil qui s'est joué et se joue en partie dans le refoulement de ce « passé qui ne passe pas[20] ». C'est que cette socialisation d'une « mémoire coloniale » dépend autant du travail des historiens que de celui des institutions qui pourraient (ou devraient) véhiculer ces savoirs (reportages télévisuels, émissions de radio, numéros spéciaux dans la presse et les revues, expositions, etc.) et des conditions de réception de la société elle-même, dans sa complexité. Nous l'avons vu, la mémoire historique renvoie en effet aux racines, aux fondements imaginaires de la communauté qui l'élabore[21]. Ces fondements imaginaires représentent une force d'inertie et une puissance de cohésion remodelée en permanence par les apports, les « ajouts » de mémoire qui viennent la reconfigurer.

La mémoire réécrit donc l'histoire, l'adapte, la conforme à ses propres possibilités de réception. Tout savoir historique est ainsi implacablement soumis à ce travail de (ré)interprétation qui, seul, permet de rendre audible et d'incorporer, en les transformant, de nouveaux savoirs. Le cas de la « mémoire coloniale » est à cet égard exemplaire, de même d'ailleurs que celle de l'immigration. Depuis quarante ans, nous l'avons dit, les historiens ont fait leur travail – comme l'a très bien montré Benjamin Stora dans un article en 2003[22] et ce qu'a également développé ensuite Raphaëlle Branche au sujet des chercheurs sur la guerre d'Algérie – et ont considérablement enrichi les connaissances de l'histoire de la colonisation[23]. Des associations diverses (mouvements antiracistes, Ligue de l'enseignement ou mouvements des droits de l'homme...) ont milité pour la reconnaissance de l'histoire coloniale comme une page essentielle de notre histoire collective, en prenant souvent appui sur les aspects les plus violents de la colonisation, à l'image de la torture en Algérie. Des livres, sites et articles ont été produits, mais peu de grands documentaires sur la colonisation dans son ensemble ont été réalisés, exception faite de l'Algérie en guerre. Des fictions

20. Éric Conan et Henry Rousso, *Vichy, un passé qui ne passe pas*, Fayard, 1994.

21. Benedict Anderson, *Imagined Communities : Reflections on the Origin and Spread of Nationalism*, Verso, 1991.

22. Benjamin Stora, « Guerre d'Algérie : 1999-2003, les accélérations de la mémoire », *Hommes et Migrations*, dossier « Français et Algériens », n° 1244, juillet-août 2003.

23. Il est impossible de citer dans toute leur richesse et dans toutes leurs dimensions les travaux majeurs publiés ces dernières années, tout au plus peut-on faire référence à ceux qui ont le plus contribué (en langue française) au débat actuel :

télévisuelles ou cinématographiques[24] commencent toutefois à toucher le grand public, à l'image du film *Indigènes* (présenté et primé au festival de Cannes en 2006), de *Nuit noire* sur Canal + (au sujet des événements du 17 octobre 1961) ou, pour la télévision, de *Capitaines des ténèbres* de Serge Moati (Arte, avril 2006), faisant suite à *L'Algérie des chimères* en novembre 2001 et à toute une génération de fictions cinématographiques allant de *Coup de torchon* à *Indochine*. Malgré ces éléments récents, nous avons du mal à sortir de cette histoire en marge de l'histoire.

Ceci nous renvoie à une configuration dans laquelle l'histoire coloniale est encore difficilement audible et « assumable ». À chaque étape de sa lente sortie de son purgatoire des mémoires, elle doit affronter un « front du refus mémoriel » qui voit s'allier des approches pourtant opposées et contradictoires : ultrarépublicains, nostalgiques du colonial, ultraconservateurs, anciens acteurs du combat anticolonial... Cette difficulté tient probablement à deux facteurs essentiels. D'une part, le simple travail du temps, ce fameux « travail de deuil » qui s'opère sur une ou deux

Histoire des colonisations (Marc Ferro, 1995), *Culture et impérialisme* (Edward Saïd, 2000), *L'Afrique occidentale au temps des Français* (Catherine Coquery-Vidrovitch, 1992), *La Guerre invisible* (Benjamin Stora, 2001), *La Guerre d'Algérie. La fin de l'amnésie* (Mohamed Harbi et Benjamin Stora, 2004), *Histoire de la guerre d'indépendance algérienne* (Sylvie Thénault, 2005), *Zoos humains* (collectif, 2004), *Culture coloniale* et *Culture impériale* (Pascal Blanchard et Sandrine Lemaire, 2003 et 2004), *La Démence coloniale sous Napoléon* (Yves Benot, 1992), *République et Colonies* (Bernard Mouralis, 1999), *Frères et sujets* (Jean-Pierre Dozon, 2003), *Le Credo de l'homme blanc* (Alain Ruscio, 2002), *Les Lumières, l'esclavage, la colonisation* (collectif, 2005), *Le Livre noir du colonialisme* (Marc Ferro, 2003), *Coloniser, exterminer* (Olivier Le Cour-Grandmaison, 2005), *Le Droit d'inventaire* (Claude Liauzu, 2004), *Indochine, la colonisation ambiguë* (Daniel Hémery et Pierre Brocheux, 2001), *De la post-colonie* (Achille Mbembe, 2000), *Abolir l'esclavage* (Françoise Vergès, 2002), *Marianne et les colonies* (Gilles Manceron, 2003), *L'Autre et Nous* (collectif, 1995), *La République coloniale* (Pascal Blanchard, Nicolas Bancel et Françoise Vergès, 2006), *La Fracture coloniale* (Nicolas Bancel, Pascal Blanchard et Sandrine Lemaire, 2006), *Décoloniser l'histoire* (Colette Zytnicki, 2003), *Histoire coloniale et immigration* (Éric Savarèse, 2004), *Histoire de la France coloniale* (collectif, 1991), *L'Illusion coloniale* (Éric Deroo et Sandrine Lemaire, 2006), etc. Pour autant cette production au sens large, en y associant les études sur l'esclavage et celles sur les pays du Sud au temps des colonisations, ne représente qu'un vingtième des titres de la *Bibliographie annuelle de l'histoire de France*.

24. Daniel Lindenberg (« Guerres de mémoire en France », *Vingtième Siècle*, avril 1994, p. 77-95) souligne ce rôle essentiel des médias : « Le cinéma et la télévision deviennent des véhicules privilégiés de la mémoire collective. »

générations, n'est pas achevé. Vichy est à cet égard un exemple très intéressant puisqu'il a fallu près de cinquante ans avant que sa mémoire soit partiellement démystifiée et socialisée. Ce temps doit aussi opérer son travail sur la mémoire de la colonisation, et nous pouvons noter que l'année 2005 – à sa façon – est comparable à l'année 1973 qui voit la publication du livre de Paxton sur Vichy – ouvrage publié en même temps que le livre fondateur sur *L'Idée coloniale en France* de Raoul Girardet. D'autre part, parce que l'histoire coloniale remet en question de nombreux référents identitaires ou politiques qui forment l'imaginaire social et qui touchent aux principes mêmes de l'universalisme républicain. De plus, l'histoire coloniale s'est diffractée : de l'étude de la colonisation dans les territoires colonisés, elle s'est étendue aux conséquences de la colonisation en métropole mais aussi aux répercussions postcoloniales. Elle prend désormais une ampleur inédite, pour toucher de nombreux champs de l'histoire de France. C'est, dans une telle perspective, une véritable remise en question de plusieurs modèles dominants qui pose problème, car elle nécessite une (re)fondation, une (re)formulation de ces mêmes référents, et simultanément impose une réécriture du « récit national » pour rendre compatible l'incorporation de la mémoire coloniale à l'imaginaire social préexistant. La construction d'une mémoire est donc une opération dialectique d'où l'histoire ne sort jamais immaculée[25], comme le montre le débat actuel entre les historiens.

Mémoire d'État

Avant les débats de ces deux dernières années, l'histoire coloniale avait déjà ré-émergé, quoique plus discrètement, le plus souvent sous les atours enchantés d'une nostalgie coloniale s'appuyant sur les représentations collectives construites pendant la colonisation. Il n'est ainsi pas anodin que le débat sur l'histoire coloniale se soit adossé à une manifestation significative de cette nostalgie, à savoir le vote de la loi de février 2005 spécifiant le « rôle positif » de la colonisation mené par des idéologues de la droite française[26]. Partie la plus spectaculaire d'une

25. Voir par exemple pour la Shoah le scandale qu'a provoqué – tel était d'ailleurs son but – le dernier livre de Norman G. Finkelstein, *L'Industrie de l'Holocauste*, La Fabrique éditions, 2001.
26. Nous renvoyons sur ce point au texte « Christian Vanneste ou la droite

« politique de la mémoire », l'histoire de la colonisation fait en effet l'objet de programmes d'État, auxquels participent quelques historiens professionnels, qui visent à construire une certaine mémoire de la colonisation. Nous assistons ainsi depuis trois ans à l'édification par l'État et les collectivités publiques d'une mémoire officielle de la colonisation qui se déploient selon deux axes. Le premier est structuré sur l'édification d'espaces dédiés à la mémoire coloniale, le second est articulé sur des déclarations officielles et des textes de loi qui tendent à produire une vision normative de l'histoire coloniale.

Des lieux, tout d'abord. Des musées et des mémoriaux vont être consacrés à cette histoire : un musée d'Histoire de la France en Algérie (1830-1962) est prévu à Montpellier – ce qui fit largement débat après les déclarations de Georges Frêche en 2006 – sous la conduite de l'historien de l'Algérie coloniale Daniel Lefeubre, l'un des porte-parole du combat contre la « repentance » ; un autre site sera dédié à la guerre d'Algérie et aux « événements » de la décolonisation au Maroc et en Tunisie (à Montredon-Labessonnié dans le Tarn), projet porté par l'universitaire Jean-Charles Jauffret ; enfin, un Mémorial national de la France d'outre-mer, à Marseille, proposera début 2007 un parcours autour de l'œuvre coloniale de la France en Afrique du Nord et dans les autres espaces impériaux, sous la direction de deux historiens, Jean-Jacques Jordi et Jean-Pierre Rioux[27]. Ces trois lieux (auquel peut être associé le mémorial prévu à Perpignan), qui seront ouverts en 2007-2008, semblent répondre à une volonté de « valoriser » la présence coloniale française, particulièrement en Afrique du Nord, et plus encore en Algérie. Il n'est pas inutile de rappeler que le mémorial de Marseille était intégré dans le texte gouvernemental déposé par la ministre de la Défense en mars 2004 qui conduira au vote de février 2005.

En l'absence d'un véritable débat scientifique, ces projets restant opaques (et leur conseil scientifique réduit à quelques réseaux), il est très difficile de déterminer quelles en sont les ambitions respectives

---

extrême du bon sens », disponible sur le site de la LDH de Toulon, sans aucun doute l'une des meilleures bases de données sur ce débat récent. Ce texte rappelle la conférence de Christian Vanneste au Club de l'horloge, le 20 novembre 2005, justifiant la colonisation.

27. Voir l'analyse critique de Daniel Hémery, « À propos du mémorial de l'œuvre française outre-mer », rubrique « Opinion », lettre de Daniel Hémery datée du 31 mars 2001, *Outre-mers, revue d'histoire*, 1er semestre 2001, p. 309-310.

comme les lignes directrices. Tout au plus peut-on appréhender la démarche des concepteurs, les programmes annoncés, les liens tissés entre les projets et les principes généraux. Surtout, cette association entre lieux de mémoire, l'État qui leur apporte son soutien et les historiens qui en sont les moteurs met en lumière une « réaction » aux controverses actuelles. Il faut comprendre la cohérence d'une telle mise en mouvement. Jusqu'alors, elle était inutile puisque la faible visibilité des travaux historiques conjugués au discours dominant sur le passé colonial permettait que soit maintenue une certaine « vision de l'histoire ». Face aux débats actuels et aux perspectives historiographiques nouvelles qui les accompagnent, il convient pour certains d'agir afin de remettre cette « histoire à l'endroit », tout en soulignant la *neutralité* de la démarche historique. Une posture qui s'appuie sur l'État et permet de « figer » le regard sur ce passé, de la même manière que les divers mémoriaux figeront l'approche patrimoniale de la colonisation. Les projets d'ouvrages en préparation destinés à combattre la « repentance coloniale » et/ou à réinscrire l'histoire coloniale dans les fondamentaux historiographiques de la IIIe République se font jour, comme semble l'indiquer le projet de livre collectif dirigé (annoncé pour la rentrée 2007) portant le titre *La France coloniale*. Politique éditoriale empreinte de régression historiographique, lieux mémoriels sanctuarisés, alliances plus ou moins explicites – comme lors d'un colloque à Marseille en novembre 2005 – avec d'autres institutions muséales en devenir (comme la Cité nationale de l'histoire de l'immigration à Paris) sont autant de moyens pour contrevenir aux débats sur la colonisation et ses conséquences.

L'édification des lieux de mémoire cherche aussi à répondre à des demandes localisées d'associations de « rapatriés d'Algérie », dans un but d'« apaisement » et de « reconnaissance de l'œuvre » des Français d'Afrique du Nord. Il faut avoir à l'esprit que les communautés pieds-noirs et harkis pèsent d'un poids électoral conséquent dans de nombreuses circonscriptions du sud et du sud-ouest de la France, et que des moyens locaux très importants ont été dégagés afin de répondre à leur désir de reconnaissance historique manifesté de longue date. Il est d'ailleurs intéressant de noter que la réponse à cette demande se double d'une action politique active qui a conduit en 2005 au vote par le Parlement de la loi du 23 février 2005. En parallèle, la CNHI – qui a organisé avec ces différentes institutions un colloque fondateur à Marseille en novembre 2005 – s'installe porte Dorée, en lieu et place de l'ancien musée des Colonies[28], rendant impossible à court terme la création d'un lieu de mémoire sur la colonisation dans cet espace emblématique, l'un des derniers grands bâtiments coloniaux en France. Il faut en effet rappeler que la France, à la différence de nombreuses ex-métropoles coloniales, n'a toujours pas de musée de la colonisation, signe de l'occultation de cette période dans la mémoire collective nationale.

Ce puissant retour nostalgique n'est donc pas une simple hypothèse d'école : il a été rendu possible par le silence enveloppant l'histoire coloniale. Si les *digues* sont aujourd'hui ouvertes et que l'écueil de la nostalgie coloniale est remis en question, il est très probable que la réaction sera virulente puisqu'elle peut s'appuyer à la fois sur l'assentiment d'une large frange de la population – près de deux Français sur trois soutenaient l'article 4 de la loi de février 2005 et la proposition de promouvoir les « aspects positifs » de la colonisation –, mais aussi sur des relais actifs auprès de nombreux politiques. Il est cependant à craindre que ces réactions conduisent à une incapacité à penser le présent, particulièrement dans ses dimensions postcoloniales. Ici réside sans doute un piège sérieux autour des « mémoires coloniales » : la polarisation de positions idéologiques, avec d'un côté les tenants d'une fierté nostalgique et cocardière nécessaire pour ne pas « affaiblir la nation[29] » et de l'autre les tenants d'une entreprise de repentance, parfois tentés par la judiciarisation en faisant le procès permanent de la République.

Un impensé républicain ?

Le contexte récent étant identifié, il nous faut esquisser ce que la « mémoire coloniale » remet en question dans nos référents identitaires et en quoi ces derniers font obstacle au travail de *mémoire* dans le temps

28. Germain Viatte, *Le Palais des Colonies. Histoire du musée des arts d'Afrique et d'Océanie*, RMN, 2002.

29. Qui dans ses expressions les plus extrêmes inaugure des stèles en mémoire de l'OAS comme récemment le 6 juillet 2005 à Marignane. Voir à ce sujet l'article de Lætitia Van Eeckhout, « Polémique sur l'inauguration d'une stèle à la mémoire de l'OAS à Marignane », *Le Monde*, 18 juin 2005 ; celui d'Émilie Rive, « Une stèle à la gloire de l'OAS », *L'Humanité*, 17 juin 2005 ; et celui de Catherine Coroller, « Les nostalgiques de l'Algérie française brouillent la mémoire », *Libération*, 18 juin 2005. Certes, explique Gilles Manceron, c'est un « lobby relativement marginal, mais il peut influencer des élus locaux... ».

post-colonial. C'est la République, nous semble-t-il, qui constitue le premier référent remis en question, plus précisément les valeurs et l'idéologie sur lesquelles elle repose. En effet, l'idéal colonial, formulé dès le début des années 1880 comme une utopie civilisatrice, s'inscrit en profondeur dans le registre des universaux prêchés par la République[30]. De fait, tout au long de la lente construction de l'État (et non de la nation), du rattachement du Languedoc à l'annexion de la Savoie en passant par la Corse, l'espace français est en perpétuel mouvement. Parallèlement, s'est affirmé un système de valeurs que la République fera, ou pas, siennes (de Clovis à saint Louis, de Jeanne d'Arc à Napoléon) et qui sera le substrat de l'identité nationale. Ce récit rêvé de la nation fait ainsi l'apologie de la conquête, des âmes, des cœurs et des terres, et ne peut qu'être mis en relation avec l'expansionnisme colonial à venir, avec la mission civilisatrice en gestation[31].

La généalogie du discours colonial d'État – où se mêle habilement le colonial comme prolongement du national et condition de sa puissance – ne quittera plus, jusqu'aux indépendances, le registre de la nécessaire diffusion des « lumières » de la République à des peuples perçus comme inférieurs biologiquement et culturellement. Pour beaucoup, la France ne sera la France que lorsqu'elle aura parachevé son œuvre d'uniformisation des citoyens (quelle que soit leur couleur) et du territoire (à l'image de l'Algérie devenue département français). L'Hexagone n'est, et ne reste, qu'une suite de conquêtes (coloniales ou non) : dès lors, l'idée impériale devient efficace dans une « Plus Grande France » qui fait alors exploser les schémas classiques de l'identité nationale à travers le concept d'assimilation. Territoires coloniaux et marches régionales s'inscrivent dans le même processus d'absorption par la nation, l'important étant alors de « rendre français ». La colonisation « outre-mer », dans cette optique, n'est donc pas en rupture avec le passé : elle s'inscrit au contraire dans un *continuum* consubstantiel à la construction de la nation française puis, par héritage, à la République[32].

Cette genèse républicaine de l'idéologie coloniale d'État nous amène donc à une première interrogation sur la mémoire coloniale en

30. Voir sur ces questions Nicolas Bancel, Pascal Blanchard et Françoise Vergès, *La République coloniale*, Hachette Littératures, 2006.
31. Gilles Manceron, *Marianne et les colonies. Une introduction à l'histoire coloniale de la France*, La Découverte, 2003.
32. Nicolas Bancel, Pascal Blanchard et Françoise Vergès, *La République coloniale*, *op. cit.*

France : sonder la colonisation et l'histoire coloniale, n'est-ce pas remettre en perspective les fondements d'une idéologie politique hexagonale dominante, à savoir l'idéologie républicaine ? N'est-ce pas dans l'implication totale de la République – quelles que soient par ailleurs les couleurs politiques qu'elle a pu revêtir –, d'abord dans les conquêtes elles-mêmes, puis dans la stabilisation de l'Empire et, enfin, dans la prise en charge d'une active propagande coloniale d'État à partir de la fin des années 1920[33], qu'il faut voir l'un des principaux obstacles à l'assimilation d'une mémoire coloniale en France ? Car aborder la colonisation, c'est nécessairement déconstruire les discours qui l'ont légitimée[34] et au premier chef le discours républicain-colonial. Ce dernier constitue aujourd'hui l'un des référents identitaires et politiques les plus ancrés dans l'imaginaire politique collectif, vigoureusement véhiculé par la dernière institution républicaine censée souder le corps social, à savoir l'école, par laquelle devrait se transmettre la mémoire de la colonisation.

La fusion du colonial et du national constitue le second processus qui rend la « mémoire coloniale » encore difficilement acceptable. La nouvelle configuration politique qui naît de la Première Guerre mondiale permet en effet la consolidation d'un consensus colonial porté par la majorité des partis et – surtout – par le déploiement de la machine de la propagande d'État. Les républicains de gauche et les radicaux se retrouvent donc objectivement aux côtés de la droite dans la promotion de l'idée impériale comme nouvel horizon de la nation. L'idée d'une fusion entre le national et le colonial s'impose alors, mais elle n'est bien sûr valable que pour les terres et non pour les hommes. Est-il utile de rappeler qu'en effet, dans les colonies, le système de discriminations imposé dès l'origine aux populations coloniales (discrimination politique et juridique, sans parler de l'appropriation de l'essentiel des richesses) persiste, puisqu'il est la condition du maintien de la domination de la métropole ? La France produit alors, au nom des valeurs universelles, de la République et de ses idéaux, du national, donc de l'exclusion. Ce mouvement, qui ne commence réellement à se fissurer qu'à partir des répercussions en métropole de la guerre d'Algérie, soit

33. Sandrine Lemaire (2000), *L'Agence économique des colonies. Instrument de propagande ou creuset de l'idéologie coloniale en France (1870-1960) ?*, doctorat d'histoire européen, Institut universitaire européen de Florence, 2000.
34. Éric Savarèse, *L'Ordre colonial et sa légitimation en France. Oublier l'Autre*, L'Harmattan, 2000.

en 1956-1957, peut être analysé comme une cause supplémentaire de la difficulté à assumer le passé colonial.

Après la décolonisation de l'Algérie, il s'est en effet produit une fracture[35] – celle de l'oubli – et les colonies qui échappaient au contrôle direct de la métropole apparaissaient de nouveau comme des contrées exotiques sans lien avec l'ex-puissance tutélaire. Sans doute parce que le double discours de la métropole était inaudible : faire croire que « là-bas » était comme « ici », ou en passe de le devenir – leitmotiv constant de la propagande coloniale – devenait soudain absurde, incompréhensible devant la volonté enfin palpable des colonisés de se séparer de la métropole. La propagande a donc proposé une image de l'*utopie républicaine* : conflits de classes inexistants, coopération de tous à un même idéal de progrès (économique, social, culturel, civilisateur) : une métaphore de l'harmonie, d'une société sans conflits, d'une communauté ayant résolu ses divergences, ses inquiétudes identitaires et les angoisses liées aux transformations sociales et techniques.

Repenser l'histoire coloniale dans l'histoire nationale

Dans un récent article pour *Libération*, Suzanne Citron rappelait précisément que ce conflit de mémoire est révélateur :

> d'une crise de l'identité nationale dans son rapport au passé. Mais les mémoires meurtries de l'esclavage, de la colonisation ou de l'immigration ne guériront pas par l'inversion simpliste de l'histoire qui ferait de l'héritage victimaire le mythe fondateur d'une identité de groupe. Ces mémoires pourraient se pacifier si les grands mythes de « l'histoire de France » cristallisée en vulgate dans les manuels primaires de la IIIe puis de la IVe République, socle de marbre de l'identité nationale durant des décennies, étaient eux aussi reconnus et démystifiés. Le dévoilement progressif ou médiatique de faits occultés – rôle de Vichy dans la déportation des Juifs, tortures en Algérie, face française de la traite et de l'esclavage des Noirs – a déjà conduit à des révisions, notamment de l'histoire du XXe siècle. Mais c'est le récit national « des

35. Voir à ce sujet Pascal Blanchard, Nicolas Bancel et Sandrine Lemaire (dir.), *La Fracture coloniale*, *op. cit.*

origines à nos jours », mis en perspective au XIXe siècle, qui serait à reconsidérer. [...] Le temps serait-il enfin venu d'une histoire nationale inscrite dans l'histoire humaine, une histoire plurielle et commune, polyphonique et mélodique, dans laquelle chaque Française et chaque Français se connaîtraient comme Sujets du passé et se reconnaîtraient citoyens d'aujourd'hui[36] ?

Son approche indique, loin des peurs qui semblent s'emparer de certains acteurs majeurs de ce débat[37], que nous avons à faire à une situation qui touche en son cœur l'identité nationale.

La *mémoire* est en effet, depuis la fin du XIXe siècle, une composante de l'identité nationale, une valeur civique essentielle[38]. Mais si l'écriture de l'histoire peut être et doit être – car le mouvement de la recherche ne peut se concevoir sans la modification permanente du récit historique, le renouvellement des objets et des problématiques – corrigée, recontextualisée, reformulée..., la mémoire, dépourvue des moyens d'objectivation de l'historien, est constamment reformulée en fonction des *intérêts* des acteurs. Elle est une ressource construite sur des faits vacillants, recomposés, réinterprétés. Réécrite dès l'instant où elle s'énonce, la mémoire s'inscrit dans les rapports sociaux, et comme telle, doit être analysée en fonction de ceux-ci. Ces rapports sociaux sont extrêmement complexes : rapports de classe, certes, mais aussi de genre, des minorités vis-à-vis de la « société globale » et entre elles-mêmes. Pourquoi cet entrecroisement permanent et cette « concurrence » de plus en plus évoquée des récits mémoriels ? Probablement parce que la généalogie, l'ancrage dans une durée identifiable, est l'une des composantes anthropologiques fondamentales de groupes (sociaux, nationaux) qui cherchent à enraciner une

36. « Quêtes mémorielles et histoire nationale », *Libération*, 24 octobre 2005.
37. À titre d'exemple, on peut citer le livre récent de Jean-Pierre Rioux, *La France sans mémoire. Comment un pays démissionne de son histoire*, Perrin, 2006. Ce dernier ouvrage – dans la même veine mais moins violent et plus en perspectives et en problématiques que celui de Daniel Lefeuvre, *Pour en finir avec la repentance coloniale* (Flammarion, 2006) – est un long procès contre le processus actuel de sortie de la politique de l'oubli et contre la manière dont la question coloniale réinterroge l'histoire nationale, processus qu'il dénonce, à travers une argumentation intéressante d'ailleurs, comme étant déstructurant pour la pensée « classique » de la nation et de notre histoire nationale.
38. Pierre Vidal-Naquet, *Les Assassins de la mémoire*, La Découverte, 1987.

identité[39]. Ce qui signifie que les ressources offertes jusqu'alors par le « récit national » dont les fondements remontent en France au XIXe siècle (récit de la continuité linéaire vers le progrès, de l'intégration dans un « creuset français » promettant l'égalité et l'indifférenciation, etc.) ne remplissent plus le rôle qui était le leur : celui d'une possibilité offerte d'identification collective à la nation.

C'est là un fait troublant, et qui peut inquiéter. Il résulte très probablement – pour les groupes qui s'identifient à l'histoire coloniale et postcoloniale – du désir de retrouver une histoire qui fasse sens et puisse s'articuler au récit national. Mais à un récit national qui prenne acte de la variété des trajectoires historiques et de la multipolarisation culturelle de la France, vue alors comme réceptacle de flux migratoires issus de sociétés très différentes[40]. Mais la persistance des inégalités liées aux origines, l'interminable relégation dans des cités ghettos, l'intensité du contrôle policier qui légitime le sentiment de rejet de pans entiers d'une population désormais française depuis plusieurs générations invalident, en quelque sorte, le mirage merveilleux du récit de l'intégration comme constante historique de la France et consolide le sentiment, pour ces populations, d'extranéité dans leur propre pays[41].

De même, l'échec de la gauche, en janvier 2002, à faire adopter la date du 19 mars comme date souvenir des conflits en Afrique du Nord atteste que l'on n'est pas encore sorti des « combats symboliques ». Dans le même mouvement, le président de la République, en décembre 2002, inaugurait un « mémorial national » des soldats français morts en

39. Benedict Anderson, *Imagined Communities, op. cit.*

40. La prise de conscience des discriminations en fonction de l'origine est assez récente sur le plan des dispositifs institutionnels, puisque le FASILD ne s'est engagé dans cette voie il n'y a qu'une dizaine d'années. Le débat, depuis trois ans, sur les vertus de la « discrimination positive », témoigne de l'actualité récente de cette prise de conscience.

41. Le fait même que la CNHI ait décidé de traité de la « question coloniale » dans un colloque inaugural de ses programmations au mois de septembre 2006, afin de ne plus avoir à revenir sur cette question dans l'avenir et dans le cadre du musée bâti symboliquement en 1931 pour l'Exposition coloniale, est significatif que cette histoire demeure toujours en périphérie, ne pouvant s'inscrire ni dans l'histoire de l'immigration ni dans l'histoire de France. Au moment où la France cherche encore une place pour l'histoire coloniale, on doit constater qu'à l'étranger cette question est déjà tranchée et que, par exemple, en 2000 à Oslo, le Congrès mondial des sciences historiques a fait de la « rencontre des cultures entre continents » un thème majeur de ses différentes sessions.

Afrique du Nord, qu'il décidait de placer symboliquement sur le quai Branly à quelques pas du futur musée des Arts premiers. Il déclarait à cette occasion : « Notre République doit assumer pleinement son devoir de mémoire. » Trois mois plus tard, en voyage en Algérie, le président évoquait également, faisant suite au discours majeur de l'ambassadeur de France[42], le conflit et ce passé « encore douloureux »... Mais, un an plus tard, jour pour jour, des députés UMP[43] proposaient un projet de loi ayant pour objet de rendre hommage à l'œuvre coloniale de la France, qui aboutira en février 2005 au désormais célèbre article 4. Tout cela est fort bien résumé par Benjamin Stora : « Une agitation sans lendemain[44]. »

Ce sont sur ces bases encore branlantes que s'élaborent des récits mémoriels cherchant, pour des groupes divers, d'autres bases historiques sur lesquelles se reconnaître. C'est le cas des récits qui s'élaborent sur l'histoire coloniale et postcoloniale. C'est le fondement de la demande sociale toujours plus aiguë d'« intégration » de ces récits au récit national. C'est une recherche que l'on peut contester (par exemple en invoquant rituellement le « spectre du communautarisme »), mais il n'est pas douteux qu'elle s'adosse à cette toile de fond. La mémoire, comme objet historique, est donc un *processus* socio-anthropologique qui s'élabore sur la nécessité de l'identification collective. La pluralité des récits ne signifie pas, cependant, que ceux-ci soient forcément antagonistes ou concurrents – même si la dimension conflictuelle est sans doute impossible à éviter dans l'espace post-colonial[45]. Mais pour cela, il faut que le « récit national » trouve les moyens de se renouveler et d'intégrer la pluralité des histoires et des récits qui constituent notre modernité. Ceci passe évidemment par une ouverture de l'histoire

42. Voir le discours prononcé à l'université de Sétif le 27 février 2005 par l'ambassadeur Hubert Colin de Verdière.

43. C'est la proposition de loi du 5 mars 2003 déposée par de nombreux députés de droite à l'initiative de Philippe Douste-Blazy : « Il nous paraît souhaitable et juste que la représentation nationale reconnaisse l'œuvre de la plupart de ces hommes et de ces femmes. » Une *œuvre positive*, telle sera la demande de reconnaissance.

44. C'est l'idée que reprendra Olivier Le Cour-Grandmaison dans *Libération* le 30 mars 2005 sous le titre « Le colonialisme a la peau dure ». Il rappelait à cette occasion le discours fondateur de Jacques Chirac du 11 novembre 1996 : « Il convient de rappeler l'importance et la richesse de l'œuvre que la France a accomplie là-bas et dont elle est fière. »

45. Daniel Lindenberg, « Guerres de mémoire en France », *op. cit.*, p. 77-95.

comme science aux problèmes relatifs à l'articulation des périodes coloniales et postcoloniales en France, aux liens qu'entretiennent le national et le colonial, et aux enjeux (fût-ce pour les critiquer) ouverts par les *Postcolonial Studies*. En un mot, il s'agit de faire entrer l'histoire coloniale dans le temps post-colonial.

L'IMPOSSIBLE RÉVISION DE L'HISTOIRE DE FRANCE

Suzanne Citron

Dans un livre collectif récemment paru, *La Fracture coloniale*[1], étaient rappelés les effets de notre « récit national » dans les résistances françaises à la reconnaissance de l'altérité. Le débat suscité par la loi du 23 février 2005 mentionnant le rôle positif de la colonisation française a assuré un retentissement médiatique aux problèmes posés par le récit national, ses dits, ses non-dits et sa transmission : le tohu-bohu mémoriel et les agitations historiennes ainsi suscités aboutiront-ils enfin à la relecture de notre passé ?

France plurielle ou France gauloise ?

Au lendemain de la guerre d'Algérie, des *mouvements pédagogiques* se développent sous l'influence d'une génération de responsables et d'enseignants qui ont vécu l'Occupation, la Libération, les combats anticoloniaux, et qui portent un regard critique sur l'organisation de l'école et de ses savoirs. Ainsi, au colloque national d'Amiens de 1968, aujourd'hui totalement oublié, l'objectif éducatif consistant à « accepter l'autre en tant qu'autre » est formulé, de même qu'est affirmée l'idée selon laquelle la crise dont souffre la formation des jeunes est devenue une « crise de la nation[2] ». Dans la

1. Pascal Blanchard, Nicolas Bancel et Sandrine Lemaire (dir.), *La Fracture coloniale. La société française au prisme de l'héritage colonial*, La Découverte, 2005.
2. Actes du colloque national d'Amiens de mars 1968, *Pour une école nouvelle*, Dunod, 1969, p. 41 et 72.

foulée de Mai 68, l'altérité culturelle est revendiquée, par exemple, par le Breton Morvan Lebesque :

> Dès qu'un Breton réclame pour son pays la plus timide reconnaissance culturelle, ne réplique-t-on pas que ce serait un retour au tribalisme, expression spécifiquement colonialiste assimilant à des peuples barbares un pays qui fut structuré, civilisé – un pays pour tout dire historique[3] ?

Il s'indignait du fait que :

> lobotomisés par l'Histoire officielle, des millions de petits Bretons, Basques, Occitans, Catalans – et pour un temps Africains, Algériens, Indochinois – ont été transformés en autant d'enfants adoptés prenant en bloc Clovis pour leur aïeul et Jeanne d'Arc pour leur grande sœur [...]. Mes ancêtres n'étaient pas vos Gaulois ; mais on m'a fait naître de Vercingétorix, pleurer sur Alésia ; et à partir de là, de parentés fictives en parentés fictives, de Mérovingiens en Carolingiens, et de Capétiens en Valois [...]. J'ai patiemment ânonné une généalogie qui n'était pas la mienne[4].

À la même époque, Robert Laffont poursuit ce combat pour un véritable régionalisme et publie avec André Armangaud une *Histoire d'Occitanie*, jamais rééditée après épuisement. L'impérialisme linguistique de la Révolution est également mis au jour par la publication commentée du rapport de l'abbé Grégoire sur la Révolution française et les patois[5]. Au Forum histoire, nébuleuse de débats initiés par des enseignants de l'université Paris VII, la crise de « l'histoire à l'école » et les effets de la guerre d'Algérie sont abordés.

Mais, dans les décennies suivantes, le problème d'un colonialisme consubstantiel à l'histoire de France – et donc partie prenante de la construction de cette histoire – n'a jamais été pris en considération par les instances politiques, de droite comme de gauche, ni par la corporation

3. Morvan Lebesque, *Comment peut-on être breton ?*, Seuil, 1970, p. 48-50.
4. *Ibidem*.
5. Robert Laffont, *La Révolution régionaliste*, Gallimard, 1967 et *Décoloniser la France*, Gallimard, 1971, ainsi que *Histoire d'Occitanie*, Hachette, 1979, et Michel de Certeau, Dominique Julia et Jacques Revel, *Une politique de la langue. La Révolution française et les patois*, Gallimard, 1975.

historienne dans ses divers lieux de pouvoir, jusque et y compris dans les réseaux qui se sont réclamés de la « nouvelle histoire ».

Société nouvelle, sacro-saint récit national

Pourtant, dans ces années-là, la société ne cesse de changer, suscitant les interrogations sur son présent et son devenir. L'installation dramatique des pieds-noirs et des familles de harkis sur le sol métropolitain, l'immigration de Maghrébins, d'Africains, d'Antillais entraînent une visibilité nouvelle des différences ethniques et culturelles. Avec le regroupement familial, le poids grandissant d'une génération d'enfants nés en France se fait sentir, symbolisée par le mot nouveau de « beurs ». L'été 1981 retentit du choc des rodéos et des voitures incendiées dans des ZUP délabrées comme les Minguettes de la banlieue lyonnaise. D'un côté, la montée de réactions xénophobes se voit attestée par les succès électoraux du Front national, qui culminent en 1984. De l'autre côté, les mouvements antiracistes traditionnels, SOS Racisme nouvellement apparu dans les lycées, la Ligue de l'enseignement, débattent de la nouvelle diversité de la société française et de la redéfinition d'une laïcité interculturelle. Des sociologues, des politologues vont, dans les années 1990, explorer la France raciste, la France des étrangers, questionner le multiculturalisme. Mais l'histoire ? Le sacro-saint récit national sur lequel surfe opportunément le discours du Front national – Français de souche, ancêtres gaulois, Charles Martel, les croisades… – résiste à l'examen critique[6].

Cependant, les contradictions flagrantes entre le maintien d'une histoire « mythologique », illustrée par des manuels qui continuaient de s'inspirer du petit Lavisse de la IIIe République, et une réalité sociale en pleine évolution[7] avaient, dès 1969, conduit à la décision ministérielle d'insérer, à

---

6. Voir Bernard Stasi, *L'Immigration, une chance pour la France*, Robert Laffont, 1984 ; Gérard Noiriel, *Le Creuset français, histoire de l'immigration XIXe-XXe siècle*, Seuil, 1987. Et, parmi beaucoup d'autres : Claude Liauzu (dir.), *Si les immigrés m'étaient comptés*, Syros/Alternatives, 1990 ; Patrick Weill, *La France et ses étrangers. L'aventure d'une politique de l'immigration, 1938-1991*, Calmann-Lévy, 1991 ; Michel Wieviorka (dir.), *Une société fragmentée. Le multiculturalisme en débat*, La Découverte, 1996.
7. Voir Claude Billard et Pierre Guibert, *Histoire mythologique des Français*, Galilée, 1976, ainsi que Suzanne Citron, *Le Mythe national, l'histoire de France en question*,

l'école primaire, l'histoire dans un ensemble d'« activités d'éveil », au grand dam de l'Association des professeurs d'histoire et d'universitaires de haut rang. Dans *Le Figaro magazine* du 20 octobre 1979, Alain Decaux avertissait : « On n'apprend plus l'histoire à vos enfants », les autres journaux emboîtant le pas et s'alarmant du « sabotage de l'enseignement de l'histoire ». Une table ronde, à l'initiative de la revue *Historia,* réunissait aux côtés du président de l'Association des professeurs d'histoire des responsables politiques, qui s'indignaient avec Michel Debré et Jean-Pierre Chevènement de l'oubli de la nation et de son histoire. Le 31 août 1982, le président Mitterrand se déclarait « scandalisé et angoissé par les carences de l'enseignement de l'histoire qui conduisent à la perte de la mémoire collective des nouvelles générations ». Paroles interprétées aussitôt, dans les sphères politiques et médiatiques, comme visant à la défense du récit scolaire traditionnel et de l'identité nationale.

Des actions suivirent, comme le rapport du professeur Girault en septembre 1983 ou encore le Colloque national sur l'enseignement de l'histoire tenu à Montpellier en janvier 1984[8], sous le patronage d'Alain Savary et la présidence du médiéviste Jacques Le Goff. Le rapport Girault invitait à la connaissance des « grandes pages nationales » dans leur découpage le plus classique. Mais le colloque ouvrait quant à lui, avec Michelle Perrot et Mona Ozouf, des pistes nouvelles. Jean Devisse, professeur d'histoire de l'Afrique à l'université Paris I, y affirmait que l'étude de « l'histoire des autres conduit très rapidement à la mise en question radicale de ce que l'on a appris ». Il attribuait à cette « histoire des autres » des vertus essentielles pour l'histoire nationale : « Elle lui impose réflexion sur tous les plans et remet en cause ses conforts. » Mais ni la classe politique, ni les décideurs de l'Éducation nationale, ni les grands médias ne retinrent ces invites.

Six mois plus tard, Jean-Pierre Chevènement, nouveau ministre de l'Éducation nationale, exaltait les vertus de l'histoire nationale et enterrait, comme son successeur François Bayrou, l'intéressant rapport que Jacques Berque lui avait remis sur « L'immigration à l'école de la République[9] ». À l'automne 1989, lors de la première affaire du voile, celle de Creil, cinq

---

Éditions ouvrières/EDI, 1987 (notamment la première partie portant sur « La légende républicaine »).

8. Voir Patrick Garcia et Jean Leduc, *L'Enseignement de l'histoire en France, de l'Ancien Régime à nos jours*, Armand Colin, 2003, p. 222-235.

9. *L'Immigration à l'école de la République,* rapport au ministre de l'Éducation nationale, La Documentation française, août 1985.

intellectuels médiatiques [10] lançaient à la une du *Nouvel Observateur* un appel contre la destruction de l'école et de la République. Leurs certitudes dogmatiques amorçaient un tournant idéologique qui cautionnerait davantage encore l'imagerie traditionnelle de l'« histoire républicaine ».

Les silences de l'histoire nouvelle

La révision du récit national n'a jamais été inscrite non plus au programme de la « nouvelle histoire » dans les années de sa domination. L'ouvrage *Faire de l'histoire*, en trois volumes – *Nouveaux Problèmes, Nouvelles Approches, Nouveaux Objets* –, sous la direction de Jacques Le Goff et de Pierre Nora, rassemblait une pléiade de collaborateurs prestigieux, d'horizons et de spécialités divers. Les deux concepteurs affirmaient leur ambition d'illustrer et de promouvoir un nouveau type d'histoire se réclamant sans orthodoxie de Marc Bloch, Lucien Febvre et Fernand Braudel, et qui se donnait pour mission d'« éclairer l'histoire à faire ». Jacques le Goff, dans le *Dictionnaire de la nouvelle histoire*, assurait que ce courant, véritable « coupure épistémologique », bouleverserait « non seulement le domaine traditionnel de l'histoire, mais aussi celui des nouvelles sciences humaines (ou sociales) et même sans doute tout le champ du savoir [11] ».

Or, quand paraît *Faire de l'histoire*, le pays sort de presque trente années de guerres coloniales. Deux contributions y soulèvent des interrogations sur ce que nous appelons aujourd'hui le « post-colonial ». Henri Moniot, à propos de *L'Histoire des peuples sans histoire*, écrivait en effet :

> La modification profonde des rapports entre colonisateurs et colonisés a secoué les stéréotypes naguère adéquats. [Pour saisir] les tendances qui se dessinaient avant que l'Occident les détourne, la portée de l'époque coloniale, les continuités profondes et les vraies ruptures [...], il faut confronter constamment les époques contemporaines, coloniale et précoloniale.

---

10. Alain Finkielkraut, Catherine Kintzler, Élisabeth Badinter, Régis Debray et Élisabeth de Fontenay signent une lettre ouverte dans *Le Nouvel Observateur* dénonçant le « Munich de l'école républicaine ».
11. Jacques Le Goff et Pierre Nora (dir.), *Faire de l'histoire*, Paris, Gallimard, 1974, t. I, p. IX et XIII ; *La Nouvelle Histoire*, Retz, 1978, p. 11 et p. 238-241.

Nathan Wachtel, de son côté, soulignait que les études jusque-là fondées sur l'idée d'une suprématie de la culture européenne devaient admettre que « l'acculturation ne se réduit pas à un cheminement unique, au simple passage de la culture indigène à la culture occidentale », mais qu'il s'agit d'un « phénomène global, qui engage toute la société ». Il émettait le souhait d'un avenir où l'on pourrait « généraliser la notion d'acculturation au-delà du domaine où elle a pris naissance[12] ».

Mais ni les « nouvelles approches », ni surtout le pot-pourri des « nouveaux objets » (le climat, le corps, la cuisine, le film, la fête...) qu'a mis en place la « nouvelle histoire » ne répondaient aux anticipations des deux chercheurs, en dépit de quelques allusions qui pouvaient y faire écho[13]. François Dosse a pour sa part démonté le projet d'« une véritable déconstruction de l'histoire » : la recomposition de fragments du réel se substitue à l'histoire d'un réel global et l'homme n'est plus considéré comme sujet de l'histoire[14]. Jean Boutier et Dominique Julia, dans ce qu'ils appellent « le moment *Faire de l'histoire* », ont souligné quant à eux le manque de cohérence entre les auteurs, certains attachés à l'idée d'une histoire totale, d'autres en récusant la possibilité – prélude à un éclatement de la discipline[15].

Blocages épistémologiques, réseau de pouvoirs et bicentenaire

Dans quelle mesure cette nouvelle démarche qui cloisonne et fragmente le réel en objets pour en extraire la « totalité » a-t-elle bridé le déchiffrage de l'histoire vécue, occulté les défis post-coloniaux, écarté de l'investigation historique l'émergence d'un nouveau multiculturalisme dans la société française et évacué de ce fait les problèmes de relecture du passé ? Il faut dire ici que l'histoire nouvelle a bénéficié du soutien d'un puissant réseau institutionnel, éditorial, médiatique et amical, reliant l'École des hautes études en sciences sociales – le cœur du réseau –, les éditions Gallimard et

12. Jacques Le Goff et Pierre Nora (dir.), *Faire de l'histoire, op. cit.*, t. I, p. 107, 120, 125.
13. Jacques Le Goff et Pierre Nora (dir.), *Faire de l'histoire*, t. II, p. 149, et t. III, p. 74.
14. François Dosse, *L'Histoire en miettes*, La Découverte, 1987, p. 178-191.
15. Jean Boutier et Dominique Julia, *Passés recomposés, champs et chantiers de l'Histoire*, Autrement, 1995, p. 18-23. Signalons dans le sens d'une histoire totale le dossier sur « Les sociétés plurielles », *Annales ESC*, juillet-août 1986.

Le Nouvel Observateur. Créée à partir de la sixième section de l'École pratique des hautes études, dans le cadre de l'empire institutionnel bâti par Fernand Braudel, l'EHESS acquiert en 1977 le statut privilégié de grand établissement scientifique. En 1974, quand paraît *Faire de l'histoire*, Pierre Nora est éditeur chez Gallimard depuis 1965. Il y a fondé la « Bibliothèque des sciences humaines » en 1966, celle de l'histoire en 1970 et s'apprête à y fonder *Le Débat* en 1980. Il est directeur d'études à l'EHESS depuis 1977. Autant de structures et de relais qui ont étouffé tout potentiel d'historiographies alternatives.

Dans la décennie suivante, le débat historiographique se focalise en partie autour de la Révolution. Des controverses idéologiques se greffent alors sur les présupposés épistémologiques. Durant quelques mois, le bicentenaire assure une exceptionnelle aura médiatique à François Furet. L'historien américain Steven L. Kaplan a consacré un chapitre au « roi de la Révolution ». Il y évoque l'itinéraire universitaire, idéologique, intellectuel et journalistique de Furet : successeur de Jacques Le Goff à la sixième section, président de l'EHESS de 1977 à 1985, administrateur de l'Institut Raymond-Aron, cofondateur de la Fondation Saint-Simon, membre de l'équipe rédactionnelle du *Nouvel Observateur*. Autour de Furet, c'est une *galaxie* qui gravite, dans laquelle se retrouvent, outre la fidèle et discrète Mona Ozouf, des collaborateurs intimes, des alliés venus d'autres sphères éditoriales, sans compter les nombreux participants aux ouvrages collectifs[16].

Le *Dictionnaire critique de la Révolution française* est l'aboutissement du cheminement qui a conduit Furet, après le coup d'éclat de *Penser la Révolution française*, à se définir comme l'instaurateur d'un courant d'« histoire conceptuelle ». La domination de cette nouvelle historiographie est attestée par le triomphe du *Dictionnaire* et par les 80 000 exemplaires vendus en deux mois de *La Révolution de Turgot à Jules Ferry 1770-1880*, dans la luxueuse collection « Histoire de France » chez Hachette. Succès qui atteste au passage le nouveau rapport entre histoire et marché éditorial[17].

Or cette *Révolution* sur la longue durée mentionnait comme au passage l'« esclavage » (trois occurrences), mais ignorait « colonisation » et « traite » – les trois mots étant absents de la liste alphabétique des articles

16. Steven L. Kaplan, *Adieu 89*, Fayard, 1993, p. 673-704.

17. Voir François Furet, *Penser la Révolution française*, Gallimard, 1978 ; *La Révolution, de Turgot à Jules Ferry, 1770-1880*, Hachette, 2001 (1988), ainsi que François Furet et Mona Ozouf, *Dictionnaire critique de la Révolution française*, Flammarion, 1992 (1988) ; Jean Boutier et Dominique Julia, *Passés recomposés*, *op. cit.*, p. 31.

du *Dictionnaire.* La révolte de Saint-Domingue est ignorée des « Événements ». Sonthonax, Toussaint Louverture ne figuraient pas dans l'index général des noms propres, qui comportait pourtant nombre d'illustres inconnus. Dans l'index thématique, « colonies » renvoyait au seul Barnave, « esclavage » à Condorcet, clubs et sociétés populaires, Kant, Révolution américaine. Mais cette dernière, incluse dans le chapitre « Idées », ne soufflait mot des Antilles. Ces omissions étaient si choquantes que, dans l'avertissement au lecteur des quatre volumes de la réédition en poche de 1992, François Furet reconnaissait que le « *Dictionnaire* était resté muet sur les répercussions de la Révolution outre-mer ». D'où le rajout, dans le chapitre « Événements », de treize pages sur « La Révolution à Saint-Domingue », rédigées par Massimiliano Santoro, un universitaire italien. Dans sa bibliographie figurent plusieurs textes antérieurs à l'édition de 1988, dont un texte d'Aimé Césaire de 1981, ainsi que *La Révolution française et la fin des colonies*, d'Yves Benot, parue à La Découverte en 1987.

Absents de ces ouvrages au poids éditorial et médiatique écrasant, les questions coloniales, les problèmes de la multiculturalité, la déconstruction des mythes nationaux ont pourtant été évoqués durant le bicentenaire, mais dans des enceintes bien moins parisiennes et bien plus confidentielles[18].

Les lieux de mémoire, vraie ou fausse révolution ?

Les Lieux de mémoire[19], de Pierre Nora, ont été célébrés eux aussi comme une véritable révolution historiographique. Jacques Le Goff écrivait à ce propos dans le dossier du *Monde* du 5 février 1993 : « Ce n'est pas une

18. Entre autres à Marseille, en septembre 1988, « Histoire et intégration », colloque présidé par Philippe Joutard ; mais aussi, en mars 1989, le Colloque européen sur les mythes nationaux à l'université Bordeaux II. Voir également Claude-Gilbert et Dubois (dir.), *L'Imaginaire de la nation*, Presses universitaires de Bordeaux, 1991 ; Dominique Ghisoni *et alii*, *Le Bicentenaire et ces îles que l'on dit françaises*, Syllepse, 1989 (issu du colloque de Jussieu Paris-VII de janvier 1989) ; ainsi que Suzanne Citron, *Mes lignes de démarcation*, Syllepse, 2003, p. 335-336 et p. 339.

19. Pierre Nora (dir.), *Les Lieux de mémoire*, I. *La République*, II. *La Nation* (3 vol.), III. *Les France* (3 vol.), Gallimard, 1984-1992. Vendus à plus de 63 500 exemplaires dans l'édition illustrée de la « Bibliothèque des histoires » et autour de 31 000 en *in quarto*.

histoire de la France actuelle ; mais c'est l'histoire dont la France actuelle a besoin. » Pour Lucien Febvre, l'histoire devait être « une réponse à des questions que l'homme d'aujourd'hui se pose nécessairement », un moyen pour les contemporains « de mieux comprendre les drames » dont ils sont les acteurs et les spectateurs[20]. Mais *Les Lieux de mémoire* ont-ils apporté une réponse à la quête d'une histoire qui permettrait aux Français d'aujourd'hui d'assumer la diversité de leurs origines ?

Les Lieux de mémoire sont un assemblage de textes savants, disparates, répartis par thèmes. Le lecteur qui veut enrichir une culture historique déjà avancée y picore une abondante nourriture, chaque contribution pouvant être lue comme un bijou d'érudition. Mais certains approfondissements – les « Mots », la « Coupole », la « Khâgne », les « Modèles », les « Grands Corps », les « Singularités », la « Galanterie »... – ne parlent qu'à une élite restreinte, homogène et privilégiée. Par les entrées ou les clôtures des volumes, le maître d'œuvre donne le *sens*. Deux lignes se dessinent et s'entrecroisent dans son propos. La première est celle du chantre de la nouvelle histoire : l'historien démiurge qui, derrière l'arbitraire de l'objet, retrouve le tout de l'histoire, cohabite avec le dilettante qui, indifférent à la demande sociale, revendique « une histoire en miettes, éclectique, dilatée vers des curiosités auxquelles il ne faut pas se refuser[21] ». La seconde ligne est celle du dépositaire de l'héritage, qui entérine le récit national en contournant sans les déconstruire les événements « fondateurs ».

La naissance intellectuelle des *Lieux de mémoire*, dans le séminaire de Pierre Nora entre 1978 et 1981, a significativement coïncidé avec les années où la thèse du « sabotage » de l'histoire était en vogue. Ainsi l'auteur commence-t-il par évoquer la « disparition rapide de notre mémoire nationale[22] ». Développant sa problématique – « Entre Mémoire et Histoire » –, il décrète la « fin de l'histoire-mémoire ». L'association volontairement paradoxale des deux mots n'est jamais complètement élucidée. Nora assure même que « loin d'être synonymes [...] tout les oppose, l'histoire est délégitimation du passé vécu[23] ». La distinction entre les deux notions reste dans le flou et la longue dissertation sur la « mémoire saisie par l'histoire[24] » ne l'éclaire pas davantage. Cette ambiguïté traverse tout l'ouvrage, donnant peut-être la clé de son succès.

20. Lucien Febvre, *Combats pour l'histoire*, Armand Colin, 1992, p. 42.
21. François Dosse, *Histoire en miettes*, *op. cit.*, p. 179.
22. Pierre Nora (dir.), *Les Lieux de mémoire*, *op. cit.*, t. I, p. VII.
23. Pierre Nora (dir.), *Les Lieux de mémoire*, *op. cit.*, t. I, p. IX, XX.
24. Pierre Nora (dir.), *Les Lieux de mémoire*, *op. cit.*, t. I, p. XXV-XXXIV.

L'« histoire-mémoire » désigne le récit national fabriqué par la IIIe République. « Il y eut un temps où, à travers l'histoire et autour de la nation, une tradition de mémoire avait paru trouver sa cristallisation dans la synthèse de la IIIe République », écrit Nora[25] : façon curieuse de (ne pas) rappeler l'imposition de cette histoire comme mémoire collective par l'école. L'arrachement de l'histoire à la mémoire, dit-il, serait l'éveil d'« une conscience historiographique[26] ». Mais dans les cinq chapitres de *La Nation* consacrés à l'« historiographie » (dont « Francs et Gaulois » sont arbitrairement exclus pour figurer dans *Les France*), les différentes strates de l'« histoire-mémoire » ne sont pas saisies dans les modalités de leur agencement en récit national : adjonction d'un peuple gaulois originel en amont de l'historiographie royale des « trois dynasties », célébration des Capétiens comme rassembleurs du territoire sacralisé par la Révolution[27].

De surcroît, certains auteurs cautionnent implicitement l'historiographie sous-jacente aux textes qu'ils présentent en reprenant à leur compte la confusion entre Francs et Français[28] qui permet d'enraciner la France dans les temps les plus lointains. Si l'on apprend au passage qu'Augustin Thierry cherchait à « déterminer le point précis où l'histoire de France succède à l'histoire des rois francs[29] », la question des *origines* est escamotée, l'annonce de « mythes d'origine » à paraître dans le tome III[30] ayant fait long feu. L'identification au récit traditionnel trouve son point d'orgue dans le choix des emblèmes clôturant *Les France* : le coq gaulois, Charlemagne, le roi, l'État, Paris, le génie de la langue française... autant de non-réponses aux quêtes mémorielles d'aujourd'hui.

Si, en habile jongleur de mots, Pierre Nora a pu passer pour l'inventeur d'une nouvelle manière d'écrire l'histoire, lui-même ne s'est pas arraché à cette « histoire-mémoire » dont il annonçait la fin. Sur Lavisse il conclut : « Il a fixé les images fortes et tendu, définitif, ce miroir où la France n'a plus cessé de se reconnaître[31]. » Dans le style de

25. Pierre Nora (dir.), *Les Lieux de mémoire, op. cit.*, t. I, p. XXI.
26. Pierre Nora (dir.), *Les Lieux de mémoire, op. cit.*, t. I, p. XX.
27. Voir *a contrario* Suzanne Citron, *Le Mythe national, op. cit.*, conclusion, p. 277-280.
28. Pierre Nora (dir.), *Les Lieux de mémoire, op. cit.*, t. II, 1, p. 190, 194 et 202 ; et p. 225-227.
29. Pierre Nora (dir.), *Les Lieux de mémoire, op. cit.*, t. II, 1, p. 297.
30. Pierre Nora (dir.), *Les Lieux de mémoire, op. cit.*, t. II, 1, p. XII note 1.
31. Pierre Nora (dir.), *Les Lieux de mémoire, op. cit.*, t. II, 1, p. 364.

l'essentialisme du XIXe siècle qui projette la nation dans un passé où elle n'existe pas, Pierre Nora psalmodie : « Héritage ou projet, rêve ou réalité, célébrée ou maudite, la Nation est là, c'est un donné [...] la nation-tunique, la nation-nous, et pour nous, Français sans début assignable[32]. »

Lorsqu'il clôture son œuvre, Nora est désenchanté. La France serait passée en moins de vingt ans « d'une conscience nationale unitaire à une conscience de soi de type patrimonial[33] ». Nouvelle « totalité » inventée par l'historien démiurge ? Elle s'est en tout cas, semble-t-il, répercutée dans les instructions officielles de l'Éducation nationale. Mais « peut-on socialiser par l'inflexion patrimoniale ?[34] » Au regard de l'année 2005, il est permis d'en douter. Le chantier reste ouvert.

32. Pierre Nora (dir.), *Les Lieux de mémoire*, *op. cit.*, t. II, 1, p. X.
33. Pierre Nora (dir.), *Les Lieux de mémoire*, *op. cit.*, t. III, 3, p. 992.
34. Patrick Garcia et Jean Leduc, *L'Enseignement de l'histoire en France*, *op. cit.*, p. 238 et p. 264-270.

HISTOIRE NATIONALE ET HISTOIRE COLONIALE : DEUX HISTOIRES PARALLÈLES

Sandrine Lemaire

« Colonies. Un débat français ». C'est sous ce titre que *Le Monde 2*, au mois de mai 2006, proposait un hors-série sur ce « malaise français ». Pour replacer ce dossier dans son contexte, cinq articles étaient mis en exergue aux côtés de la reprise d'anciens dossiers et articles : une interview de Pierre Nora « La France est malade de sa mémoire », une interview d'Éric Deroo « L'image des colonies a tenu lieu de réalité », un ancien dossier sur « La question noire posée à la France », une enquête – réalisée pour le hors-série – sur « Le palais de toutes les mémoires » et un article proposé par moi sur « La colonisation racontée aux enfants ».

Mais pourquoi croiser les « mémoires » et les espaces historiques dans un tel dossier ? Parce que les temps changent et que la « demande sociale » est aujourd'hui très forte : il y a encore cinq ans, une telle approche aurait été iconoclaste, voir hors de propos. D'ailleurs, dès l'avant-propos, la rédaction du hors-série s'expliquait sur son dossier et soulignait l'importance de sa démarche pour le monde scolaire et les enseignants :

> Que l'on imagine un professeur donnant un cours sur l'histoire des colonies dans un collège français. Qui sont ses élèves ? L'un est petit-fils de harkis, l'autre de rapatriés d'Algérie, le grand-père du troisième, immigré algérien en France, était militant indépendantiste pendant la guerre d'Algérie, et puis tous les autres, des Antilles, lointains descendants d'esclaves, des Bretons, des Corses... et aussi des Français originaires du Sénégal ou du Viêt

Nam. Comment l'enseignant va-t-il aborder l'histoire de l'esclavage, de la colonisation et enfin celle de la décolonisation ?

L'auteur a la franchise de son propos : c'est le contexte actuel, cette « présence diverse » qui fait que le débat sort enfin de l'oubli. Et, aux premières loges de cette émergence, l'enseignant.

Comment enseigner ?

L'enseignant et l'école étaient déjà au cœur de la loi de février 2005 qui faisait référence aux « programmes scolaires » et qui a été abrogée après onze mois de débats violents... mais sans doute nécessaires pour en faire un « débat national » à la hauteur des enjeux d'histoire et de mémoire. Mais les conditions du débat sont elles-mêmes sujettes à discussions. Ainsi, au mois d'octobre 2005, dans une réponse à Claude Askolovitch publiée par la revue *L'Histoire* dans un dossier consacré exclusivement à « La colonisation en procès », Benoît Falaize et Laurence Corbel précisent le cadre étroit dans lequel cet enseignement du passé colonial doit s'inscrire :

> Parmi les points que nous mettons en relief, il y a cette question coloniale « qui ne passe pas » dans une institution scolaire qui y est confrontée à deux titres : par les élèves qu'elle accueille (héritiers de cette histoire particulière) et par des années de quasi-déni d'une réalité qui, sans pouvoir être comparée en aucune manière à la nature de la destruction des Juifs d'Europe, n'en a pas moins des répercussions sociales déterminantes aujourd'hui, au sein de la société française.

Les deux auteurs concluent leur réflexion par ce constat :

> Il est donc urgent de mettre en œuvre une lecture complexe des comportements scolaires, de développer des recherches plus nombreuses et de respecter la prudence des conclusions. Car la complexité de l'analyse ne s'oppose en rien aux valeurs républicaines et n'implique aucune démission.

On le comprend, le débat est complexe et polémique, dès que la question de l'enseignement, des programmes et du passé colonial se croisent. L'enseignement se trouve au cœur d'un débat conflictuel comme s'il était le seul à pouvoir être acteur de cette question, alors qu'il n'est qu'un des éléments d'un débat mémoriel beaucoup plus vaste.

L'histoire coloniale est donc perçue aujourd'hui comme essentielle pour les enseignants, mais elle l'est tout autant pour ceux vers qui cet enseignement est destiné : les élèves. De fait, lorsque l'on s'attache à enquêter sur le terrain – comme nous l'avons fait en 2003 dans une enquête menée à Toulouse[1] –, on constate une méconnaissance (ou une connaissance très vague) du fait colonial ou migratoire, alors qu'un réel besoin est exprimé de mieux (ou plus) étudier – et donc connaître – ces éléments d'histoire afin de mieux comprendre les événements contemporains[2]. Il y a dans ce décalage de multiples explications possibles. Pendant longtemps, on a désigné comme explication majeure la faible place de la question coloniale dans les programmes. Cette explication n'est plus suffisante ; les programmes ont fortement évolué depuis une vingtaine d'années et sont aujourd'hui – comme les manuels scolaires – de « bons » supports à l'action de l'enseignant. Pourtant, ce constat est différent en ce qui concerne l'histoire de la traite et des abolitions, celle des flux migratoires depuis deux siècles en provenance des outre-mer et cela est encore plus vrai en ce qui concerne l'absence totale de toute référence à l'influence réciproque de la colonisation et donc à la formation d'une « culture coloniale » en France au cours du XXe siècle.

Si l'histoire de l'immigration est effectivement absente des enseignements transmis jusqu'au niveau du secondaire, celle de la colonisation et des décolonisations a donc largement comblé son retard constaté au cours des années 1960-1980. Alors comment expliquer ce sentiment de « manque » et les frustrations[3] largement exprimées par une frange de la population par le biais d'injonctions à la reconnaissance officielle

1. Voir la synthèse des résultats de cette étude en dernière partie de l'ouvrage collectif dirigé par Pascal Blanchard, Nicolas Bancel et Sandrine Lemaire, *La Fracture coloniale. La société française au prisme de l'héritage colonial*, La Découverte, 2005.
2. Cet article reprend une contribution récente – « Colonisation et immigration : des "points aveugles" de l'histoire à l'école ? » – publiée dans l'ouvrage cité à la note précédente.
3. Philippe Bernard, « Des "enfants de colonisés" revendiquent leur histoire », *Le Monde*, 21 février 2005.

d'événements spécifiques, de sondages, d'ouvrages divers, d'appels, de témoignages ou encore de prises de parole ? C'est effectivement un « sentiment d'absence », de traitement précis sur la colonisation et l'immigration qui entraîne parfois, chez ceux qui ressentent ce manque, une radicalisation de leur discours pouvant les conduire à reconstruire une histoire sur les carences de l'enseignement. L'école, comme dernière institution traditionnelle de socialisation, mais aussi comme moyen essentiel de transmission, est au cœur de nombres d'enjeux et est montrée du doigt comme si elle était responsable de cette « politique de l'oubli ». C'est omettre un peu vite le rôle des médias audiovisuels, celui des éditeurs, celui des conservateurs et, surtout, celui des politiques et des acteurs publics. Mais cet « oubli », durant les trois décennies postérieures aux indépendances, semble s'être construit sur l'absence de lien évident, décelable, entre histoire nationale et histoire coloniale. Par ailleurs aucun lien n'est établi avec l'histoire des immigrations ou la culture coloniale au sein de laquelle ces flux migratoires et mouvements historiques se sont déroulés. Autant de facteurs qui expliquent en partie mais pas uniquement le hiatus que nous connaissons aujourd'hui, ainsi que la difficulté de l'école à intégrer ce débat national qui s'est accéléré depuis deux ans. Sans doute parce que nous entrons, enfin, dans le temps d'une histoire véritablement post-coloniale de notre passé national et de nos relations internationales. À titre de comparaison, il aura fallu six décennies pour que soit édité le premier manuel franco-allemand ; combien d'années encore avant de bénéficier, enfin, d'une histoire totalement « décolonisée » de nos schémas anciens, ce qui se concrétiserait, par exemple, par l'élaboration de manuels en collaboration avec des chercheurs des ex-colonies ou des outre-mer ?

Du credo impérial à l'éclipse du colonial

Or, lors de la période coloniale, les ouvrages scolaires furent de véritables défenseurs – et même promoteurs –, tout en l'illustrant, de la colonisation. Les manuels d'histoire et de géographie, plus particulièrement, aussi bien que ceux de littérature ou de philosophie, reflétaient le sentiment impérial et prêchaient son credo qui infiltrait déjà nombre de supports, notamment la presse populaire[4]. En effet, la récurrence du

4. Sandrine Lemaire, « La colonisation contée aux enfants », *Le Monde 2*, mai

thème de la puissance impériale est significative de la majorité des manuels des années 1920 jusqu'à la fin des années 1950. Ces derniers insistaient sur l'idée que la France était une grande nation parce qu'elle possédait des colonies et ils valorisaient, à cet effet, ses faits d'armes comme ses victoires et acquisitions territoriales. Les enfants étaient ainsi conviés à une exploration de l'histoire de leur pays où glorification de batailles et héros coloniaux, œuvre de « civilisation » et modernisation tenaient une large place, de même que les efforts de « mise en valeur » dont ils pouvaient tirer exemple et fierté.

Le récit scolaire de la période coloniale a été sans aucun doute un maillon essentiel de la pénétration de l'idéologie coloniale dans l'ensemble du corps social, un outil crucial visant à constituer et pérenniser une identité française. Ainsi, l'histoire enseignée était-elle le reflet des discours et schémas de pratiques politiques consensuelles en France, réunissant la plus grande partie de l'opinion publique derrière le mythe de la supériorité de l'homme blanc. Il s'agissait en quelque sorte d'un acte de foi patriotique transmis de génération en génération, par le biais de l'enseignement, autour de la bonté métropolitaine. Cette histoire valorisante du Français et de ses actes véhiculait simultanément un ensemble de stéréotypes appliqués aux colonisés. L'imprégnation fut si réussie qu'on peut en déceler encore aujourd'hui maintes réminiscences[5] et cela explique pourquoi l'école semble le bastion, essentiel et stratégique, de la concurrence des mémoires qui semble s'annoncer.

Désormais, les manuels se font plus circonspects dans leur approche, tenant évidemment compte des changements politiques, économiques, culturels ainsi que des avancées historiographiques. Toutefois, et en dehors des « injonctions ponctuelles du politique », en raison des exigences principalement techniques qui les contraignent à synthétiser au maximum, mais aussi parce que les instructions officielles ne reflètent pas cette nécessité, les manuels scolaires n'abordent pas encore suffisamment la complexité du phénomène et évitent le lien avec l'histoire nationale, comme si l'histoire coloniale était à la marge du récit national, comme périphérique. Il faut constater que ce processus de

---

2006, et Éric Savarèse, « Histoires héroïques », *Histoire & Patrimoine*, n° 3, octobre 2005.

5. Voir la loi promulguée le 23 février 2005 qui plaçait les programmes scolaires et les manuels au cœur de leur « combat » pour une histoire coloniale « positivée ». L'article le plus litigieux de cette loi – l'article 4 – a été finalement déclassifié.

réintroduction de l'histoire de la colonisation (et de l'esclavage) s'est – lentement – mis en marche depuis une vingtaine d'années.

Depuis les décolonisations, les manuels scolaires reflétaient la difficulté à résoudre le problème de l'indicible : comment parvenir à traiter des indépendances alors que, jusqu'au dernier temps de la colonisation, le discours était demeuré inchangé sur l'acceptation du système colonial par des colonisés bien conscients de ses bienfaits et de la « mission civilisatrice » française ? Ceci explique en grande partie le mutisme des manuels relatif à cette phase de l'histoire nationale dans la période qui a immédiatement suivi les décolonisations, les programmes scolaires s'arrêtant à l'étude de l'histoire jusqu'en 1945. Aussi, de 1960 à 1980, cette histoire est-elle comme mise entre parenthèses de l'histoire nationale. Puis, du début des années 1980 à aujourd'hui, la césure semble s'ancrer, même si la « politique de l'oubli » (étant entendu que cette politique ne fut pas consciente ni bien entendu l'œuvre d'un « complot ») et du silence a été combattue par de nombreux chercheurs, groupes pédagogiques ou collectifs associatifs.

Durant des années, les polémiques ont convergé vers l'école. La loi de février 2005 en a marqué l'apogée, mais il n'est que la partie visible d'enjeux plus vastes et qui se placent sur le temps long du post-colonial. Dans l'univers même de l'université, les historiens semblent être confrontés à des enjeux similaires : entre l'« école » qui se rassemble autour du mémorial de Marseille en offrant une posture « réactionnaire » de gardien du temple de la mythologie coloniale et les vieux combats « anticolonialistes » qui postulent de nouveau à un combat idéologique ultrarépublicain (et anticapitaliste) sur ces questions, l'espace est mince, reconnaissons-le, pour proposer au monde éducatif une histoire dans toute sa complexité et loin des idéologies. C'est pourtant l'enjeu des années à venir. Comment sortir l'histoire coloniale de sa polarisation idéologique et comment la faire entrer dans la « simple » continuité de l'histoire de France ? Cette double question oblige à examiner les influences « extérieures » qui influent de façon évidente sur le présent débat scolaire.

Quand le débat s'ouvre...

Pour ne s'attacher qu'aux derniers vingt-quatre mois, on constate que ces questions ont été au cœur de débats qui dépassent la simple réflexion sur l'histoire et son enseignement. Dans un dossier récent (2006), la revue *Cités* a ouvert le débat sur la guerre des mémoires et l'esclavage. Silyane Larcher y a introduit le dossier de façon très directe : « Les errances de la mémoire de l'esclavage colonial et la démocratie française aujourd'hui. » L'auteur plaçait le cadre de cette « redécouverte historique » « par-delà les demandes de reconnaissances et les errements de la mémoire, éminemment propices à former le terreau d'une compétition mémorielle violente entre minorités ». Selon elle, « sourd surtout l'urgente exigence politique à clarifier les termes du partage de la connaissance historique fondant l'identification collective de tous les citoyens à l'histoire d'une République, qui ne fut pas toujours républicaine, qui dissout non sans mal le système esclavagiste, et fut, bel et bien un temps, aussi coloniale ». On le voit, présent et passé sont liés, temps colonial et temps post-colonial s'enchaînent et se superposent, et c'est justement cela qui fait obstacle à la « normalisation » de ce passé au sein de l'école de la République, et rend difficile la sortie de ce que Myriam Cottias appelle la « politique de l'oubli[6] ». Dans le même dossier, Françoise Vergès expliquait bien en quoi la production universitaire récente continuait d'abreuver ce schisme : « Jusqu'à une époque récente, voire encore aujourd'hui, cette histoire coloniale a produit avant tout des travaux tendant à minorer l'importance des croisements entre ici et là-bas. » Jean-Luc Bonniol ne dit pas autre chose, lorsqu'il rappelle qu'en France « ce passé fut largement évacué de l'imaginaire national ». L'auteur en donne une explication fort pertinente, en posant que l'évacuation était « nécessaire » à la constitution « du récit de la Nation unie et glorieuse » à une époque où l'on a pensé que ce passé serait source de « conflits » en France. En poussant son analyse, Jean-Luc Bonniol explique même la difficulté de « percer » le miroir de l'oubli et de l'interdit et souligne que tous ceux qui « s'efforcent de serrer au plus près la vérité historique et seraient tentés de lui venir en aide sont eux aussi frappés d'anathème, selon le vieux principe qu'il vaut mieux se créer des ennemis au plus près plutôt que d'affronter ses véritables adversaires ».

Au cœur d'un tel débat, l'école est prisonnière et semble immobile, surtout depuis que la loi (même si elle a été depuis abrogée) a rappelé les « limites » à ne plus (ou pas) franchir. Il faudra proposer à l'élève un

6. Myriam Cottias, « La politique de l'oubli », *France-Antilles* : « Cent cinquantenaire de l'abolition de l'esclavage, 1848-1998 », mai 1998.

savant dosage entre le positif et le négatif, entre le « temps de la conquête » et « celui de la colonisation », pour reprendre les termes récents d'un ministre, entre une juste colonisation et des crimes périphériques... On le voit, l'école risque de vivre quelques temps troublés avant de fixer de façon explicite ce passé dans son enseignement.

Olivier Pétré-Grenouilleau, en écrivant, au mois de septembre 2005, un article sur « Les identités traumatiques. Traites, esclavage, colonisation » dans la revue *Le Débat* a apporté un nouvel éclairage à ce panorama. L'auteur y traçait une ligne de fracture assez simple : selon lui, il y aurait d'un côté l'histoire académique, de l'autre l'histoire manipulée, dont les Indigènes de la République seraient les porte-parole. Mais il apporte quelques nuances à ce postulat, en rappelant qu'existent des mémoires irréconciliables, et « qu'il faudra du temps pour que les choses évoluent et qu'il n'y aura pas forcément, au bout du chemin, consensus total ». Dans un tel contexte, les programmes risquent de tenir compte de cette « opposition » dans l'élaboration des contenus d'enseignement, et cela afin d'éviter une histoire à double lecture : une lecture de descendants de « victimes », une autre de descendants de « coupables », et de produire *in fine* une non-histoire du passé, tout juste un « compromis mémoriel ».

Or nous sommes d'ores et déjà dans ce compromis. Contemporain du numéro de la revue *L'Histoire* consacré à « La colonisation en procès », la revue *Histoire & Patrimoine* propose en octobre 2005 un dossier spécial intitulé « France coloniale, deux siècles d'histoire ». La structure même de ce dossier et les contributions proposées montrent la nécessité d'une approche polymorphe[7] qui bascule en permanence entre influences en métropole et histoire aux outre-mer. Ces deux dossiers sont essentiels dans la mesure où leur influence sur les enseignants est avérée. Ils contribuent à faire sortir l'histoire coloniale de la marginalité pour la mettre au centre des préoccupations historiques

7. *Le Nouvel Observateur*, dans son dossier sur « La vérité sur la colonisation » du 8 décembre 2005 s'engage dans la même introspection du passé colonial français en tentant de sortir des schémas habituels et propose une relecture par Marc Ferro de cette difficulté à appréhender aujourd'hui cette histoire. Il parle de complexité, de paradoxe, de crime, et surtout rappelle que « ce n'est ni en écrivant de l'histoire officielle ni en sacrifiant aux passions communautaires que l'on pansera les plaies du passé », car on ne peut « réparer » l'histoire. C'est un espace étroit certes, mais le seul que peut prendre l'école pour appréhender l'histoire coloniale sous peine d'être en décalage total avec la société française.

contemporaines. Cette approche irrigue l'école d'influences nouvelles qui accompagnent ses propres mutations.

Certes, les enjeux idéologiques ne sont pas absents du contenu de ces publications – nous sommes de fait toujours dans le temps du débat – et l'on peut identifier des influences contradictoires qui viennent s'entrechoquer pour constituer un regard sur le passé colonial. À titre d'exemple, on peut opposer le numéro spécial de *La Nouvelle Revue d'histoire* au titre évocateur « De la colonisation à l'immigration » et les deux dossiers réalisés par la revue syndicale de la FSU *Nouveaux Regards* de juillet 2005 sous le titre « Repenser le passé colonial » et par la Ligue des droits de l'homme dans sa revue *Hommes & Libertés* au titre programmatique « Le trou de mémoire colonial ». Nous sommes ici en présence de l'intégralité du spectre dont est constitué l'outillage historique mis à la disposition de l'enseignant pour nourrir son approche du passé colonial. Mais ce spectre est tellement large qu'il tend lui aussi à brouiller les cartes et l'approche de cette histoire.

Ainsi en va-t-il du dossier de *La Nouvelle Revue d'histoire*, une revue sans conteste très marquée à « droite », tant par les articles traités que par les auteurs rassemblés autour de Dominique Venner qui dirige le dossier et le situe clairement dans l'espace mémoriel de l'« ancienne grandeur » de la France aux outre-mer. Dans une approche diamétralement opposée, le dossier de la Ligue des droits de l'homme propose un angle d'attaque destiné à « affronter le passé colonial » et consacre la moitié des articles de son dossier aux événements algériens de mai 1945. Gilles Manceron (rédacteur en chef de la revue et vice-président de la LDH), qui dirige le numéro, annonce dès son chapeau introductif son intention : « La colonisation fait partie de l'histoire française, mais la France ne veut pas le voir. » Il conclut son éditorial par un constat clair : « La société française est au pied du mur. Elle ne peut plus continuer à détourner indéfiniment le regard de son passé colonial et de tout ce qu'il lui a légué, car il s'agit aussi de son avenir. » *Nouveaux Regards* est dans la même perspective et annonce le ton du numéro dès son éditorial : « La France n'est pas à l'aise avec son passé colonial. Mais le temps n'est plus seulement à la dénégation et à l'oubli. » Trois revues, accessibles aux lecteurs, aux enseignants, aux militants, aux syndicalistes, constituant un contre-champ contradictoire, structurent le large éventail grâce auquel le débat sur l'école et l'enseignement de l'histoire coloniale doit se bâtir. Dès lors, les enjeux se font plus lourds, plus pesants, plus évidents aussi pour le monde scolaire dans cette réflexion qui est d'abord la sienne, mais aussi celle de toute la société française, pour appréhender et enseigner *autrement* l'histoire coloniale.

Une césure nette entre histoire nationale et histoire coloniale

Si le passé colonial est désormais de nouveau étudié, débattu, revu, corrigé, contesté, interpellé, il n'est abordé à l'école que de façon tangentielle dans l'enseignement de l'histoire nationale et on ne peut que constater le schisme qui s'opère entre histoire coloniale et histoire nationale. Le traitement de la colonisation en général et l'appréhension de la guerre d'Algérie en particulier révèlent une des caractéristiques majeures de l'histoire française contemporaine, à savoir la manière par laquelle l'histoire de l'État-nation a été séparée de l'histoire de l'Empire. Si l'Empire est souvent étudié en liaison avec des crises majeures, comme les conflits mondiaux ou la guerre d'Algérie, il est difficile de trouver une interprétation générale de l'histoire contemporaine française fondée sur la lecture étroite de l'histoire impériale et notamment sur l'étude des interactions culturelles autres que conflictuelles qui en ont résulté.

Les programmes[8] abordent en effet « L'Europe et le monde dominé » ainsi que « Tiers-monde : indépendances, contestation de l'ordre mondial, diversification » dans une approche comparatiste qui ne serait pas regrettable en soi si elle pouvait permettre de montrer à la fois l'ampleur du phénomène et toute sa complexité – mais aussi ses particularismes nationaux. Dans ce cadre en effet, les contenus sont survolés, les raisons de la colonisation européenne sont réduites à des généralisations sommaires, de même que sont rapidement dissociés les systèmes coloniaux anglais, français ou belge, avant que soient évoquées quelques contestations majeures. À bien lire, il s'agit d'une histoire qui n'évoque que très peu d'hommes, exception faite de quelques

8. Il s'agit ici des programmes destinés aux classes de première et de terminale des sections économiques et sociales et littéraires, puisque les filières scientifiques ont un autre découpage qui regroupe en terminale l'étude de la « Colonisation et indépendance » subdivisé entre « La colonisation européenne et le système colonial » et « La décolonisation et ses conséquences » à l'échelle européenne également.

grandes figures de la conquête ou de la résistance, de quelques élites coloniales qui illustrent, plutôt qu'elles ne personnifient, une période, un système, des croyances. Par ailleurs, les autochtones, les colonisés sont totalement absents du récit, ou alors réduits à des « masses » qui subissent cette histoire sans y prendre part. Les opinions publiques, la culture coloniale ou l'impact idéologique sur les élites ne sont pas ou très peu étudiés. Ce traitement n'accorde toujours pas de place à l'Autre, celui qui a partagé cette histoire, si ce n'est en tant que « victime » anonyme, « leader » charismatique tel Gandhi ou « ennemi ».

L'évolution est pourtant nette entre l'histoire véhiculée pendant la période impériale, qui fournissait une véritable hiérarchie raciale justificative de la domination coloniale et de sa « mission civilisatrice », et ceux qui, depuis les années 1980, l'ont fait disparaître. Toutefois, cette histoire « déshumanisée », désincarnée, ne s'inscrit pas dans un lieu ni un temps précis, mais dans une période allant du milieu du XIXe siècle à 1939 et qui concerne le monde, l'Europe et la France. Ceci devient plus symptomatique encore lorsque la division des programmes traite pourtant bien, dans un chapitre spécifique, de l'histoire de la France sur la même période. Mais nous n'y trouvons rien qui puisse indiquer dès lors combien la colonisation fut intrinsèquement liée à l'histoire nationale au même titre que le cadre territorial et démographique, l'enracinement de la République ou la Première Guerre mondiale.

Souvent, ce tableau schématique ne permet pas d'établir clairement des liens entre les événements. Qu'on ne s'y trompe pas, il ne s'agit pas ici de dénoncer l'école en elle-même, de la mettre au ban des accusés et encore moins de revendiquer une histoire spécifique ou « communautariste » – reproche classique de ceux qui souhaitent « dédouaner » ainsi l'école en se refusant à évoquer ce qui, selon eux, pourrait diviser et affecter l'unité nationale –, mais simplement de faire l'histoire de la France dans toute sa complexité, ses zones d'ombre et ses contradictions, ainsi qu'il est fait sur d'autres thèmes, comme le régime de Vichy. Cette marginalisation du passé colonial dans les manuels, cette césure qu'on voit s'instaurer entre histoire nationale et histoire coloniale est synonyme de son éclipse dans la conscience nationale et marque de toutes ses contradictions la période post-coloniale qui est la nôtre.

Faute d'avoir une lecture de l'histoire de France retracée dans toute sa complexité, l'« histoire française » (du moins celle qui domine dans les manuels) se focalise sur des épisodes *traumatiques*. Chacun reconstruit son propre passé colonial autour d'événements forts dont le plus emblématique reste la guerre d'Algérie. Autrefois présentée comme « joyau » de l'Empire, « modèle » de réussite du système colonial, véritable prolongement de la France de l'autre côté de la Méditerranée et bénéficiant à ce titre d'une place de choix dans l'enseignement, l'Algérie conserve certes aujourd'hui ce privilège en étant davantage abordée que l'ensemble du système colonial et des décolonisations, mais surtout comme exemple de guerre violente, qui a fait basculer la IVe République. En effet, durablement ancré dans la sphère politique et ayant marqué toute une génération, le traumatisme lié à l'accession à l'indépendance de l'Algérie a conduit à la quasi-occultation, dans les manuels, des faits historiques précis pendant près de vingt ans, avant que cet aspect historique ne soit abordé de nouveau au début des années 1980 pour devenir dominant dans l'historiographie « coloniale » à la fin des années 1990.

Mais alors, comment expliquer, chez ceux qui ont bénéficié de cet enseignement, la méconnaissance ressentie lorsqu'on sait que les manuels ont largement anticipé les prises de position politiques en utilisant le terme de « guerre » dès le début des années 1980 pour un conflit qui, jusqu'au 10 août 1999, n'avait pas été reconnu officiellement ? C'est peut-être que, bien qu'abordée par l'institution scolaire, la « guerre sans nom » constitue pourtant encore aujourd'hui l'un des rares épisodes historiques coloniaux qui provoque toujours autant de passions, et qui donne lieu le plus souvent à des « révélations » médiatiques plutôt qu'à une étude sereine.

C'est sur la place de la guerre d'Algérie dans les programmes qu'il faut s'interroger, en croisant ce questionnement avec la difficulté d'enseigner une histoire alors même que *les* mémoires s'opposent encore à son sujet. En effet, par manque de temps et d'espace à accorder à ce fait historique, les manuels s'en tiennent aux grandes lignes en n'évoquant que trop peu les origines du conflit : à cet égard, le 1er novembre 1954 est mentionné mais jamais expliqué. Aucun manuel n'aborde l'impact de cette guerre d'indépendance sur la vie économique, culturelle et sociale des Français – en France – et même politique, à l'exception du changement de régime en 1958.

D'autre part, cette focalisation sur la guerre d'Algérie, abordée comme exemple de décolonisation « violente » dont la torture est la manifestation la plus significative, tend d'une part à réduire le fait colonial à cette seule dimension traumatique – comme si la guerre d'Indochine, la guerre du Rif, les conquêtes coloniales à Madagascar, au Maroc ou en Algérie, les révoltes lors de la Grande Guerre ne l'avaient pas été –, en n'évoquant que très superficiellement les autres aspects de la colonisation et en occultant toute la période antérieure.

Car là est l'essentiel : la guerre d'Algérie permet de reformuler un « consensus républicain » cristallisé autour de la condamnation des aspects les plus visibles et révoltants de la colonisation, mais pose simultanément un masque sur le système colonial en lui-même. Ce réductionnisme alimente le ressentiment, chez les enfants qui se perçoivent – à tort ou à raison – comme les « descendants » des colonisés, et favorise également la création de toute une mythologie relative à une lutte de libération idéalisée, ne tenant pas compte ni des exactions ni des manipulations commises de part et d'autre.

Le legs d'une histoire parcellaire

Même si la recherche historique est de plus en plus opérante et révèle la complexité du phénomène colonial, les morceaux choisis de l'histoire nationale, tenant compte des priorités officielles que reprennent les manuels, tentent de traiter l'histoire coloniale non pas comme un élément majeur de l'histoire nationale qu'il faut aborder sereinement mais comme un quasi-épiphénomène, certes parfois dramatique et sanglant. En un mot, on l'enseigne en la marginalisant, on l'aborde mais en périphérie des grandes ruptures nationales... En même temps, toujours nourris d'images qui célèbrent, même si elles ne la nomment pas, la « mission civilisatrice » de l'« ex-métropole », ignorant presque tout des profits retirés de la domination, n'ayant jamais eu l'occasion d'analyser le système colonial dans ses manifestations « concrètes », telles que les ont subies les colonisés par exemple – régime d'exception, racisme, Code de l'indigénat, différence de statut au sein de la République, injustices de toutes sortes, inégalités économiques, sociales, politiques, culturelles – ou telles qu'en ont profité certains colonisés eux-mêmes, les élèves ne sont dès lors pas à même de comprendre pour quelles raisons les colonisés se sont *révoltés*, ni pourquoi la France s'est opposée violemment à leur « émancipation », comme disent encore pudiquement quelques rares manuels. Du coup, ce sont chez certains élèves le « fanatisme » ou l'« ingratitude » des colonisés qui en viennent à expliquer les désirs d'indépendance...

Certes, les enseignants ne sont pas « obligés » de transmettre le message tel qu'il est émis par les manuels, ni d'accepter sans lecture critique tel ou tel numéro de revue : ils sont libres de construire leurs cours comme ils l'entendent et de fournir aux élèves tous les matériaux de réflexion qu'ils jugent utiles. Il faut louer cette démarche et ne pas la nier, mais encore faut-il que ces mêmes enseignants soient eux aussi sensibilisés à cette approche.

Même si la période s'échelonnant de 1985 à 2005 révèle des évolutions notables puisque certaines reflètent de plus en plus les avancées de la recherche historique en la matière et n'hésitent plus à aborder des aspects peu « flatteurs » mais essentiels pour comprendre ce passé, l'analyse des manuels scolaires ne permet qu'une approche très superficielle de la période coloniale, car les programmes offrent une démarche déconnectée de tous les processus propres à l'« histoire de France ». Il y a pourtant urgence (pour l'école) à ne plus être en décalage avec les mutations réelles et rapides de l'historiographie sur ces questions, pour conserver son rôle d'éclaireur vis-à-vis des élèves et leur permettre de contribuer, à leur manière, au débat en cours ou à tout le moins à la mesure de ses tenants et aboutissants.

Dans un tel contexte, les jeunes Français ayant des ascendants issus de l'immigration ou des outre-mer, qui ne trouvent pas de facteurs explicatifs à leur présence en France bien qu'ils soient confrontés en priorité aux discriminations, cherchent ailleurs des réponses au sentiment ou à la réalité du rejet qu'ils subissent. Ainsi, certains en viennent à alimenter les fantasmes de la société française en se coulant dans le rôle de « sauvageons » qu'on leur assigne. Par conviction ou par réaction, d'autres expriment leur nostalgie du colonial ou développent une posture de défense face à la « menace » qu'incarne l'Autre.

Vers l'enseignement d'une histoire post-coloniale ?

Pourtant, depuis cinq ans, il apparaît que l'histoire fait l'objet d'une puissante demande culturelle de la part d'un public élargi. Loin de faire sombrer les « idéaux républicains » et de faire trembler le « sanctuaire scolaire », il s'agit ici de renforcer leurs fondations, d'énoncer et d'analyser ce qui permettrait de rapprocher des élèves aux parcours différents à travers des moments forts de notre histoire, de l'histoire de leur famille, pour leur donner finalement des racines leur permettant de mieux se construire une identité et une place de citoyen.

Enfin, significativement, il n'existe rien, ou presque, en matière historiographique sur la période précoloniale qui puisse montrer l'existence d'empires, de civilisations autres qu'occidentales. Trop souvent, le Temps, l'Histoire commencent avec l'arrivée des Européens. La fracture entre deux mondes radicalement différents ne peut donc que s'accroître lorsque ces territoires « dénués » d'histoire ne sont étudiés qu'en géographie, comme de grands ensembles régionaux « courant » après le développement. La limite Nord/Sud que doivent parvenir à définir les élèves accentue la fracture ancienne et repose encore sur des images d'antan entre un monde développé et opulent, « civilisé », et un monde en quête de développement, marqué notamment par la pauvreté. Si ce constat repose en partie sur des vérités incontestables, les nuances seraient les bienvenues pour éviter de contribuer à la formation d'un « choc des civilisations ».

Un autre exemple peut être utilement prélevé dans l'analyse de l'histoire de l'immigration comme schéma explicatif de la France d'aujourd'hui. Phénomène majeur, le fait migratoire n'est pourtant abordé dans aucun programme d'histoire de quelque filière que ce soit et n'est que survolé dans les enseignements de sciences économiques et sociales pour la classe de première dans le cadre du chapitre sur les politiques d'intégration culturelle. Une revalorisation de l'histoire de l'immigration dans les enseignements fondamentaux pourrait, parmi d'autres actions, contrevenir aux replis identitaires. Expliquer à tous les besoins de la France d'après-guerre et remonter aux vagues migratoires précédentes, revenir sur les stigmatisations des Italiens, Polonais, Espagnols ou Portugais durant la première moitié du XXe siècle pour faire réfléchir les élèves sur les phénomènes de rejet et les discriminations, voilà qui combinerait vérité historique et utilité sociale.

De même, il semble aujourd'hui incompréhensible que la France n'aborde jamais l'histoire de ses départements d'outre-mer qui restent cantonnés aux images exotiques véhiculées par les affiches touristiques ou la description de la « France tropicale » dans les manuels de géographie. Comment dès lors ne pas comprendre le désarroi de ces Français qui, en France, sont souvent considérés comme des « étrangers » ? Une analyse critique des préjugés, l'histoire de la colonisation et celle de l'immigration, l'interdépendance entre les nations, et également les apports des diverses civilisations et cultures, *via* les migrations, ne peuvent que déconstruire les stéréotypes, et établir un sentiment d'appartenance plus solide, parce que partagé, aux jeunes élèves. Il s'agit encore une fois d'histoire et non de leçon de morale. Restituer une *histoire commune* sans parti pris, ni critique ni nostalgique, mais qui relate la participation de chacun, telle qu'elle fut, à la construction de la nation paraît être un des outils essentiels à l'évolution de l'école dans le champ du post-colonial.

MALAISE DANS LA RÉPUBLIQUE : MÉMOIRES TROUBLÉES, TERRITOIRES OUBLIÉS

Françoise Vergès

Il ne sera pas question ici de démêler les liens entre mémoire collective et mémoire personnelle, ni entre mémoire et histoire[1], mais de pointer encore une fois la résistance de la « nomenklatura » universitaire française à intégrer la colonie dans sa réflexion, notamment à l'occasion du débat public sur la traite négrière, l'esclavage et le colonialisme.

Les réactions critiques et négatives n'ont pas manqué devant ce qui fut souvent considéré comme les mauvaises manières de « groupes » qui exigeaient d'être égaux parmi les égaux. On leur a demandé d'être patients, de se civiliser, et d'attendre sagement à la porte avant d'être invités dans la maison France. L'année 2005 aura cependant été riche en événements qui exigeaient un effort de réflexion et de renouvellement méthodologique. Si des chercheurs, acteurs sociaux, élus et journalistes en ont saisi l'enjeu, les nomenklaturas politiques et universitaires ont par contre déployé tout leur appareil défensif contre ces émergences malcommodes.

Citons pour mémoire. Le cyclone Katrina en Louisiane, les incendies d'hôtels à Paris : dans les deux cas les victimes sont « noires », des pauvres parmi les pauvres ; les déclarations de l'humoriste Dieudonné et le succès, auprès de certains groupes, de sa remarque sur un « deux poids, deux mesures » visant à signaler la différence constatée par lui avec laquelle médias et responsables politiques répondent aux attaques

1. Voir dans le présent ouvrage sur cette question l'article de Nicolas Bancel et Pascal Blanchard « Mémoire coloniale : résistances à l'émergence d'un débat », p. 22.

dont sont victimes des Juifs ou des Noirs (les premiers recevraient toute l'attention, les seconds à peine trois lignes) ; la création du Conseil représentatif des associations noires (CRAN) qui veut signaler l'existence d'un problème « noir » en France, existence aussitôt contestée par d'autres associations ; la loi du 23 février 2005 et son article 4 (retiré début 2006) demandant un enseignement positif de la colonisation française ; la remise du rapport du Comité pour la mémoire de l'esclavage au Premier ministre démontrant le retard des institutions françaises dans les domaines de l'enseignement, de la recherche et de la culture sur la traite négrière et l'esclavage ; les émeutes sociales de novembre 2005 et les explications culturalistes de ces émeutes (pointant la polygamie des Africains et l'absence d'autorité dans les familles d'immigrés) ; l'affaire des ventes d'archives relatives à la traite et l'esclavage ; l'annulation des festivités autour de l'anniversaire de la bataille d'Austerlitz ; la publication de l'ouvrage de Claude Ribbe avançant la thèse absurde d'une filiation entre Napoléon et Hitler ; les différentes pétitions d'historiens ; les déclarations, par des intellectuels français, sur l'impossible « intégration » de certains groupes ; le refus d'Aimé Césaire, dans un premier temps, de recevoir le ministre de l'Intérieur ; la pétition des Indigènes de la République faisant un parallèle entre les codes coloniaux organisant l'exclusion des indigènes et la situation actuelle de leurs enfants ; la plainte en justice contre l'historien Olivier Pétré-Grenouilleau pour ses déclarations mettant en cause l'application de la notion de « crime contre l'humanité » concernant la traite négrière et l'esclavage (plainte retirée début 2006 par le collectif DOM-TOM)... Ces expressions multiples, qui sont le signe d'un malaise dans la République, ont mis en lumière un point aveugle dans la pensée française, un point structurel : l'impossibilité de penser traite, esclavage et colonialisme en dehors du discours de la dénonciation ou de l'apologie.

Au-delà d'une écriture consensuelle de l'histoire

La surprise exprimée devant la demande de prise en compte de l'histoire de la traite négrière, de l'esclavage et de leurs abolitions et, plus généralement, de l'histoire du colonialisme, ainsi que l'indignation devant le retard constaté à intégrer cette histoire témoignent d'une conception de l'écriture de l'histoire consensuelle. Mais ces réactions ne sont ni surprenantes ni déplorables : l'écriture de l'histoire n'a jamais été une entreprise harmonieuse. Tous les groupes exclus d'une histoire qui se voulait « nationale » ou « universelle » mais qui était largement écrite par les vainqueurs ont dû se battre pour démontrer qu'il s'agissait d'histoire parcellaire.

Ces réactions sont défensives au sens psychanalytique du terme : on se sent agressé, mis en cause, accusé, et on répond à l'agression réelle ou fantasmée par un arsenal d'arguments qui ont pour but de déplacer la culpabilité ressentie sur un autre, de la diluer dans toute une série de faits qui atténuent sa propre responsabilité. Ainsi, pour la traite négrière, beaucoup d'historiens, de journalistes, d'intellectuels français ont accueilli avec un significatif soulagement des ouvrages qui montraient que d'autres groupes avaient pratiqué des traites négrières, sans compter l'histoire des esclaves « chrétiens » capturés par les barbaresques (les « musulmans »). Il ne sera pas question ici d'entreprendre une critique de ces ouvrages – critique souhaitable cependant –, certains s'appuyant sur de vraies recherches scientifiques, d'autres sur un survol des sources, mais de souligner de nouveau comment un terrain conflictuel se construit, où s'affrontent non pas des mémoires mais des approches radicalement différentes autour d'un moment central : le moment colonial.

On croyait qu'il y avait consensus sur la traite négrière et l'esclavage (condamnables évidemment) et on s'aperçoit qu'il n'en est rien. On pensait close la période coloniale et on constate qu'elle continue à hanter la République[2]. Il serait faux cependant de croire que la ligne de partage s'organise entre « ex-colonisateurs » et « ex-colonisés ». La distribution des positions est plus complexe.

Du côté des « ex-colonisateurs », nommés parfois « Français de souche » ou « métropolitains », plusieurs réactions sont repérables : exaspération devant des demandes perçues comme des attaques contre la France, irritation, refus de la repentance, critiques d'un « communautarisme » accusé de servir des intérêts particuliers et de menacer l'intérêt général, mais aussi réactions positives, cherchant à élaborer des stratégies de négociation entre les histoires de groupes et le récit national.

Du côté des « ex-colonisés », originaires des outre-mer français ou citoyens français dont les parents sont venus de l'ex-empire colonial, il

2. Nicolas Bancel, Pascal Blanchard et Françoise Vergès, *La République coloniale*, Hachette Poche, « Pluriel/Histoire », 2006.

s'observe une même diversité de réactions. Il y a ceux qui transforment la mémoire en rente de situation, en ligne de crédit invoquant la souffrance de leurs ancêtres pour justifier une dette de la communauté envers eux. Esclavage et colonialisme sont alors vécus comme un lieu où puiser toute l'expérience de soi : le moi authentique ayant à jamais été détruit, le moi aurait « agi », pour utiliser l'expression de Frantz Fanon, et la France serait entièrement coupable de cette fracture interne. Il s'agit pour ceux-là de rétablir le moi authentique. D'autres se contentent de consolider leur fief local et ne cherchent pas à retravailler le lien entre le récit national et les récits des groupes qui forment la nation. Il s'en est même trouvé qui se sont inquiétés du débat sur l'esclavage en France : n'allaient-ils pas perdre ce qui leur donnait existence en partageant cette histoire ? Était-il même possible de travailler à son écriture avec ceux qui étaient désignés comme « descendants de bourreaux » ? Et puis, enfin, il y a ceux qui s'efforcent de renouveler l'analyse de la colonie. Il faut par conséquent être prudent et ne pas se précipiter dans des raccourcis qui, s'ils ont l'avantage d'être facilement compris, masquent la complexité du réel.

L'écriture de l'histoire est un terrain de conflits, où l'ouverture d'archives, la prise en compte de sources orales, littéraires, iconographiques peuvent bouleverser ce qui faisait « vérité » jusque-là. Il faut parfois un regard extérieur pour soulever une chape de silence (l'ouvrage de Paxton sur Vichy en est l'exemple le plus récent). Faire entendre le bruissement des voix des opprimés, des femmes, des ouvriers, des soldats utilisés comme chair à canon, des colonisés n'a jamais été simple. On a toujours commencé par dire que tout cela ne comptait pas, que c'étaient là des histoires subjectives et qu'il fallait respecter valeurs et traditions sauf à encourager une histoire fragmentée, privatisée, où chaque groupe revendique *son* espace. Ainsi, la ligne de partage entre ce qui est légitime et illégitime en histoire s'organise-t-elle souvent autour de ce qui est qualifié de « mémoriel », c'est-à-dire appartenant au monde du subjectif, ou, comme on dit aujourd'hui, de l'identitaire.

Or les frontières établies par la discipline entre mémoire et histoire révèlent souvent un partage arbitraire entre savoir légitime et savoir illégitime : ici le savoir savant, là des sentiments, ici des archives écrites, là des mémoires orales, des témoignages personnels, ici la gloire et la fureur des combats, là des choses invisibles, immatérielles. Il a toujours fallu repousser ces frontières. Il a fallu passer de l'invisibilité des vies écrasées, de leurs travaux, de leurs joies et de leurs peines à l'écriture de leur histoire. Les premières expressions de ce mouvement furent souvent le témoignage, la remémoration. Ensuite, il fallut faire apparaître comme *sujet de l'histoire* celle ou celui qui jusqu'à présent était rejeté aux marges : l'anonyme, l'inconnu, le mort sans sépulture, l'esclave jeté par-dessus bord, le soldat mort oublié sur le champ de bataille, la femme morte en couches, l'ouvrier, le colonisé... L'histoire de ces vies condamnées au silence par une histoire qui se fonde sur leur oubli, c'est l'histoire même des *troubles de mémoire*, troubles qui, à leur tour, affectent l'écriture de tout récit national. Les paroles des oubliés trouent alors le silence.

Clarifions déjà de quel esclavage nous parlons. L'esclavage a existé de tout temps et sous des formes diverses. Comment *les* distinguer ? Je parle ici de l'*esclavage colonial européen*, celui produit par la traite négrière européenne entre le XVIe et le XIXe siècle, qui a bouleversé la carte du monde, retracé des frontières, encouragé des guerres, et produit des sociétés qui constituent le monde où nous vivons. Les traites qui se déroulent dans le même temps sur le continent africain même et vers les pays d'Orient et d'Asie n'ont pas produit de sociétés dites « créoles » avec leurs langues, leurs musiques, leurs rites et leurs processus de créolisation – mais il est possible, à la lumière de futurs travaux, que cette remarque doive être amendée dans l'avenir.

Si les discriminations contre les esclaves existent partout (interdictions, tabous qui les marquent à l'extérieur de la communauté où ils vivent), c'est dans les sociétés issues de l'esclavagisme européen qu'une question « noire » existe ; « noire » non pas dans son acception ethnique mais culturelle, sociale et économique – que seraient le Brésil, les États-Unis, les Caraïbes, l'Europe, les îles de l'océan Indien sans les contributions des mondes africains ? Or, c'est dans ces sociétés que perdurent aujourd'hui des inégalités sociales et économiques de longue durée, attestées par des études sociologiques.

Ce n'est pas non plus parce qu'il y a eu *des* traites que la responsabilité de la France ou de l'Europe en est diminuée. Personne n'a obligé ces pays à pratiquer ce commerce. La déportation massive d'Africains par les Européens a produit des phénomènes singuliers qui méritent réflexion : pratiques de créolisation, bouleversement du droit, mouvements sociaux et politiques qui défendent ou s'opposent à ces systèmes et, aujourd'hui encore, pratique de discriminations s'appuyant sur l'héritage du racisme esclavagiste et colonial. Ce n'est pas que le racisme existe seulement chez les Européens, loin de là, mais nous constatons qu'en examinant le *présent*, on peut noter des traces de ce passé. Espérons que les sociétés « orientales » fassent leur propre travail de réécriture, mais, quoi qu'il en soit, l'argument « pourquoi nous et pas les autres ? » ne tient pas. Il est même absurde. Sur l'esclavage dit moderne – car l'esclavagisme organisé par les Européens fut lui aussi « moderne » –, c'est de nouveau se défausser d'une responsabilité en proposant cette comparaison entre passé et présent. La mémoire de ces deux temps ne peut pas se comparer, et celle portée, par exemple, par Césaire, *blackness without ethnicity*, est ancrée dans la fidélité à une histoire (traite, esclavage, colonialisme), à une culture transcontinentale, et à une éthique de la solidarité[3].

Une vision hexagonale de la France

La mobilisation autour de lois qui puissent entériner une histoire oubliée d'une part et d'autre part contre ces lois indique que le terrain mémoriel est fortement conflictuel. Les historiens qui s'élèvent contre l'intrusion de l'État dans la discipline de l'histoire ne font qu'amplifier un sentiment plus général de l'opinion française. Ces réactions révèlent en creux combien les frontières géographiques recoupent les frontières de l'écriture. Ce qui est français se joue sur le sol d'une France hexagonale, à laquelle on ajoute la Corse. Cette délimitation, cette territorialisation est systématique. Pour l'extrême gauche, la gauche, la droite, les chercheurs, pour tous, la France, c'est l'Hexagone. Même ceux qui travaillent sur l'exclusion et le malaise dans la République ne voient que la « banlieue » et analysent la présence de la colonie sur le *territoire français européen*. Tous acceptent finalement, ceux qui contribuent à cet ouvrage y compris, que le territoire national « France » reste confiné dans les limites du territoire hexagonal.

La géographie du territoire, ses limites, ses frontières recoupent en effet depuis le XVIIe siècle les frontières du récit national. Dès cette époque, l'image d'une France historique et idéale forme les « linéaments d'une véritable conscience nationale[4] ». Il y a adéquation entre

3. Françoise Vergès, *Nègre je suis, nègre je resterai. Entretiens avec Aimé Césaire*, Albin Michel, 2005.
4. Daniel Nordman, *Frontières de la France. De l'espace au territoire. XVIe-XIXe siècle*, Gallimard, « Bibliothèque des Histoires », 1998, p. 99.

frontières de la nation et récit national : ce qui est exogène à ces frontières n'est pas inclus, sauf à la marge, dans la conscience. L'empire colonial sera une preuve de la « grandeur de la France », mais les Français, comme des historiens l'ont démontré, resteront dans leur majorité indifférents à ses territoires. Peu se jetteront dans l'aventure. Il s'agira d'apporter l'exotisme dans les expositions coloniales, les *zoos humains*, ou de le faire vivre par procuration par le cinéma et la littérature. Aujourd'hui, ce qui reste de cet empire, territoires dispersés aux quatre coins du monde, Pacifique, Caraïbes, Atlantique, océan Indien, n'entre pas dans la conscience nationale, ni dans son imaginaire. Ces territoires oubliés continuent à ne pas compter.

La logique qui a présidé à leur constitution – système esclavagiste ou colonial transformant les habitants en simple *outils* à produire du travail, en personnes jetables qui *ne comptent pas* comme citoyens bien sûr, mais même comme êtres humains – continue à opérer. Cet état de fait frappe toute personne venant des DOM ; les médias nationaux, les statistiques, la recherche, le monde politique, les intellectuels... utilisent une terminologie – « confettis de l'empire », « danseuses de la France », « outre-mer » – qui ne cesse de renvoyer à une externalité du territoire national. Un oubli de ces territoires pour continuer à faire croire que le domaine colonial appartient au passé, ou pour cantonner le retour du colonial exclusivement sur le territoire hexagonal. Oubli qui marque la force du *national* dans la recherche et la pensée, même chez ceux, je l'ai dit, qui critiquent le récit national.

Ces territoires de l'oubli dont les habitants seraient des « assistés » tracent les limites d'une réflexion qui se veut critique. Il est vrai que la « banlieue », la « cité » est un espace plus proche et qui garantit l'accès aux médias. Qui va s'intéresser aux habitants des « cités » de Guadeloupe, de Martinique, de la Réunion, de Tahiti ? Qui va s'intéresser à l'exclusion dans le système scolaire de l'outre-mer ? Le sociologue, l'historien, l'anthropologue aura peur d'être assimilé à un territoire marginal et donc d'être marginalisé à son tour : pour cette raison, il continue, inconsciemment, à reproduire les frontières entre outre-mer et national. Cette invisibilité de l'outre-mer dans la recherche post-coloniale montre à quel point l'idée d'un national géographique s'est imposée. Par exemple, l'histoire de l'immigration se fait essentiellement à partir des mouvements migratoires dans l'espace hexagonal ; il semble impossible d'intégrer les politiques massives d'« immigration choisie » de la deuxième partie du XIXe siècle de l'Inde et de la Chine du Sud vers les anciennes colonies esclavagistes. L'analyse de la présence de l'islam sur le territoire français ne prend pas en compte sa présence ancienne dans certains territoires de l'outre-mer. C'est sans doute pour ces raisons que l'esclavage reste en ce moment impensé, que l'étude de la première expansion coloniale liée au commerce d'êtres humains reste négligée. Car ces phénomènes sont considérés comme n'ayant pas de *présence* aujourd'hui.

Figures oubliées

Jusqu'ici, l'esclavage était débattu et connu de quelques historiens en France et des populations outre-mer. L'opinion publique française, largement ignorante de cette problématique, s'est étonnée de la force avec laquelle le problème s'est posé : l'esclavage n'a-t-il pas été aboli depuis 1848 ? Qui sont ces « descendants d'esclaves » ? Peut-on sérieusement évoquer l'esclavage aujourd'hui dans une France républicaine ? La mémoire de l'esclavage n'est-elle pas manipulée par des associations qui poursuivent un but ambivalent de « concurrence des mémoires », de « communautarisme » ? Pourquoi ces populations donnent-elles ainsi l'impression de vivre dans le passé ? Ces réactions témoignent d'une profonde ignorance à la fois de l'esclavage et du colonialisme, comme des sociétés qui en sont issues.

Si on libère le débat de son aspect idéologique (républicains contre communautaristes) ou strictement historique (qui a commencé ?), cette histoire n'est plus un pur objet d'archives ni la source d'identités localisées. Il s'agit donc de réintroduire dans le débat des approches qui lui font cruellement défaut, à savoir une anthropologie de ces systèmes, une analyse politique de leurs régimes discursifs, une analyse des traces résiduelles de ce passé, traces qui sont loin d'être imaginaires ou fantasmées. Car le retour du passé ne surprend que ceux qui restent sourds et aveugles à la *présence* de ces faits. Or, pour des centaines de milliers de Français, la présence de l'esclavage et du colonialisme est patente, non pas dans la réalité quotidienne de ces systèmes, mais dans leur héritage : que ce soit dans le domaine de la création, des langues et des cultures créoles, le retard structurel que connaissent toutes les sociétés issues de l'esclavage, aujourd'hui les départements français d'outre-mer, et qui est manifeste, de même que la stigmatisation, qui perdure, toujours associée à la couleur « noire ».

Contester le terme de « descendant d'esclave », comme le fait Françoise Chandernagor, arguant qu'aucun individu ne peut apporter la preuve qu'il serait descendant direct d'esclave, puisque aussi bien il y a eu « mélange », c'est faire preuve d'une totale méconnaissance de ces sociétés[5]. Pour beaucoup de ces « descendants directs », ce n'est pas une simple question de sang et de généalogie, mais de *fidélité* à une histoire et à une culture. Pour eux, revendiquer cette descendance, c'est pouvoir rappeler l'origine et le déplacement à jamais inscrits dans l'exil et la déportation. Pourquoi faudrait-il effacer cet acte ? Qui peut ignorer sur ces territoires de l'esclavage que ce qui a amené les ancêtres sur ces terres ne fut jamais un libre arbitre ? Aucun n'a décidé un jour en toute liberté de quitter l'Afrique ; c'est une histoire de capture, d'achat, de transport dans des cales de bateaux, de vente et d'asservissement à un régime brutal de travail sur des plantations. Il existe aujourd'hui des *citoyens français* dont les ancêtres furent esclaves, engagés, colonisés. Ils portent en eux une histoire singulière qui interroge le récit universaliste abstrait. Revendiquer cette histoire, c'est chercher à donner *droit de cité* à une histoire qui est une part centrale de celle de la France.

À cette exigence, on répond : « Communautarisme ! » Une remarque s'impose sur cette notion : une des premières formes de communautarisme voit le jour aux colonies : le *communautarisme colonial*. Les colons avaient leurs clubs, leurs églises, leurs bals, leurs lieux de villégiature, ils se mariaient entre eux... Ceux qui transgressaient les frontières communautaristes étaient punis, exclus de la communauté. Combien de romans décrivent l'étroitesse de ce communautarisme, de ses lois, son repli sur soi, son enfermement, sa peur de la mixité sexuelle et sociale, sa peur du métissage. Cette organisation du monde colonial fait aujourd'hui retour en Europe. Étudier ses racines dans la structuration du monde colonial, observer la mutation de ses formes, nous apprendrait beaucoup sur la façon dont se crée une communauté.

Mais le débat est présenté comme un combat entre partisans d'une *identité républicaine neutre* dont les fondations seraient une loyauté envers les valeurs de l'égalité et de la liberté, et partisans d'*identités singulières affirmées*. Or, cette séparation n'est pas rigide. D'une part, il existe une universalité qui est produite *localement*, qui n'est universelle que par la volonté d'un peuple de confondre le national et l'universel

5. Françoise Chandernagor, « Laissons les historiens faire leur métier ! », *L'Histoire*, février 2006, p. 77-85 et p. 82.

– la remarque de Léopold Sédar Senghor, l'« universalisme de ce peuple est *français* », est éclairante –, de l'autre, l'affirmation de singularités ne nie pas nécessairement la *parenté* avec d'autres – l'idée d'une singularité qui ne survivrait que par la clôture de son espace est illusoire, ce qui est protégé est alors l'idée de la pureté. Ce qu'il faut sans cesse repenser, c'est bien l'articulation entre singularité *et* parenté.

Pour repenser le passé

La difficulté à penser les *figures* de l'esclavage signale la force des approches économiste marxiste et moraliste. La première voit dans l'esclavage une étape de l'économie capitaliste qui s'effacerait inévitablement devant les avantages de l'exploitation par le salariat. La montée des inégalités, la production de *disposable people*, l'augmentation d'une misère qui transforme la vie d'êtres humains en survie, dépourvue de tout accès à ce qui rend une vie décente (eau propre, éducation, habitat salubre), questionnent cette croyance[6]. L'approche moraliste, pour sa part, fait confiance dans la condamnation morale de l'esclavage pour y mettre fin. L'éducation, le processus de « civilisation », c'est-à-dire d'adoption de principes humanitaires, devraient suffire à grossir les rangs des abolitionnistes de toute forme de servitude. Mais là encore, la réalité nous force à questionner cette espérance. L'abolition, au début du XIXe siècle, de la traite négrière pratiquée par les Européens ne mit pas fin à l'esclavage colonial : celui-ci fut long et difficile et en France ce fut surtout l'affaire d'une élite républicaine à quelques exceptions près ; enfin, l'abolitionnisme fut utilisé pour justifier la conquête coloniale, révélant les ambiguïtés de sa doctrine[7].

L'histoire culturelle de la traite et de l'esclavage reste encore à écrire. La réalité de la vie des esclaves demeure, dans la recherche française, un territoire peu exploré. L'amnésie frappe aussi le rôle que les esclaves ont joué dans la vie politique et l'avènement de la démocratie. Parmi les grands récits révolutionnaires qui racontent la fin de la tyrannie, celui de la révolution haïtienne n'a jamais sa place. Or, la prise

6. Voir sur ce thème, le livre percutant de Mike Davis, *Planet of Slums*, Verso, 2006.
7. Françoise Vergès, *Abolir l'esclavage. Une utopie coloniale. Les ambiguïtés d'une politique humanitaire*, Albin Michel, 2001.

en considération de la révolution haïtienne remettrait sérieusement en cause les présupposés du récit des révolutions qui reconnaît au monde européen la seule paternité des idéaux démocratiques.

Michel-Rolph Trouillot, un des chercheurs haïtiens les plus éminents, analyse avec force les raisons et les conditions de la mise sous silence de cet événement[8]. Le silence a fait son œuvre puisque, comme le remarque l'universitaire, aucun des ouvrages marquants sur l'« âge des révolutions[9] », qu'il soit d'inspiration marxiste ou libérale, ne fait mention de celle-là. En revanche, le silence sur les aspirations de la révolution haïtienne s'accompagne de récits sur « les crimes, les tortures et les dévastations » perpétrés par les révolutionnaires haïtiens, qui font de la France la « victime » de la révolution haïtienne[10]. Ainsi le récit se retourne-t-il contre les esclaves révoltés. Pour Michel-Rolph Trouillot, cette indifférence et ce silence sont révélateurs des rapports de pouvoir dans l'écriture de l'histoire. Pour les populations issues de l'esclavage, cette histoire est une histoire vivante, inscrite à la fois dans une langue, le créole, une toponymie des lieux, des rites d'ancestralité, mais aussi dans la relation chargée d'affects négatifs ou ambivalents que ces sociétés entretiennent avec la « métropole », et enfin dans les retards structurels considérables que connaissent ces terres marquées par l'esclavage et le colonialisme. Comme de nombreux anthropologues de ces sociétés l'ont souligné, « les traces sociales et culturelles de l'esclavage continuent de marquer les conduites[11] ». Nul ne saurait parler de la traite et de l'esclavage sans partir de la situation présente.

Aux États-Unis comme en Angleterre, pays qui partagent avec la France l'histoire d'une révolution inspirée des Lumières et l'organisation d'un système de traite négrière et d'esclavagisme, les travaux sur l'esclavage sont profondément pluridisciplinaires, et les historiens ont bénéficié des apports des sciences humaines. L'esclavage n'y est plus simplement un fait historique, mais un événement aux ramifications

---

8. Michel-Rolph Trouillot, *Silencing the Past. Power and the Production of History*, Beacon Press, 1995. Dans cet impressionnant ouvrage, Michel-Rolph Trouillot analyse avec finesse les formes multiples de la mise sous silence de l'histoire d'Haïti.

9. Titre d'un ouvrage d'Eric Hobsbawn, *The Age of Revolutions, 1789-1848*, Vintage Books, 1962.

10. Christopher L. Miller, « Forget Haiti : Baron Roger and the New Africa », *in Yale French Studies*, The Haiti Issue, n° 107, 2005, p. 39-69.

11. Francis Affergan, *Martinique, les identités remarquables*, PUF, 2006, p. 11.

multiples ayant des répercussions sociales, juridiques, politiques, culturelles et des conséquences profondes dans la construction même de la société, de la manière dont elle se représente : la notion de race y occupe en effet une place centrale, car ses représentations, son vocabulaire, son agencement du monde en groupes raciaux séparés ont fortement influencé l'organisation sociale, culturelle, économique et politique. On ne peut faire l'impasse sur cette notion, qui connaît de nombreuses évolutions, et qui, bien que rejetée unanimement aujourd'hui par la « conscience internationale », récusée par les scientifiques, continue à travailler les sociétés.

La nécessité d'une approche postcoloniale

Une approche postcoloniale, c'est-à-dire qui opère une lecture croisée des sources, qui tienne compte de la multiterritorialité du phénomène et du temps long dans lequel il s'est constitué, qui mêle microhistoire et analyse générale, permettrait de sortir de l'impasse. Il est significatif que le rapport remis par le Comité pour la mémoire de l'esclavage (CPME) le 12 avril 2005 au Premier ministre n'ait pas été lu par la majorité des personnes qui ont participé au débat sur les mémoires de la traite négrière et de l'esclavage. Bien que disponible sur Internet et sous forme d'ouvrage (aux éditions La Découverte, 2005), ce rapport est resté ignoré des historiens qui se sont dressés contre l'imposition par la loi d'une histoire officielle. Les propositions pratiques n'intéressent pas les chercheurs français. Ce qu'il faut débattre, c'est des idées, des principes. La déclaration, la posture prennent le pas sur le travail et ses difficultés : comment appréhender une histoire complexe et dont des pans entiers restent à découvrir ?

Les problèmes conceptuels et pratiques posés par l'étude de la traite négrière et de l'esclavage sont cependant de nature à encourager un effort de réflexion sur un renouvellement méthodologique[12]. « Le passé n'est pas libre. [...] Il est régi, géré, conservé, raconté, commémoré ou haï. Qu'il soit célébré ou occulté, il reste un enjeu fondamental du présent[13]. » La « mémoire empêchée », pour reprendre l'expression de Paul

12. Voir le développement sur ces problèmes conceptuels dans Françoise Vergès, *La Mémoire enchaînée. Questions sur l'esclavage*, Albin Michel, 2006.
13. Régine Robin, *La Mémoire saturée*, Stock, 2003, p. 27.

Ricœur, ou « raturée », pour reprendre celle d'Édouard Glissant, a créé un terrain où les enjeux de mémoire sont l'expression de conflits actuels : ils expriment le désir pressant des sociétés anciennement esclavagisées de voir leur présence reconnue dans la République.

Les problèmes conceptuels sont cependant nombreux pour qui veut étudier les effets de la traite négrière, de l'esclavage et de leurs abolitions. Multiterritorialisation du phénomène (France, Afrique, Caraïbes, océan Indien), différences entre traite et esclavage, longue durée (plusieurs siècles), disparition de traces, d'archives, de monuments, absence de témoignages directs des captifs et des esclaves, difficulté de comprendre un phénomène qui met en cause plusieurs acteurs, brouillant la catégorie de « bourreau », tout cela pose des problèmes importants.

Dans *Peau noire, masques blancs*, Frantz Fanon refusait l'assignation faite par l'Europe à l'enfermement dans une histoire (celle de l'esclavage) et dans une culture (celle de l'« homme noir »). Il luttait pour la sortie hors de cette assignation. Ne pas être esclave de l'esclavage ne signifiait pas pour lui oubli, amnésie, mais dépassement. Pour que le descendant d'esclave puisse se libérer d'un fardeau qui avait été imposé à ses ancêtres (couleur « noire » et asservissement, déni d'humanité, vie dans un régime de brutalité et de violence), il lui faut déposer ce fardeau et le partager avec d'autres.

Pour le cas français, cela signifie que cette histoire doit devenir histoire de la France. C'est ce pays qui a organisé la traite négrière et perpétué l'esclavage dans ses colonies. Il lui faut donc se confronter à cette histoire et admettre les cultures qui en sont nées, travailler à combattre les inégalités dont les sociétés post-esclavagistes ont hérité dans les domaines de l'économie et de la recherche. Selon Césaire cependant, la « France a toujours été en retard dans ce domaine-là », celui des identités culturelles et singulières, et c'est pour cela qu'elle n'a jamais su repenser le lien avec les départements d'outre-mer où l'aspiration est d'« être autonome au sens politique du terme[14] »

Dans un livre paru récemment sur l'immigration et la République, on lit que la « conception politique de la nation [est] la réunion sur un même territoire de "citoyens" régis à égalité selon les mêmes lois[15] » ;

---

14. Alain Louyot et Pierre Ganz, « Aimé Césaire : "Je ne suis pas pour la repentance ou les réparations" », *L'Express Livres*, 14 septembre 2005, http://livres.lexpress.fr/entretien.asp/

15. Saïd Bouamama, « De la visibilité à la suspicion », *in* Nacira Guénif-Souilamas (dir.), *La République mise à nu par son immigration*, La Fabrique, 2006, p. 196-218.

mais si l'on considère l'esclavage et ses héritages, il faut alors poser la question de ce territoire qui serait le *même* pour tous. L'extraterritorialité des espaces qui ont connu l'esclavage et le colonialisme mais qui sont aujourd'hui des espaces de la République où vivent des citoyens français exige de repenser la manière dont consciemment et inconsciemment nous continuons à construire les frontières de la France. Les territoires oubliés que sont les terres où a sévi l'esclavage et qui présentent des *mémoires troublées* demandent une autre approche des problèmes postcoloniaux.

La post-colonialité française est multiterritoriale. Pour ceux qui vivent sur ces terres, il s'agit de réfléchir à ce qu'exige leur situation post-coloniale : sortir des oppositions binaires, retracer de nouvelles cartographies où « métropole » et « outre-mer » ne sont plus dans des positions hiérarchiques et inégales ; c'est savoir que leur citoyenneté interroge l'histoire d'une citoyenneté abstraite et pouvoir élaborer à partir de ce savoir de nouvelles stratégies de solidarité ; c'est, finalement, tirer de l'expérience historique de la prédation comme économie et comme organisation du symbolique le savoir nécessaire pour comprendre les nouvelles cartographies du pouvoir prédateur qui s'élaborent autour d'un commerce de personnes jetables. C'est dépasser alors l'ethnicisation de l'histoire, qui est refusée par ceux-là mêmes qui se font les défenseurs de l'universel – ceux qui disent qu'il s'agit de l'« histoire de la communauté antillaise », terme totalement abstrait, ne recouvrant que la réalité qu'elle met en place en la nommant –, et l'accusation de « communautarisme » tout comme l'assignation à rester enfermés dans ce passé. C'est une décolonisation de l'imaginaire français qui s'impose.

LE MUSÉE COLONIAL IMPOSSIBLE

Robert Aldrich

Collectionneurs et colonisateurs se sont croisés depuis la rencontre des métropoles et des outre-mer. Aux côtés de quelques marchands et importateurs d'objets exotiques, les premiers explorateurs, aventuriers ou scientifiques, comme les membres des missions officielles qui parcouraient le monde pour porter aux outre-mer les couleurs de leurs nations respectives, vont acquérir et rapporter en Europe des centaines de milliers d'objets exotiques[1]. Dans le même mouvement, différentes institutions coloniales (administrations, comités coloniaux, corps militaires, sociétés de géographie...) mettront en place de nombreuses collections publiques ou municipales, pour exposer de manière systématique les collections ethnographiques, artistiques ou botaniques des territoires coloniaux. Ces collections furent constituées de manière très différente en fonction des époques concernées ou des parties du domaine colonial considérées. Parfois, les populations locales offraient cadeaux et artefacts aux colonisateurs en signe d'amitié ou dans un but d'échanges commerciaux ; dans d'autres, le pillage ou la « collecte généralisée » devenaient la méthode de constitution de ces corpus.

À partir de ces collections, dès le milieu du XIXe siècle, les musées et les instituts coloniaux installés sur le sol français – à l'image du Musée commercial et colonial de Lille créé en 1854 ou du musée des Missions

1. Ce texte s'inspire des chapitres 5, 6 et 7 de l'ouvrage de Robert Aldrich, *Vestiges of the Colonial Empire in France : Monuments, Museums and Colonial Memories*, Palgrave Macmillan, 2005.

africaines de Lyon fondé en 1863 – ont pour vocation de stimuler les connaissances scientifiques, l'engouement économique et l'expansion territoriale. Ces collections éveillent également l'intérêt de l'avant-garde pour l'art « primitif » et pour les cultures lointaines, stimulant nombre d'initiatives privées, dont le musée Guimet installé à Lyon en 1879 reste un des meilleurs exemples. Le processus ne cesse de croître tout au long de la colonisation, comme le montrent les créations des musées coloniaux de Marseille, Paris ou Lyon, jusqu'à connaître un arrêt brutal avec les décolonisations, à l'orée des années 1960.

Les autorités françaises sont alors confrontées à la question de savoir comment présenter ces collections « coloniales » dans le nouveau contexte politique post-colonial[2]. Le débat se poursuivra tout au long des décennies qui suivent les indépendances et illustrera la difficulté de l'institution muséale à appréhender ce passé colonial. Enfin, depuis une dizaine d'années[3], nous assistons à de nombreuses initiatives visant à rénover ces musées souvent poussiéreux, à ouvrir de nouveaux lieux pour « exposer » ce passé ainsi qu'à renouveler le débat intellectuel concernant la présentation d'objets « exotiques » (dont une grande partie provient de butins de campagnes coloniales) et l'évolution muséographique dans ce domaine[4]. Parallèlement, des demandes de restitution de certains objets ont été adressées par les sociétés et peuples qui les avaient créés[5]. Car si ces collections d'objets exotiques appartenant aux musées européens, particulièrement en France, reflètent l'histoire de l'expansion

---

2. Voir la synthèse de ces débats, issue d'une table ronde organisée par l'École nationale du patrimoine en décembre 1998, coordonnée par Émilia Vaillant et Germain Viatte, sous le titre « Le musée et les cultures du monde », *Les Cahiers de l'École nationale du patrimoine*, n° 5, 1999.

3. Trois contributions permettent de suivre les méandres de ce débat au cours des années 1990 : Roger Boulay, « Actualité d'un débat qui s'éternise : que faire des collections d'objets exotiques ? », *La Lettre de l'OCIM*, n° 9, 1990 ; Liliane Kleiber-Schwartz, « Au musée national des Arts d'Afrique et d'Océanie : mémoire coloniale et perspectives interculturelles. Regards sur un parcours », *in La Nouvelle Alexandrie*, Direction des musées de France, 1992 ; Jean Jamin, « Faut-il brûler les musées d'ethnographie ? », *Gradhiva*, n° 24, 1998.

4. Un des tournants majeurs de ce débat fut le colloque de 1993 et la publication de ses débats : *Actes des premières rencontres européennes des musées d'ethnographie. Quel avenir pour la muséologie* ?, musée national des Arts et Traditions populaires et école du Louvre, 1996.

5. Roland-Pierre Paringaux et Emmanuel de Roux, *Razzia sur l'art : vols, pillages, recels à travers le monde*, Fayard, 1999.

outre-mer, elles mettent également en lumière les questions muséologiques, politiques et morales qui entourent l'exposition d'œuvres d'art et d'artefacts non européens. Au croisement de ces questions, se pose naturellement celle de la possibilité ou non, en France, de créer un lieu d'histoire et de connaissance sur le passé colonial, en parallèle du musée du quai Branly qui expose les collections d'art « primitif » depuis l'été 2006 et du projet de Mémorial national de la France d'outre-mer programmé à Marseille par la mairie et l'État en 2007.

Les traces coloniales sont partout

Le visiteur même occasionnel se rend rapidement compte de l'étendue des collections d'objets issus des anciennes colonies qu'abritent les musées parisiens et que les traces coloniales sont partout omniprésentes dans la société française. L'art orientaliste s'expose au musée du Louvre et au musée d'Orsay, et le musée des Années trente à Boulogne-Billancourt (ou MMBB) présente une sélection de peintures et de sculptures coloniales qui, décolonisation oblige, fut longtemps reléguée aux réserves avant de s'exposer pleinement au public depuis le début des années 1990. À quelques pas de là, les « Archives de la planète » du musée Albert-Kahn livrent le témoignage d'un nouveau support artistique – la photographie – et de l'utilisation intensive qu'en faisaient les Européens dans le monde entier. Le musée Guimet, installé à Paris depuis 1889, possède l'une des collections d'art asiatique les plus remarquables d'Europe, avec, notamment, quelques pièces exceptionnelles provenant de l'ex-Indochine. Des œuvres africaines et océaniennes étaient exposées à la porte Dorée jusqu'à la fermeture du musée des Arts d'Afrique et d'Océanie (MAAO) et le transfert de ses collections vers le musée du quai Branly.

En dehors de ces institutions prestigieuses, certains collectionneurs ont présenté au public les œuvres qu'ils avaient rassemblées, comme c'est le cas notamment des pièces asiatiques recueillies par Cernuschi et Ennery. Dans un autre registre, le musée de l'Armée fait la chronique de la conquête et de la défense de l'empire avec ses uniformes, armes et étendards, tandis que le musée de la Marine relate l'exploration par le biais de cartes, d'instruments de navigation et de maquettes de bateau.

On le voit, des œuvres d'origine coloniale se retrouvent dans pratiquement tous les musées parisiens majeurs. Mais beaucoup d'autres institutions de la capitale possèdent, elles aussi, cette dimension coloniale : de la *Négresse* au torse dénudé en bronze du musée Nissim-de-Camondo au modèle de pont colonial vietnamien du musée des Arts et Métiers, de la tapisserie de *La Conquête de l'Afrique* du musée des Gobelins au diorama de Savorgnan de Brazza du musée Grévin, le « colonial » est omniprésent. Le musée de la Poste possède des timbres coloniaux, et le musée de la Chasse et de la Nature expose des images, des armes et des animaux sauvages naturalisés tués lors de safaris. Partout en France, et non seulement à Paris, les visiteurs peuvent voir des traces de l'entreprise coloniale : art colonial, reliques des efforts coloniaux, art et objets non occidentaux. Au-delà du cas français, les musées étrangers recèlent également des trésors d'artefacts issus des colonies ou inspirés par le projet colonial, notamment en Suisse, en Grande-Bretagne, en Belgique, au Portugal, aux Pays-Bas ou en Italie. La richesse et la variété de ces collections ne sont pas surprenantes. Le fait de collectionner semblant être un besoin fondamental chez l'humain, ces traces du passé sont, en France, des souvenirs naturels d'une histoire qui a marqué en profondeur la société. À chaque génération s'est constituée, comme par strate, une culture de l'objet colonial qui a pénétré la société française pour finir par s'installer dans l'imaginaire national et constituer un élément majeur de la culture française contemporaine. Mais ces souvenirs n'ont pas un passé neutre pour support...

La quête frénétique de collections

Les premiers explorateurs ont rapporté d'abord dans leurs bagages plantes et animaux, œuvres d'art et artefacts, vêtements et armes qui venaient remplir les cabinets de curiosités du début de l'ère moderne (plus ils étaient bizarres et plus ils étaient appréciés)[6]. Ces collections privées apportaient satisfaction, divertissement et prestige social aux grands voyageurs, aux aristocrates et aux bourgeois ainsi qu'aux apprentis savants en quête de spécimens. Même si beaucoup de ces collections restaient éclectiques et si leur contemplation était souvent réservée à la famille et aux amis de leurs propriétaires plutôt qu'ouverte

6. Oliver Impey et Arthur MacGregor, *The Origins of Museums : The Cabinet of Curiosities in 16th and 17th Century Europe*, Clarendon Press, 1985.

au grand public, elles n'en constituaient pas moins les premières strates d'une *mise en musée* du monde.

Chaque nouvelle découverte outre-mer est l'occasion de rechercher et d'amasser de nouveaux objets fascinants. Les voyageurs des Lumières qui sillonnaient les mers du Sud comme Cook et Bougainville ramenaient des cargaisons entières de spécimens naturels et d'objets artisanaux de ces nouveaux mondes : étoffes de tapa, tikis, capes ornées de plumes d'oiseau, totems. L'Occident est avide de découvertes et de connaissances. La campagne de Napoléon en Égypte crée une nouvelle science, l'égyptologie, et remplit des galeries de momies et de scarabées incrustés de pierres précieuses, tandis que sphinx et pyramides font leur apparition dans l'architecture publique[7] : la mode passe ainsi du stade privé à celui de préoccupation d'État. Dès lors, la constitution de collections scientifiques cohérentes et la création de musées publics dans l'Europe des XVIIIe et XIXe siècles ont intensifié la collecte d'objets dans les colonies. Le Jardin des Plantes et le Muséum d'histoire naturelle rassemblent des collections parmi les plus riches au monde de spécimens d'animaux et de plantes[8], alors qu'en 1827 le musée du Louvre inaugure un « musée égyptien » destiné à abriter des antiquités pharaoniques parmi les chefs-d'œuvre de l'art européen. Cette *habitude* de la collection a trouvé des exemples partout en Europe, comme l'illustre la fondation et l'expansion du British Museum.

Au début du XIXe siècle, dans les quelques années qui suivirent la conquête d'Alger, des projets visant à exposer des antiquités romaines d'Afrique du Nord, soit en Algérie soit en France, sont nombreux, et des œuvres d'art et des objets berbères et arabes font leur entrée dans les musées français[9]. La passion des chinoiseries se maintient, et le « Musée chinois » de Fontainebleau, fondé par l'impératrice Eugénie, n'est pas sans rapport avec les desseins impériaux de son époux. La prise de possession de Saigon et, plus encore, la redécouverte d'Angkor Vat suscitent un grand intérêt pour l'Asie du Sud-Est. Les collectionneurs ont

7. Jean-Michel Humbert, *L'Égypte à Paris*, Action artistique de la Ville de Paris, 1998.

8. Christophe Bonneuil, « Le Muséum national d'histoire naturelle et l'expansion coloniale de la IIIe République (1870-1914) », *Revue française d'histoire d'outre-mer*, vol. 86, n° 322-323, 1999.

9. Jennifer E. Sessions, « Ambiguous Glory : the Algerian Conquest and the Politics of Colonial Commemoration in Post-Revolutionary France », *in* Robert Aldrich « Sites et monuments », *Outre-mers*, vol. 94, n° 350-351, 2006.

pratiquement toute liberté pour piller les sites khmers – les tentatives ultérieures d'André Malraux restent dans toutes les mémoires – et l'une des principales activités de l'École française d'Extrême-Orient, fondée en 1898, consiste alors à étudier et à collectionner des œuvres d'art, dont beaucoup sont destinées au musée Guimet.

En 1878, un musée d'Ethnographie est créé sur la place du Trocadéro. Ses administrateurs voient des vocations coloniales naître au fil des visites, et c'est là, dans les masques africains exposés, que Picasso puisera l'inspiration de ses œuvres cubistes, comme lors de ses visites au Jardin d'Acclimatation ou à travers l'acquisition de cartes postales sur l'Afrique[10]. Les collectionneurs particuliers sont légion. Parmi eux figurent des hommes comme Émile Guimet, qui possède des intérêts commerciaux en Asie et en Afrique, ce qui lui permettra de créer son musée à Lyon, avant de le déplacer à Paris. Bientôt, la collection d'art « primitif » devient une activité à la mode pour élites culturelles d'avant-garde et marchands d'art futés de la Belle Époque. Dans l'intervalle, les colonies ont pris une place de plus en plus importante dans les Expositions universelles organisées à Paris en 1878, 1889 et 1900.

Ce phénomène se poursuit de façon croissante au XXe siècle et, avec l'élargissement du champ d'intervention de l'Europe, les nouvelles sources d'objets destinés aux musées se multiplient. Pratiquement toutes les grandes villes de France possèdent au début du siècle dernier un musée d'histoire naturelle présentant des « costumes indigènes », des outils, des objets de culte et des « fétiches », en plus de spécimens de la flore, de la faune et des minéraux. Ces musées se font les témoins tout à la fois de nouveaux horizons scientifiques, de la fierté municipale, qui considère les musées comme un symbole de prestige, et d'un véritable engouement pour les objets exotiques. Vers 1900, la France compte trois cents musées d'histoire naturelle, beaucoup de leurs collections restant encore aujourd'hui impressionnantes (le musée de Strasbourg possède 18 000 oiseaux préservés, 30 000 mollusques, 80 000 espèces d'insectes et 30 000 minéraux du monde entier).

10. Nélia Dias, *Le Musée d'Ethnographie du Trocadéro (1878-1908). Anthropologie et muséologie en France*, Éditions du CNRS, 1991, et Anne Baldassari, « Corpus ethnique : Picasso et la photographie coloniale », *in* Nicolas Bancel, Pascal Blanchard, Gilles Boestch, Éric Deroo et Sandrine Lemaire, *Zoos humains. De la Vénus hottentote aux* « reality shows », La Découverte, 2002.

Enfin, les premières expositions coloniales commencent à se tenir, dont quelques grandes manifestations à Marseille – la porte de l'Orient – en 1906 et 1922[11], à Lyon en 1894 et 1914, mais aussi à Paris en 1906 et 1907 ou à Bordeaux en 1907[12]. Depuis la conquête d'Alger en 1830 jusqu'à l'établissement d'un protectorat au Maroc en 1911, le lobby colonial a travaillé sans relâche pour convaincre un public peu enthousiaste des mérites de l'expansion outre-mer. La présentation des résultats du colonialisme dans la métropole, notamment dans les grandes expositions, joue un rôle capital dans cette entreprise. Les représentations de soldats truculents et d'aventuriers héroïques dans les peintures de Delacroix et de Chassériau – et d'une multitude d'autres orientalistes – jouent la carte de la fierté impériale tandis que les scènes de harem et de hammam motivent les autres visiteurs à se rendre à l'étranger. Des films à succès, tels *La Croisière noire* et *La Croisière jaune,* prolongent l'attrait de l'exploration jusqu'à l'entre-deux-guerres. Les expositions d'art « indigène » justifient de manière assez grossière la « mission civilisatrice » par un mélange des genres de moins en moins crédible. Les « idoles païennes » et tout l'attirail des cérémonies des « sauvages » sont exposés dans une juxtaposition avec des témoignages de foi profonde et d'évangélisation à même de prouver que l'action missiologique et l'œuvre de la République laïque vont de pair pour sauver des ténèbres les « peuples enfants » placés sous la tutelle de la France. La Société des missions africaines à Lyon, dans une galerie ouverte en 1863, va jusqu'à comparer l'« avant » et l'« après » évangélisation, alors que la Société des missions étrangères à Paris conserve les reliques – soutanes ensanglantées, lettres poignantes, instruments avec lesquels les prêtres étaient torturés – de ceux qui ont été tués, et parfois sanctifiés, dans leur mission.

Dans la même dynamique, les expositions d'arts « primitifs », généralement dans les musées d'histoire naturelle, contrastent avec la présentation de la civilisation européenne dans les musées des beaux-arts. Même les antiquités asiatiques, comme les magnifiques sculptures et statuettes arrachées aux temples hindouistes et bouddhistes qui les abritaient, suggèrent une différence fondamentale entre les cultures

---

11. Voir notamment l'ouvrage de Jean-Christophe Mabire (dir.), *L'Exposition universelle de 1900,* L'Harmattan, 2000, et Myriam Bacha (dir.), *Les Expositions universelles à Paris de 1855 à 1937,* Action artistique de la Ville de Paris, 2005.
12. Nicolas Bancel, Pascal Blanchard et Laurent Gervereau (dir.), *Images et Colonies,* BDIC-ACHAC, 1993.

anciennes et décadentes de l'Orient et les sociétés dynamiques et triomphantes de l'Occident. Plus visuelles encore, les expositions de peuples d'outre-mer, que ce soit dans des expositions officielles ou dans le cadre de villages noirs itinérants, comme celles des restes humains dans certains musées (dont ceux de la « Vénus hottentote ») exhibés de manière éhontée dans des vitrines, viennent compléter le dispositif de la monstration dans toutes ses dimensions auprès d'un public désormais habitué à la découverte de ces mondes coloniaux[13].

Du colonial au national

Après la Première Guerre mondiale, l'Empire français est à son apogée géographique, et la politique coloniale comme la *culture coloniale* font partie intégrante de la vie des Français : journaux et magazines, foires et expositions, livres et films, politique de « mise en valeur » de Sarraut ou chansons populaires comme *La Petite Tonkinoise* emplissent le quotidien national[14]. Ce premier tiers du XXe siècle est le témoin de nouveaux efforts visant à ancrer le colonialisme dans les musées métropolitains, bien que ceux-ci semblent aller, du moins en apparence, dans des directions contradictoires et chercher de nouvelles voies d'exposition des artefacts coloniaux. Par ailleurs, les érudits veulent créer des collections systématiques afin d'alimenter la recherche ethnographique et anthropologique, s'écartant résolument en cela des expositions éclectiques et sensationnalistes pour viser les manifestations plus sérieuses et plus savantes des sociétés étrangères. Le musée du Trocadéro semble alors obsolète, ses collections négligées et sa présentation désuète. C'est le musée de l'Homme qui annonce un nouveau concept : la présentation scientifique, ordonnée, de cultures non européennes, mettant l'accent sur la vie quotidienne et ses manifestations matérielles plutôt que sur des bizarreries et des comportements incompréhensibles. Lorsqu'il ouvre ses portes en 1938, le nouveau musée incarne la perspective fonctionnaliste des anthropologues, tel un portrait apparemment *objectif* des cultures de la grande famille humaine. Certains observateurs indiquent cependant qu'il n'est pas exempt d'hypothèses

13. Nicolas Bancel, Pascal Blanchard, Gilles Boestch, Éric Deroo et Sandrine Lemaire, *Zoos humains, op. cit.*

14. Pascal Blanchard et Sandrine Lemaire, *Culture coloniale. La France conquise par son Empire, 1871-1931*, Autrement, 2003.

colonialistes et, à mesure que les années ont passé, les visiteurs et les administrateurs du musée eux-mêmes se sont rendu compte du caractère anachronique du musée du palais de Chaillot[15].

À la même époque, un élan plus ouvertement muséographique voit le jour avec l'ouverture d'un musée permanent des Colonies, initialement prévu dans le cadre de l'Exposition coloniale internationale de 1931. Les extraordinaires bas-reliefs de sa façade font l'article des avantages que les colonies représentent pour la France, et les fresques de la salle des fêtes chantent les bienfaits de la France à ses possessions. Chaque détail de ce musée renforce le message : une liste de conquérants coloniaux gravée sur le côté du bâtiment, des cartes des colonies rehaussées d'or, des meubles Art déco qui allient essences de bois tropicaux et design moderne. À la fin de l'exposition, le musée fermera ses portes le temps de réaménager ses collections coloniales et ethnographiques, puis les ouvrira de nouveau sous le nom de musée de la France d'outre-mer.

Au cours des années 1930, le musée reste la vitrine d'un colonialisme français désuet, secondé par des musées « frères » en province. Lyon possède alors deux musées coloniaux. Le premier, datant de 1900, appartient à la chambre de commerce, quand le second a été fondé sous les auspices du maire de la ville, Édouard Herriot, en 1927. Marseille construit un grand musée colonial en 1935, dont les collections appartiennent aujourd'hui au musée de la chambre de commerce ; seul Bordeaux ne parvient jamais véritablement à développer un musée digne de ce nom, malgré l'initiative prise par l'Institut colonial de la ville au début du siècle. Dans de nombreuses autres villes, des musées de moindre importance sont créés, souvent par les chambres de commerce, comme le témoin d'une relation symbiotique entre commerce et culture dans le projet colonial[16].

Avec la Seconde Guerre mondiale et le début de la décolonisation au milieu des années 1940, la période du déclin des musées coloniaux débute. Ils tentent avec difficulté de subsister tout au long du déclin de l'empire français, perdant progressivement soutien financier, visiteurs et intérêt de la part des autorités publiques. Ces musées coloniaux

---

15. Francine Ndiaye, « Le musée de l'Homme. De l'objet exotique à l'objet de civilisation », *L'Œil*, n° 442, juin 1992, p. 39.
16. Dominique Taffin (dir.), *Du musée colonial au musée des cultures du monde*, Maisonneuve et Larose, 2001.

doivent bientôt fermer leurs portes, tandis que les collections ethnographiques demeurent dans les musées d'histoire naturelle, souvent avec une présentation à peine modifiée. À Paris, au début des années 1960 et sur ordre d'André Malraux, alors ministre de la Culture, le musée de la France d'outre-mer est rebaptisé musée des Arts africains et océaniens, avant de devenir musée national des Arts d'Afrique et d'Océanie, ou MAAO. Sa collection de peintures et de sculptures de la période coloniale est remisée aux réserves (beaucoup de ces œuvres se trouvent actuellement au musée des Années trente après leur transfert au cours des années 1980), la salle des fêtes, avec ses fresques explicites, est fermée au public, le musée s'efforçant d'effacer progressivement toute référence coloniale. Au début des années 1980, le MAAO se trouve en mauvaise posture, en termes de mission muséographique, de fréquentation des visiteurs et de direction administrative, mais il parvient à rebondir grâce à plusieurs expositions à succès et continue d'agrandir ses excellentes collections – car en effet, la majeure partie des collections d'art premier fut acquise après la décolonisation française.

Toutefois, jusqu'à la fin de son existence, au début des années 2000, l'ouverture d'un débat sur la colonisation ne sera pas vraiment l'une des priorités du MAAO. À l'exception, il est vrai, du bref passage à sa tête de Cécile Guitart au début des années 1990 et de son courageux rapport sur le devenir du musée qui intégrait cette dimension coloniale sans la marginaliser[17] et bien qu'une exposition sur l'art kanak organisée en 1990, au lendemain des événements en Nouvelle-Calédonie, se soit affirmée comme une prise de position tranchée sur le patrimoine artistique de peuples longtemps considérés comme des sauvages. L'exposition « Kannibals et Vahinés », dix ans plus tard, l'une des dernières grandes expositions montées par le MAAO, posera un regard explicitement critique sur les stéréotypes occidentaux vis-à-vis de l'Océanie[18] et proposera aux visiteurs un autre discours sur le passé colonial de la France. Un tournant certes, mais qui arrive au moment même où le musée perd sa mission initiale et se cherche un nouveau destin. Avant la fermeture.

17. Rapport Guitart/Blanchard, *Du musée des colonies au dialogue des cultures. Pour un projet de service au musée des Arts africains et océaniens*, MAAO, 1992.
18. *Le Palais des Colonies. Histoire du musée des arts d'Afrique et d'Océanie*, RMN, 2002 ; Jacqueline Eidelman, Anne Monjaret et Mélanie Roustan, *MAAO Mémoires*, Marval, 2002.

Que faire des vestiges coloniaux ?

Les problèmes rencontrés par le MAAO, et les problèmes analogues auxquels était confronté le musée de l'Homme, ont soulevé des questions fondamentales sur la manière de présenter l'art non occidental, de replacer certaines pièces dans leur contexte culturel et de traiter le sujet controversé du colonialisme [19], questions qui sont un reflet en miniature du débat qui traverse la société française. L'urgence d'augmenter le nombre de visiteurs (et les recettes), les critiques selon lesquelles des relents de colonialisme se faisaient encore sentir dans les musées et l'évolution générale du paysage muséologique de Paris ont posé d'énormes défis à ces musées nationaux. Les musées plus petits, que ce soit ou non une bonne chose, ont été davantage à l'abri des vicissitudes de la politique des musées nationaux, mais n'ont pas moins été affectés par ces questions sous-jacentes.

Une peinture colonialiste devait-elle être présentée comme une œuvre d'art ou comme un document historique ? Les visiteurs devaient-ils être informés des exactions commises par les colons lorsqu'ils contemplaient des scènes de bataille et de conquête ? Comment concilier les attentes des anciens coloniaux, les demandes mémorielles des descendants des peuples colonisés et celles du grand public ? Pour l'art ethnographique, ces défis ont été particulièrement épineux. Certains objets – comme les restes humains ou des objets porteurs d'une signification sacrée ou secrète – devaient-ils être retirés des collections ou restitués à leurs cultures d'origine ? L'exposition d'objets acquis sous l'ère coloniale, sans égard pour leur provenance, ne faussait-elle pas la « biographie » de l'œuvre ? Les objets devaient-ils être présentés dans une perspective esthétique, historique ou fonctionnelle ? Dans quelle mesure les objets traditionnels étaient-ils typiques de sociétés qui, depuis leur acquisition, avaient subi des transformations radicales ? Les aspects dramatiques de la colonisation, tels que la violence, l'esclavage, le travail forcé et la mise sous tutelle politique, pouvaient-ils être ignorés ? Et, à l'inverse, les visiteurs des musées prêteraient-ils attention aux exposés relatifs à ces questions ?

---

19. Voir Émilia Vaillant et Germain Viatte (dir.), « Le musée et les cultures du monde », *op. cit.* ; « Musées d'ici et d'ailleurs », *Gradhiva*, n° 24, 1998 ; « Prélever, exhiber. La mise en musées », *Cahiers d'études africaines*, vol. 39, n° 3-4, 1999.

Aucune réponse aisée au devenir des vestiges coloniaux ne fut trouvée dans le reste de l'Europe sans qu'un débat en profondeur sur le rapport du présent au passé fût initié. Chaque initiative en France a donné lieu à un débat public interpellant la mémoire coloniale dans un contexte souvent polémique. Les controverses entourant la décision de dissoudre le musée de l'Homme[20] – ou de fermer le musée des Arts et Traditions populaires – sont restées gravées dans toutes les mémoires, et le projet visant à créer un nouveau musée des Cultures méditerranéennes à Marseille[21] pour une partie de ses collections reste une solution contestée, sans même parler des difficultés de disposer de moyens conséquents pour mener à bien ce projet. Si la décision de fermer le MAAO a suscité moins de débats, à l'exception du monde très fermé des musées et de la culture[22], la question du devenir des collections du MAAO a occupé journalistes, conservateurs et hommes politiques pendant plusieurs années.

Le musée du quai Branly, inauguré en 2006, a d'ores et déjà attisé la curiosité du public concernant son style et sa présentation[23]. Son nom peu évocateur reste emblématique de la difficulté qu'il y a à faire coexister l'art de l'Amérique précolombienne, de l'Afrique subsaharienne et de l'Océanie, des régions disparates dont le seul lien est d'avoir été considéré comme des sites d'art « primitif » au cours de l'ère coloniale. La galerie des « arts premiers » inaugurée au musée du Louvre en 2000, qui plaît généralement aux visiteurs, et le choix d'exposer une sélection d'œuvres non européennes (dont beaucoup sont sans conteste des chefs-d'œuvre) dans ce temple de l'art européen est sans doute louable, bien que l'on puisse s'interroger sur la nature purement « symbolique » de cette décision et sur le manque d'intérêt porté au colonialisme dans le pavillon des Sessions. Outre les nouveaux musées et galeries consacrés à l'art ethnographique, plusieurs autres musées aux

20. Élise Dubuc, « Le futur antérieur du musée de l'Homme », *Gradhiva*, n° 24, 1998.

21. Michel Colardelle (dir.), *Réinventer un musée. Le musée des Civilisations de l'Europe et de la Méditerranée à Marseille*, RMN, 2002.

22. Sarah Frohning Deleporte, « Trois musées, une question, une République », *in* Pascal Blanchard, Nicolas Bancel et Sandrine Lemaire (dir.), *La Fracture coloniale. La société française au prisme de l'héritage colonial*, La Découverte, 2005.

23. Benoît de L'Étoile, « Le musée des Arts premiers face à l'histoire » *in* Francisco Bethencourt (dir.), *Les Arts premiers*, Centre culturel Calouste-Gulbenkian/ Librairie Jean Touzot, 2003.

liens coloniaux ont été restructurés en profondeur depuis les décolonisations, la rénovation la plus notable étant celle du musée Guimet. Le musée des Années trente a fait le choix délibéré d'inclure le colonialisme parmi ses thèmes depuis l'exposition de 1989, fondatrice en la matière, et la section de l'« art colonial » à Boulogne-Billancourt est l'une des représentations les plus réfléchies de l'histoire et de la culture coloniale en France.

Plusieurs musées relativement récents, tels le musée de la Compagnie des Indes de Lorient et le musée du Nouveau Monde de La Rochelle, tentent de concilier les différentes exigences qui leur sont imposées, surtout sur les thèmes de l'esclavage et de la traite des esclaves, questions abordées avec une grande honnêteté quoique de manière quelque peu sommaire à La Rochelle. Le musée Dapper, initiative privée, propose à Paris une collection intéressante d'art africain, même si certains observateurs remettent en cause son approche fortement esthétisante. Plusieurs nouveaux musées ethnographiques ont ouvert leurs portes en province, comme le musée des « Arts premiers » à la Vieille-Charité de Marseille. D'autres musées se sont contentés de conserver leur ancienne présentation, comme le petit Musée africain de l'Île-d'Aix, qui propose une collection rassemblée par un aristocrate chasseur de gros gibier en Afrique et a décidé de garder son style suranné comme une illustration d'un certain type d'exposition. Des institutions telles que le musée de la Légion étrangère à Aubagne et le musée des Troupes de marine (les anciennes troupes coloniales) à Fréjus semblent ne pas avoir été affectées par ce débat et s'inscrivent dans une muséographie classique en ce qui concerne le passé colonial, alors que le petit musée du mémorial des guerres en Indochine, également à Fréjus, perpétue lui une rhétorique ouvertement colonialiste dans sa muséographie et dans l'orchestration de ces collections. Les évolutions, on le constate, ne sont donc pas uniformes.

Au cours des vingt dernières années, beaucoup d'expositions temporaires ont touché, de près ou de loin, au colonialisme français. Ce fut notamment le programme, à Marseille, de « L'Orient des Provençaux » en 1982-1983 et, quatre ans plus tard, de l'exposition « Négripub » à la bibliothèque Forney à Paris. Cycle que viendra conclure l'exposition « Coloniales, 1920-1940 » au MMBB en 1989. Puis, au début des années 1990, on a assisté à une nouvelle génération de projets, notamment avec une exposition remarquable sur l'esclavage, tenue au musée des Ducs de Bretagne à Nantes en 1992, et qui a véritablement fait date. Il s'agissait en fait d'une confrontation de la ville avec son passé, puisque quarante-cinq pour cent des voyages liés à la traite des esclaves mettant en cause la France du XVIIIe siècle furent l'œuvre de marins nantais[24]. En 1993, a été organisée au musée d'Histoire contemporaine, par l'ACHAC (Association pour la connaissance de l'histoire de l'Afrique contemporaine) et la BDIC (Bibliothèque de documentation internationale contemporaine), l'exposition « Images et Colonies[25] ». Celle-ci a pris la forme, par la suite, d'une exposition pédagogique diffusée sur l'ensemble du territoire métropolitain, dans les DOM-TOM et dans une vingtaine de pays africains francophones ; de même, plusieurs projets ont prolongé ce travail, notamment l'exposition « Miroirs d'empires », à Lille et à Bruxelles, qui proposait un comparatisme entre imaginaires coloniaux belge et français. Citons également, dans le prolongement de ces initiatives, une exposition sur les soldats coloniaux à l'Historial de la Grande Guerre de Péronne, l'exposition « L'Appel à l'Afrique » sur les troupes noires en 1996, présentée dans plusieurs villes de province, et une autre sur les spahis aux Invalides. L'année suivante, une exposition sur le Dahomey fut organisée au musée Albert-Kahn, ainsi qu'une exposition sur le sport et les colonies aux Archives d'outre-mer d'Aix-en-Provence et une autre sur les hôpitaux coloniaux au musée du Val-de-Grâce. Enfin, dernièrement, une rétrospective « Corse et colonies » a été proposée à Corte alors qu'une intéressante exposition comparative, « Parlez-moi d'Alger : Marseille-Alger au miroir des mémoires » a été présentée en 2004-2005 à Marseille. À ce jour, l'anticolonialisme n'a encore fait l'objet d'aucune exposition – à l'exception de celle organisée à Montreuil en 2004 sur l'Indochine par Alain Ruscio –, bien que le très controversé *Grand Tableau antifasciste collectif* de 1960 soit désormais présenté au musée d'Art moderne de Strasbourg[26].

De façon similaire, l'art orientaliste a inspiré de nombreuses expositions depuis les années 1980 et l'Année de l'Algérie a vu une pléthore d'expositions la concernant, mais très peu ont traité de l'histoire

24. Didier Guyvarc'h, « Les troubles de la mémoire nantaise de la traite des Noirs au XXe siècle », *Les Anneaux de la mémoire*, n° 1, 1999.

25. L'année précédente, dans le cadre de l'Espace aventure, sur les Champs-Élysées, avait été programmée l'exposition « Aux colonies », dont Éric Deroo avait assuré le commissariat.

26. Enrico Baj et Laurent Chollet, *Grand Tableau antifasciste collectif*, Dagorno, 2000.

coloniale ou des immigrations coloniales et postcoloniales en France au cours de la période. La rétrospective de l'Institut du monde arabe illustrant la manière dont les peintres français ont répondu à l'Algérie n'en constitue pas moins une synthèse magistrale. Plusieurs autres expositions de photographies de la guerre d'Algérie ont également été organisées, illustrant la situation des Algériens pendant la guerre et les souffrances endurées par les soldats, dans le prolongement de celle organisée par le MHC-BDIC (musée d'Histoire contemporaine-bibliothèque de Documentation internationale contemporaine) sur la guerre d'Algérie au milieu des années 1990.

Malgré ces nombreuses initiatives, il ne fut guère question tout au long de ces années de la création d'un musée d'histoire de la colonisation, comme si une telle institution était impossible en France.

Les musées doivent-ils, peuvent-ils, être « décolonisés » ?

De nombreux musées français (et beaucoup de musées militaires parmi eux) semblent encore, indéniablement, proposer une perspective impensée de l'histoire coloniale. De fait, il serait sans aucun doute impossible de concevoir une exposition sur l'Algérie coloniale qui satisfasse à la fois un pied-noir, un harki, un militant du FLN, un spécialiste du colonialisme ou un touriste sans connaissances approfondies sur le Maghreb de cette époque. Les expositions sur l'histoire coloniale, partout en Europe, sont particulièrement problématiques, comme l'a montré la polémique autour d'une rétrospective récente sur le Congo belge au musée royal de l'Afrique centrale de Tervuren en 2005 et les ambiguïtés du parcours proposé. Peut-être n'existe-t-il pas de « bonne » approche ou d'approche idéale pour exposer un artefact colonial, ni aucune solution facile pour présenter un objet d'une culture étrangère en le replaçant pleinement dans son contexte culturel, historique et esthétique.

Pourtant, en France et ailleurs, certains musées sont de plus en plus attirés par des thèmes coloniaux tandis que les anciens musées coloniaux ont remodelé leurs représentations de cette histoire. Le Tropenmuseum d'Amsterdam en est un bon exemple. Au cours des années 1960 et 1970, le colonialisme y était un sujet tabou. Toutefois, au début de ce siècle, le musée a réintroduit l'histoire coloniale dans ses collections, en revoyant à cette occasion la conception de ses galeries historiques afin de fournir une approche plus personnalisée et plus thématique des expériences des Pays-Bas outre-mer, en se concentrant sur les trajectoires biographiques d'individus et sur des incidents spécifiques. Ces galeries font partie intégrante des vastes collections d'art non occidental du musée. Ainsi les visiteurs peuvent-ils, par exemple, considérer l'art indonésien en relation avec le colonialisme. À Amsterdam, le colonialisme occidental et la culture non européenne ne sont pas séparés dans des institutions distinctes.

À Bristol, le Museum of the British Empire and Commonwealth, inauguré en 2002, n'a pas la prétention d'être un musée ethnographique, mais il retrace l'histoire de l'impérialisme britannique sous un angle linéaire et relativement critique. Sa situation géographique et ses collections un peu limitées lui ont peut-être valu un impact moindre que celui qu'il aurait pu avoir, mais ce musée reste une tentative remarquable de s'attaquer au problème de l'histoire coloniale. À Londres, d'autres institutions se sont également penchées sur l'histoire impériale – une exposition au National Maritime Museum (modifiée par la suite) a provoqué un scandale dans certains milieux parce qu'elle montrait une famille de la classe moyenne prenant le thé dans son séjour alors que la main d'un esclave noir apparaissait entre les lames du plancher, symbole du coût humain du thé et du sucre.

En France, après une vingtaine d'années de débats et de promesses au sein du mouvement rapatrié, un projet de Mémorial national de la France d'outre-mer, animé par Jean-Pierre Rioux et Jean-Jacques Jordi, devrait ouvrir ses portes à Marseille en 2007[27]. À l'origine mémorial destiné à rendre hommage à l'« œuvre française » en Algérie et aux pieds-noirs, celui-ci se présente aujourd'hui – comme l'a montré un colloque récent et contesté, en novembre 2005, à Marseille – comme un musée de l'histoire coloniale française. Il devrait être installé à proximité du parc Chanot, site de l'Exposition coloniale de 1922, et aborder (selon le projet encore en cours d'élaboration) dans son espace permanent l'ensemble du domaine colonial français et l'importante relation qu'entretient Marseille

27. Un autre projet à Montpellier sous l'égide de Georges Frêche, qui semble avoir reçu un coup d'arrêt en 2005, devait traiter de l'histoire de la présence française en Algérie. Ce projet souhaitait explicitement rendre hommage aux rapatriés. Son conseil scientifique, animé par l'historien Daniel Lefeuvre, semble avoir stoppé son activité devant les nombreuses polémiques qui accompagnent ce projet.

avec l'outre-mer. Des expositions temporaires se pencheront sur des thèmes précis, tels que l'éducation et la médecine – à l'image de l'exposition présentée en 2005 sur le centenaire de l'École de médecine coloniale du Pharo auquel la direction du Mémorial a apporté son soutien.

Avec le mémorial de Marseille, la France possédera à nouveau un lieu consacré à l'histoire du colonialisme. Mais son édification n'est pas sans susciter des débats et des critiques scientifiques[28], administratives[29] et politiques, et il sera confronté à des défis de taille dans un contexte où tout ce qui touche à l'histoire coloniale suscite passions[30] et polémiques[31].

Un autre musée, dédié à l'immigration – sous l'égide de l'ancien ministre et actuel député européen UMP Jacques Toubon –, ouvrira ses portes en 2007 à Paris. Cette institution s'établira – paradoxalement – dans l'ancien musée colonial de la porte Dorée. Cette installation dans ce lieu de mémoire de l'Exposition coloniale de 1931 est fortement contestée, alors que la capitale ne dispose d'aucun site spécifiquement dédié à cette

28. Voir notamment les prises de distances critiques d'historiens au sujet de ce mémorial, notamment Daniel Hémery, Catherine Coquery-Vidrovitch, Benjamin Stora, Françoise Vergès ou Nicolas Bancel. Daniel Hémery écrivait dès 2001 : « Autant je suis acquis à l'idée d'un lieu de réflexion sur les colonisations et les décolonisations, autant je suis convaincu qu'un "Mémorial de la France d'outre-mer" ou un "Mémorial français de l'outre-mer" excluent une telle réflexion. » L'historien rappelait que « [...] le "Mémorial" ne sera pas une institution de connaissance de l'histoire, mais une institution organisatrice de sa méconnaissance ». Daniel Hémery concluait son texte par ces lignes explicites : « [...] Je ne donnerai pas ma caution au projet de "Mémorial de la France d'outre-mer" ou de "Mémorial français de l'outre-mer" parce qu'il exclut de fait toute dimension scientifique réelle et ne fait appel aux historiens que pour leur attribuer précisément une simple fonction de cautions » (lettre ouverte de Daniel Hémery à Jean-Pierre Rioux publiée dans la *Revue française d'outre-mer* en 2001).

29. Dans le texte de loi de mars 2004, voté par le Parlement en juin 2004 en première lecture, avant son passage au Sénat et, de nouveau, en février 2005 au Parlement en seconde lecture, le mémorial de Marseille est explicitement cité dans le texte de la proposition gouvernementale, sous le titre « Projet de loi portant reconnaissance de la Nation et contribution nationale en faveur des Français rapatriés ».

30. Contexte caractérisé à la fois par les débats sur la torture en Algérie qui ont culminé avec l'affaire Aussares en 2000, les polémiques qu'a suscitées l'article 4 de la loi du 23 février 2005 qui prévoyait – article aujourd'hui suspendu – l'enseignement du « rôle positif » de la colonisation, les débats qui ont entouré l'instauration de journées nationales de commémoration des harkis et l'inauguration d'un Mémorial des conflits en Afrique du Nord à Paris ou les polémiques provo-

histoire coloniale. Comme l'écrivait récemment Dominique Jarrassé, professeur d'histoire à l'université de Bordeaux :

> L'actuel projet d'une « Cité nationale de l'histoire de l'immigration » n'est pas sans ambivalence, car le mélange de l'iconographie colonialiste (qui est l'essence même de cet édifice et qu'il ne peut être question de modifier sans le dénaturer) et du discours à la mode sur le multiculturalisme risque d'être détonant. [...] Tous les grands musées sont au centre et à l'ouest de Paris ; ne risque-t-on pas d'y voir une résurgence de la discrimination parisienne classique : à l'est le social (immigration), à l'ouest le culturel et l'artistique (quai Branly) [32] ?

Des cabinets de curiosités des XVIIe et XVIIIe siècles aux musées ouvertement colonialistes du début du XXe siècle en passant par les collections d'histoire naturelle et d'ethnographie des Lumières et du XIXe siècle, les institutions françaises ont reflété les aventures coloniales du pays. Aujourd'hui, la difficulté de mettre en œuvre une institution capable d'intégrer cette dimension coloniale dans toutes ses spécificités est aussi le reflet des débats qui traversent la société française. La question se pose : un musée de la colonisation et du colonialisme est-il possible ?

Pourtant, la décolonisation a forcé les « conservateurs » à repenser la présentation de l'histoire coloniale et de l'art non occidental. Après plusieurs décennies au cours desquelles le colonialisme a été dans une large mesure mis au ban des musées, il a aujourd'hui réintégré progressivement, et de manière multiple, le paysage muséologique de la France contemporaine, mais peine encore à trouver une expression autonome. Les visiteurs des musées ont découvert des peintres orientalistes oubliés, mais également les riches cultures des contrées colonisées par leurs compatriotes, ils ont été interpellés par des expositions sur des thèmes comme l'esclavage, les stéréotypes racistes, les imaginaires coloniaux, la guerre d'Algérie, les « arts premiers »... Le musée du quai Branly parisien

---

quées à Montpellier par les déclarations du président de la région Languedoc-Roussillon Georges Frêche autour de son projet de musée sur l'Algérie française.

31. Robert Aldrich, « Colonial past, post-colonial present : History wars French-style », *History Australia*, t. 3, n° 1, juin 2006.

32. Dominique Jarrassé, « Le musée permanent des colonies », *in* Myriam Bacha (dir.), *Les Expositions universelles à Paris de 1855 à 1937*, Action artistique de la Ville de Paris, 2005.

et le Mémorial national de la France d'outre-mer de Marseille seront confrontés au difficile défi de présenter l'histoire et les œuvres d'art coloniales rassemblées par des collectionneurs triomphants sous l'ère impériale, dans un contexte post-colonial non encore pacifié et dans une France multiethnique qui oblige à repenser le regard, la muséographie et l'approche même de ce passé.

LA CONCURRENCE DES VICTIMES

Esther Benbassa

La souffrance nous fait fuir, nous qui, dans nos sociétés occidentales confortables, courons après le succès, le bonheur, les recettes de bonne santé, l'éternelle jeunesse, nourrissant en fait une aspiration inexprimée, mais sous-jacente, à l'immortalité. Notre foi dans le progrès en continuelle évolution nous fait entrevoir un avenir sans souffrance.

Et pourtant, jusqu'à un passé récent, l'*homo religiosus* monothéiste souffrait pour Dieu et par Dieu. Il croyait dans la fonction rédemptrice de la souffrance. Les religions se sont en effet toujours penchées sur la souffrance des hommes. Elles ont essayé d'y trouver une explication pour la rendre supportable ici-bas ou ont tenté de montrer qu'elle n'était pas abordable par les voies ordinairement mises à la disposition du simple mortel. Même la souffrance de l'individu prenait place dans un cadre collectif. Et la souffrance collective, subie par le groupe en raison de ses péchés passés ou présents, assurait à celui-ci une continuité, rétablissait l'ordre généalogique, évitait la rupture avec les siens, alors même que cette souffrance se révélait inexplicable parce qu'elle s'abattait sur des fidèles innocents. La souffrance d'hier servait de modèle aux générations suivantes pour renforcer la foi dans le destin du groupe et garder intacte la croyance en Dieu[1].

1. John Bowker, *Problems of Suffering in Religions of the World*, Cambridge University Press, 1970.

L'histoire de la souffrance était alors inséparable de celle de l'espérance, ici et maintenant ou dans l'au-delà. En revanche, dans nos sociétés de plus en plus séculières, la souffrance symbolise l'injustice et n'ouvre plus sur l'espoir. D'ailleurs, de quelle espérance peut-il dorénavant s'agir ? La rédemption se fait désormais dans un repentir qui revisite le passé et absout le présent. La revendication des souffrances des uns génère la repentance des autres, une repentance civile qui compense l'innocence perdue par l'attribution de droits à ceux qu'on a fait injustement souffrir. Dès lors, les souffrances entrent en compétition pour éveiller l'attention publique et pour se tailler une place sur l'échiquier sociopolitique, compétition qui induit à son tour inévitablement la démultiplication des revendications de souffrance.

Plus la souffrance est perçue comme obscène, plus elle exige des compensations pour la faire disparaître. La souffrance et la culpabilité ne cessent de s'entretenir mutuellement au point qu'elles finissent par engendrer de nouvelles souffrances sans qu'on puisse élaborer de nouveaux projets d'espérance. La souffrance crée des victimes et être victime se transforme en posture morale jusqu'à contribuer à l'élaboration d'identités. Elle entre dans la construction de ces identités qui, faute de transmission culturelle, se nourrissent de mémoires qui sont elles-mêmes des constructions contemporaines tirant leur substance d'un regard d'aujourd'hui tourné vers le passé, et pas toujours exempt de déformation.

L'actuelle religion de la souffrance pallie notre éloignement de la religion et fonde de plus en plus nos identités sur une *victimité* qui est une autre manière d'être et d'exister et nous rattache à une communauté de souffrants ou d'ayant souffert. Notre XXe siècle, qui a été un siècle de souffrances et de victimes, remonte à la surface pour s'imposer à notre présent, traînant dans son sillage les souffrances et les victimes d'un passé plus lointain encore, comme celui de l'esclavage jusque-là occulté par les mémoires européennes et dans l'histoire européenne en général. Se tisse ainsi une sorte de mémoire de la souffrance qui se détache de l'histoire pour s'imposer comme présent et parfois comme avenir, donnant par là même sens à un désenchantement que nous proclamons avec autant de détermination que notre foi au bonheur, plutôt idéal que réalité plausible.

Échappons-nous pour autant complètement à l'histoire ? Nous avons besoin d'histoire, mais nous nous contentons de mémoire, de cette mémoire triée et revue sous l'angle de ces souffrances promptes à donner sens à ce que nous voulons devenir. La souffrance de nos contemporains ou plutôt celle qui est revendiquée par eux se limite-t-elle à un capital moral et son seul horizon est-il une rhétorique qui risque à la longue de tourner à vide, destinée seulement à servir des intérêts de groupe et à justifier des projets politiques, et dont le moteur serait la compassion ? Revendiquer la souffrance reviendrait-il à entrer dans une religion plus adaptée à nos exigences, avec des droits et peu de devoirs ? Ou sommes-nous acculés à l'exaltation de la souffrance pour nous construire un présent et peut-être un avenir ?

Et si la souffrance et les réactions à celle-ci constituaient la seule éthique dont nous disposions pour réguler nos sociétés abusées et désabusées par le bien-être et la consommation ? Une sorte d'éthique de la souffrance à distance, celle des autres, à laquelle on s'identifierait sans vouloir pour autant pénétrer dans l'expérience des victimes. L'esclavage des ancêtres, la colonisation subie par les grands-parents ou les parents, les génocides et leur mémoire sans cesse mise à contribution, donc d'autant plus sensible à chaque mot et geste venant de l'extérieur, constituent, avec leurs variantes, des marqueurs identitaires susceptibles de rassembler des individus en quête d'une cohésion de groupe.

La souffrance donnait autrefois un sens à la relation de l'homme avec Dieu et la renforçait pour l'avenir, renforçant par là même le groupe. Cette même souffrance hautement revendiquée produit aujourd'hui une histoire et contribue à créer un groupe, là où n'existe plus de ciment pour rassembler. L'appellerons-nous la souffrance rassembleuse ou la souffrance identifiante ? Le déploiement de la compassion comme mode de régulation du politique s'instaure et va de pair avec le droit fondé par la souffrance, qui est en passe de supplanter le droit du citoyen[2]. Les journées de commémoration instaurées non seulement relaient cette nouvelle forme d'éthique, mais permettent en même temps aux pouvoirs publics de faire l'économie de projets dynamiques pour régler les questions les plus brûlantes touchant au sort des minorités visibles, telle l'éducation déficiente, le chômage endémique,

2. Didier Fassin, « La souffrance du monde. Considérations anthropologiques sur les politiques contemporaines de la compassion », *L'Évolution psychiatrique*, 67 (4), octobre-décembre 2002, p. 687.

les discriminations nombreuses. Ainsi l'instauration du 10 mai comme journée de commémoration de l'esclavage prend-elle valeur de reconnaissance officielle et de réparation légitime, sans toutefois changer le moins du monde la condition des Noirs en France.

L'identité victimaire contemporaine ou le paradigme juif

C'est la souffrance qui fut au fondement du judaïsme dont l'alliance avec Dieu était passée par le sacrifice : Abraham qui accepte de sacrifier son fils Isaac pour obéir à Dieu. La souffrance inique d'un père pour se soumettre à Dieu qui lui dit *in extremis* : « Ne porte pas la main sur ce jeune homme, ne lui fais aucun mal ! Car désormais j'ai constaté que tu crains Dieu, toi qui ne m'as pas refusé ton fils, ton fils unique » (Genèse XXII, 12). Il n'y a pas d'expression d'amour de Dieu plus parfaite que l'acte de sacrifice. Après l'abnégation et la dévotion dont Abraham a fait preuve, il lui est accordé la dénomination d'homme craignant Dieu. En fait, la souffrance s'ouvre sur la postérité du peuple juif et son élection par Dieu (Genèse XXII, 16-18). La relation entre Dieu et Israël, exprimée à travers le symbole de l'alliance, implique dès lors la nation dans son ensemble pour les péchés du passé, la punition présente et la rédemption future.

Cette souffrance se voit ritualisée au cours des siècles, de génération en génération, avec des prières récitées à des moments précis de l'année, dans des lieux différents, par des populations juives distinctes les unes des autres. Celles-ci disposent de leur propre mémoire d'événements tragiques, une mémoire structurée autour de destructions archétypales comme celle du premier Temple en 586 avant J.-C. et celle du deuxième en l'an 70, qui absorbent les événements plus récents pour leur donner sens et ouvrir sur l'espoir de jours meilleurs, sur cette attente messianique qui rendait l'espérance inéluctable en quelque sorte.

La mémoire de l'extermination des Juifs pendant la Seconde Guerre mondiale, elle, commence à être verbalisée conjointement avec la revendication identitaire juive en France après la guerre des Six-Jours, laquelle avait fait craindre à ses débuts un second génocide. La victoire israélienne sur les Arabes et le soutien de la population française à Israël – ceci en plein deuil encore inachevé de la décolonisation – avaient aussi représenté une revanche pour les Juifs d'Afrique du Nord, en particulier ceux d'Algérie, venus massivement en France, et qui attribuaient les malheurs de leur exil aux mêmes Arabes[3].

Si les Juifs avaient quitté les pays du Maghreb après leur indépendance, c'est qu'ils avaient été historiquement du côté des colons de qui ils attendaient l'amélioration de leur statut sur place, ce qui ne les avait pas encouragés plus tard à prendre part massivement aux mouvements d'indépendance nationale. De surcroît, en Algérie, selon le bon vouloir de la France colonisatrice, ils avaient accédé dès 1870 à la nationalité française, laquelle avait été refusée aux indigènes. Si celle-ci ne leur fut pas automatiquement octroyée dans les protectorats français, nombreux furent ceux qui l'obtinrent, en particulier en Tunisie, ce qui éclaire sous une autre perspective, et en partie seulement, le contentieux entre Juifs nord-africains et Arabo-musulmans en France, réactivé en période de crise comme à partir de la deuxième Intifada.

Dans la foulée de la guerre des Six-Jours, l'image des Juifs en France s'améliore et on assiste en même temps à leur réconciliation avec leur identité juive. Dans la France jacobine, le judaïsme était considéré comme une religion et à ce titre restait voué à l'espace privé. C'est donc en passant par la mémoire du génocide que s'opère la revendication de l'identité juive. Cette binarité s'érige désormais en paradigme pour les autres revendications identitaires. *Le Juif imaginaire* d'Alain Finkielkraut, paru en 1980, l'illustre assez bien. Dès lors, on entre dans l'exclusivité d'une mémoire qui marque la distanciation avec l'universalisme si répandu dans la vocation du Juif moderne à vouloir changer le monde. La rupture de contrat entre les Juifs et les pays qu'ils habitaient lors de la Seconde Guerre mondiale avait préparé ce tournant qui se fait encore plus net avec l'impasse du conflit israélo-palestinien. Dans son ouvrage, Alain Finkielkraut l'annonçait ainsi :

> Je pensais, moi, être fidèle à la vocation d'Israël en jouant non seulement le Juif, mais le Noir, le colonisé, l'Indien ou le miséreux du tiers-monde : années heureuses et volubiles, où en toute innocence je collais à mes origines. Ça ne marche plus. Le ressort dramaturgique s'est cassé. [...] Je ne peux même plus affirmer « Je

---

3. Joan B. Wolf, *Harnessing the Holocaust. The Politics of Memory in France*, Stanford University Press, 2004, p. 25-78.

suis juif » sans avoir aussitôt l'impression pénible de tirer le génocide à moi et de me draper dans le supplice des autres[4].

C'est dans une vallée de larmes que se bâtit cette mémoire comptabilisant progressivement tous les malheurs et souffrances du peuple juif résumés dans l'extermination finale, comme si une chaîne ininterrompue devait y mener inéluctablement. Après la guerre des Six-Jours, la fidélité quasi inébranlable à l'État d'Israël, refuge éventuel pour des jours de malheur et en même temps symbole de fierté, s'érige en second pilier identitaire juif. Faisant fi de la genèse du sionisme qui se forme dès le XIXe siècle dans la foulée des grands mouvements nationalistes européens de l'époque et prépare la naissance du futur État, celui-ci est perçu d'emblée comme une victoire contre le génocide, comme s'il en était inséparable.

Génocide et État d'Israël constituent dès lors un ensemble et demeurent à la même enseigne dans la mémoire des Juifs diasporiques. Ce qui facilite la tâche des hommes d'État israéliens qui jouent à loisir sur cette combinaison pour activer leur sionisme, tout en jouant parallèlement sur la culpabilité de l'Occident pour neutraliser le rôle d'Israël dans le conflit israélo-palestinien, le peuple palestinien étant ramené au bourreau agissant sans merci contre un peuple victime de tout temps, avec en arrière-fond Auschwitz. Cette dernière image s'est renforcée surtout depuis l'arrivée au pouvoir du Likoud en 1977.

Parallèlement, le 16 juillet 1995, lors du 53e anniversaire de la rafle du Vél'd'Hiv, Jacques Chirac, élu président le 7 mai précédent, prononce un discours où il reconnaît la « responsabilité de l'État français » dans la déportation des Juifs de France et où il évoque la « faute collective ». Paroles qui constituent une véritable rupture avec les propos de ses prédécesseurs qui faisaient la distinction entre deux France, celle de Vichy et l'autre, la républicaine. Désormais, cette reconnaissance allait permettre de consolider une mémoire meurtrie tout en la faisant entrer progressivement dans la mémoire collective française, étoffant par là une identité juive dont le génocide était devenu un des principaux marqueurs. Cette mémoire distillée à haute dose par les institutions communautaires et leurs organes, à défaut d'une culture juive riche et créative, permet de rassembler leurs ouailles longtemps dispersées dans les luttes citoyennes et dans les idéologies des années d'après-guerre.

---

4. Alain Finkielkraut, *Le Juif imaginaire*, rééd., Seuil, coll. « Points », 1983, p. 43.

Du culte des mémoires

Si la Shoah s'est transformée progressivement en religion séculière, l'État d'Israël a acquis par là même une nouvelle sacralité au fil du temps, bien distincte de celle qui lui était attribuée dans le cadre d'un univers religieux et qui concernait plutôt la *terre* d'Israël qu'un quelconque *État* hébreu[5]. Le tout contribuant à asseoir un certain refus de mettre en perspective la mémoire du génocide avec d'autres, ce qui aurait pourtant conduit à la rendre plus lisible et plus universelle. Au lieu de choisir cette voie, d'aucuns ont proclamé l'unicité du génocide juif, son ineffabilité, l'impossibilité de le représenter, etc. Ainsi la mémoire du génocide a-t-elle fini par devenir une religion fermée sur elle-même avec ses propres codes, courant avec le temps le danger de l'isolement. Or rien de ce qui est humain n'est unique et tout peut se reproduire.

La mémoire du génocide a incontestablement servi de modèle. D'autres mémoires, comme celle de l'esclavage ou celle de la colonisation, et même si chacune a sa propre histoire et sa propre spécificité, tendront à leur tour à s'ériger en une sorte de culte séculier, avec des rites, des cérémonies, des interdits exercés à l'endroit de quiconque n'accepterait pas leur hégémonie. La reconnaissance des mémoires blessées, meurtries, est une étape indispensable pour l'élaboration des identités individuelles dans nos sociétés de plus en plus sécularisées. Cette reconnaissance revient aussi à l'acceptation par les États des crimes commis dans le passé, ce qui soulage en même temps les porteurs de ces mémoires douloureuses.

Cette étape franchie, on devrait se diriger vers leur historicisation afin que leur transmission se fasse pour les générations futures. Il n'y a pas que les historiens pour accomplir ce travail. Si ce n'est pas leur domaine réservé, c'est tout au moins leur profession d'écrire l'histoire de ces mémoires, de reconstituer comme un puzzle, avec la distanciation que requiert ce genre travail, le contexte qui a rendu possible ces crimes et ces injustices. Séparer l'histoire de la mémoire est une illusion : l'une et l'autre sont intimement imbriquées. Néanmoins, l'émotion, qui rend incandescentes les mémoires, s'atténue dans le processus d'entrée en histoire.

À l'ère des revendications identitaires où nous nous trouvons, les mémoires sont placées sur un piédestal, d'autant plus que nos points de repère sont de moins en moins fixes et enracinés dans des traditions

5. Esther Benbassa, « La Shoah comme religion », *Libération*, 11 septembre 2000.

héritées du passé. Plus nos frontières bougent, plus la mondialisation nous aspire dans l'inconnu, plus les mémoires se renforcent et remplacent ce qui nous manque. En ces temps de crise économique et de flottement que connaissent nos sociétés occidentales, nous assistons à un durcissement nationaliste centripète, auquel les minorités visibles ou pas répondent par des nationalismes identitaires et le repli dans des communautés (de « solidarité ») imaginées, dont l'étendard est la mémoire, et bien sûr une mémoire victimaire difficilement transmissible, avec la même intensité, aux générations à venir.

La mémoire de la Shoah sert d'exemple à différents groupes qui à juste titre demandent que leur mémoire de souffrance trouve sa place dans la mémoire collective française. Que ces mémoires soient enseignées aux jeunes Français dès les premières années de l'apprentissage scolaire n'est que justice et peut se révéler unificateur pour toutes les composantes de la nation qui partageraient dès lors les heurs et malheurs de leur histoire enfin devenue commune. Les communautés imaginées se construisent sur des mémoires de meurtrissures, de blessures et de souffrances. Si communautarisme il y a, il ne correspond pas du tout à ce que l'État s'imagine, à savoir une sorte de nation dans la Nation. Aujourd'hui, les minorités visibles aspirent à des communautés imaginées, expression de leur nationalisme diasporique. Il s'agit en fait de patries qui remplaceraient celles auxquelles on aimerait se rattacher, souvent symboliquement. Un beur est plus français qu'algérien, tunisien ou marocain. Et il ne lui serait pas aisé de trouver sa place dans le bled du père ou du grand-père, d'autant plus qu'il ne connaît même pas l'arabe. Il en est du même du Juif fortement attaché à Israël, où il se contente d'aller en vacances ou d'acheter un appartement au cas où un jour il aurait à y chercher refuge, reproduisant mentalement les épisodes douloureux vécus par les générations précédentes pendant la guerre. On n'aurait pas de mal à retrouver le même processus chez les Noirs de métropole. La mémoire sert de liant pour ces nationalismes d'un type nouveau.

Et l'écoute est proportionnelle à la quantité de souffrances invoquée. Ainsi, la place sur l'échiquier politique et social se mesure par une échelle de Richter de la souffrance. La *guerre des mémoires* résulte de cette compétition inévitable, puisqu'il n'y a pas assez de place pour toutes les victimes. D'où la surenchère *victimaire*. Ce courant nous vient des États-Unis et nous ne sommes qu'au tout début de la future concurrence des victimes qui menace d'occulter le vrai débat politique. Le *diktat* des mémoires est un *diktat* implacable, culpabilisant, avec une multitude de *devoirs de mémoire* qui enferment dans un labyrinthe où la liberté et la pensée sont étouffées. Surgissent en même temps les activistes de la mémoire, sorte de police qui impose ce qu'il convient de faire ou pas, qui enregistre tout éloignement de la *doxa* établie d'avance. Ainsi, la mémoire passe-t-elle de son statut de marqueur identitaire à celui de chape pesant sur l'individu, le repliant sur lui-même et sur les siens (ou ceux qui sont considérés tels), et le coupant à la longue des autres.

Qui gagne, qui perd la guerre des mémoires ?

L'article 4 de la loi du 23 février 2005 demandant aux programmes scolaires de reconnaître le « rôle positif de la présence française outre-mer, notamment en Afrique du Nord » s'est mué en sujet de polémique à la suite des émeutes du mois de novembre de la même année dans les banlieues, libérant de la sorte les revendications mémorielles sans pour autant résoudre les problèmes qui avaient conduit à ces troubles. Dans le palmarès des mémoires, celle des Juifs est perçue à tort comme une passerelle vers la réussite. Ceux qui se trouvent à l'extérieur de la sphère du pouvoir (les *outsiders*), tels les Arabo-musulmans et les Noirs, auraient tendance à considérer les Juifs comme ceux du dedans (les *insiders*), puisque eux-mêmes ont tendance à se qualifier comme les « sentinelles de la République ». Ce n'est pourtant pas la mémoire du génocide et la culpabilité qu'elle a induite qui ont suscité la protection et la bienveillance dont ils sont censés jouir au sein du pouvoir et dans sa périphérie. Leur longue expérience diasporique, leur ancienneté en France pour une certaine catégorie d'entre eux, leur nationalité française à leur arrivée en France pour ceux venus d'Algérie, leur ont permis une ascension sociale plus aisée et pour les derniers venus en France en tant que minorité une meilleure intégration.

Quant à leur supposée proximité du pouvoir, la place de choix qu'occupent certains membres du groupe juif dans les différentes strates de la société éveille naturellement l'attention des partis, ne serait-ce que dans leur course aux voix, sans compter que la vieille tradition juive en diaspora, l'alliance royale, celle qui consistait à se mettre sous la coupe des puissants, fonctionne encore aujourd'hui, à l'heure où les Juifs sont des citoyens.

Reste que cette position ne comporte pas que des avantages puisque, dans le passé, elle leur valut déjà l'ire de ceux qui s'opposaient aux souverains et conduisit le plus souvent à des expulsions[6]. Étant les plus fragiles autour du pouvoir central, c'est à eux qu'on s'attaquait en premier. Actuellement, d'une manière similaire, le ressentiment des minorités éloignées du centre se retourne contre les Juifs, sous différentes formes : antisémitisme, agressivité, incivilités au quotidien. S'ajoutent à cela les répercussions du conflit israélo-palestinien sur la scène occidentale et l'identification des Palestiniens aux *outsiders* et des Israéliens aux *insiders* du territoire français.

La loi du 23 février 2005, passée inaperçue dans un premier temps, a percé à jour non seulement la cacophonie politique régnant dans notre pays, mais aussi les diverses récupérations de ces mémoires, variant selon la position de force qu'occupaient leurs dépositaires. Curieusement, cette loi aurait dû davantage mobiliser les Maghrébins, héritiers directs et encore vivants du passé colonial. L'esclavage, en effet, remonte à un passé plus reculé, tandis que la colonisation et la décolonisation, elles, sont encore très proches. D'ailleurs, la loi précisait bien « notamment en Afrique du Nord », et elle avait été promulguée en faveur des « Français rapatriés. »

La lutte contre les discriminations des populations noires a sa propre histoire. En conformité avec le schéma du devoir de mémoire juif, la mobilisation a pu se faire de ce côté avec plus de savoir-faire, en particulier sous l'impulsion des citoyens français des DOM-TOM, davantage en phase avec les modèles politiques du pays. En témoigne à sa façon le CRAN, Conseil représentatif des associations noires de France, calqué sur le CRIF, représentation politique des Juifs de France.

Quant aux Arabes et aux musulmans de France, ayant moins l'expérience de ce type de stratégie politique, renvoyés à leur islam, et ceci avec toutes les connotations négatives qui lui sont attachées depuis le 11-Septembre, ils n'arrivent pas à se dégager de la perception religieuse où ils sont englués et qui les empêche de prendre place sur l'échiquier politique. Et la mémoire de la colonisation et de la décolonisation, politiquement plus embarrassante que celle de l'esclavage, a pris du retard dans la course des mémoires. À cette occasion, nous avons assisté à une véritable concurrence des victimes, celles de la colonisation sortant provisoirement perdantes, et celles de l'esclavage gagnantes et soutenues brièvement par les Juifs, suivant en cela l'exemple de leur implication très forte aux États-Unis dans les années 1950 et 1960 aux côtés des Noirs dans

---

6. Pierre Birnbaum, *Prier pour l'État. Les Juifs, l'alliance royale et la démocratie*, Calmann-Lévy, 2005, p. 7-88.

leurs luttes contre les discriminations, avant que les relations ne se dégradent définitivement entre les deux groupes. L'assassinat barbare du jeune Ilan Halimi par un Noir en février 2006 brida cependant tout à coup les velléités de rapprochement, l'affaire se communautarisant autour du motif antisémite retenu par le juge d'instruction.

Dans les années à venir, les minorités visibles se rapprochant peu à peu des lieux du pouvoir, la concurrence des victimes risquerait de s'aggraver, chaque groupe cherchant à se positionner de la manière la plus avantageuse sur un échiquier socio-économique étroit, dans une société à la mobilité grippée et tellement hiérarchisée qu'elle résiste aux forces nouvelles qui finiront bien pourtant par en enfoncer les portes.

Les revendications mémorielles sont fortes et pressantes au sein des élites de ces minorités. Reste à savoir si elles sont en résonance avec les attentes des masses issues des mêmes groupes, qui se battent au quotidien contre toutes sortes de discriminations et qui peinent à se faire une place décente dans la société française. Les couches les plus jeunes n'auraient-elles pas tendance à répondre plus facilement aux appels de la religion, plus concrets et plus immédiats, qu'à se montrer sensibles à des revendications abstraites, traduisant le besoin de reconnaissance des élites ? Ahmed Djouder, dans son très beau récit, *Désintégration*, écrit :

> « [...] La France, en tant que personne morale, a un honneur à sauver qui doit passer par une reconnaissance de ses oublis et manquements et rectifier le tir. Comment ? En changeant de regard sur nous. En portant sur nous un regard positif et tendre. Un regard positif et tendre. C'est tout. Vous verrez, la France, ce sera le paradis[7]. »

Mais ce regard positif, encore faudrait-il lui donner les moyens de se former. La *guerre des mémoires*, les offres compassionnelles à coups de journées de commémoration consolident les stratégies électorales de partis politiques qui n'hésitent pas à communautariser au gré des contingences, alors qu'ils auraient mieux à faire en poussant jusqu'au bout la réévaluation d'une nation qui répugne à accepter sa multiplicité. Et si, enfin, celle-ci pouvait agir comme une entité pluraliste, libre, égalitaire et revigorée par l'énergie de sa mixité enfin digérée ? Une possible issue à la concurrence des victimes.

---

7. Ahmed Djouder, *Désintégration*, Stock, 2006, p. 156-157.

L'ARMÉE ET LA CONSTRUCTION DE L'IMMIGRATION COMME MENACE

Mathieu Rigouste

> « Ce que j'appelle l'intégration, voyez-vous, c'est la conjonction de ces trois faits : personnalité ethnique, culturelle et religieuse, communauté sur le plan économique et social, égalité sur le plan politique. »
> Jacques Soustelle, conférence prononcée à l'IHEDN le 5 mai 1956[1].

L'armée n'est pas une « grande muette ». Elle communique énormément, et parfois même sur ses activités présentées comme « secrètes ». Elle produit régulièrement quantité d'analyses sur la « menace[2] » et les moyens d'y parer, qu'elle promeut dans différents réseaux et tente de diffuser le plus largement possible. La doctrine militaire française[3] considère comme une mission de la Défense nationale de promouvoir l'« esprit de Défense » dans les « consciences collectives »[4]. En effet, elle part du principe que le « corps national », s'il veut pouvoir se défendre en cas d'agression, doit être mentalement sain, et donc parfaitement conscient des risques qu'il court dans l'avenir.

L'armée produit et propage des discours qui participent à la formation d'un modèle culturel national. Elle joue un rôle de premier plan dans la

1. « Le problème algérien », conférence prononcée à l'IHEDN le 5 mai 1956 par Jacques Soustelle, section organisation-législation, 26 mai 1956, n° 0495/DE, 8e session, IHEDN. Jacques Soustelle a été gouverneur général de l'Algérie.
2. Toutes les expressions entre guillemets font référence à des locutions employées par l'IHEDN. Pour une présentation officielle de l'IHEDN, consulter www.ihedn.fr.
3. Se référer principalement à l'ordonnance n° 59-147 du 7 janvier 1959 portant organisation générale de la Défense et au décret n° 49-227 du 30 janvier 1949 « portant création d'un institut des hautes études de défense nationale », *in Journal officiel*, 30 février 1949.
4. Pour traiter de l'« esprit de défense », les archives de l'IHEDN parlent jusqu'au début des années 1970 de « propagande ». Ces sujets sont par la suite renvoyés à l'idée de « culture de défense ».

production d'imaginaires sécuritaires, et le regard qu'elle porte sur l'immigration nourrit la culture postcoloniale. Nous nous proposons d'observer ici une institution qui joue un rôle central dans la production d'une doctrine militaire de défense nationale : l'Institut des hautes études de la défense nationale (IHEDN). Les archives de l'IHEDN[5], les revues *Défense nationale* et *Défense* depuis 1954 ainsi que, surtout, l'analyse détaillée de la session de formation dispensée à l'Institut en 1994-1995 constituent ici nos principales sources documentaires. Sur la base de celles-ci, nous tenterons de retracer le cheminement par lequel une figure militaire de l'ennemi intérieur s'articule progressivement aux représentations dominantes de l'imaginaire collectif concernant l'immigration postcoloniale.

L'IHEDN, un réseau de promotion pour la culture de défense

L'Institut des hautes études de la défense nationale, fondé en 1947, forme depuis lors, chaque année, environ quatre-vingt-dix « cadres de la nation », à l'« esprit de défense ». Les sessions nationales de l'IHEDN sont composées pour un tiers de hauts gradés militaires, pour un tiers d'agents de la haute fonction publique (préfets, magistrats, commissaires...) et pour un tiers de responsables privés (journalistes, chefs de rédaction, dirigeants d'entreprise, d'ONG, de syndicats). Ces sessions de formation ont pour vocation à la fois d'insérer des auditeurs présélectionnés dans un réseau de promotion de la « culture de défense » et de tenter de les convaincre de diffuser cet « esprit » dans leurs cercles d'appartenance, la vocation même de l'Institut étant de soutenir la défense du pays par la promotion d'une culture nationale immunisée contre la subversion. La direction de l'IHEDN est mixte, civile et militaire, mais nommée par décret du ministère de la Défense.

---

5. Les archives de l'IHEDN, conservées par ses propres soins à l'École militaire, donnent accès aux formations, conférences, documents présentés aux auditeurs chaque année par les responsables de la formation à l'état-major, permettant d'analyser l'évolution de la doctrine de défense sur la menace. Elles fournissent aussi l'ensemble des rapports produits par les comités d'auditeurs sur des sujets précis ainsi que les pièces fournies par les responsables de la formation à ceux-ci. Une synthèse de ces rapports est envoyée à la fin de la session sur le bureau de chacun des ministres de tutelle.

Depuis 1947, l'IHEDN a largement étendu et diversifié ses réseaux de diffusion et de collaboration ainsi que l'offre des formations dispensées : il a multiplié les publics visés et est devenu dès la fin de la guerre d'Algérie un institut de renommée internationale qui coopère avec nombre d'organismes de statut équivalent dans le monde entier. Il existe des sessions régionales, européennes et internationales, des sessions spécialement dévolues aux préfets, aux journalistes, aux chercheurs ou à leurs étudiants ainsi que des séminaires publics hebdomadaires. L'annuaire des anciens auditeurs de l'IHEDN, qui n'établit pourtant pas une liste exhaustive des personnes formées par lui, recense près de cinq mille noms dont les coordonnées sont enregistrées et mises à disposition de n'importe quel autre auditeur à la recherche d'informations, de services, de clients.

Nous avons choisi d'analyser la 47e session (1994-1995), représentative du fonctionnement habituel de l'IHEDN, session plus particulièrement consacrée à la perception d'une menace issue de l'immigration. Cette session marque aussi un seuil dans l'intensification du développement du réseau de l'IHEDN. Elle voit l'organisation du premier forum « Entreprises et intelligence économique » à l'intention de chefs d'entreprise, du premier cours sur l'« intelligence économique » dispensé par l'IHEDN à HEC, les premiers « dîners-débats », et la fondation d'une nouvelle revue, *Athena*, diffusant les travaux des auditeurs. C'est également en 1994-1995 que sont mises en place les premières « sessions 3e cycle DEA-DESS » à l'intention des étudiants se dirigeant vers les hautes études de défense[6].

La 47e session de l'IHEDN prend ainsi le « problème immigré » comme l'un de ses axes principaux de réflexion et se dote d'une « journée d'informations aux journalistes » qui doit permettre de leur présenter cette question parmi d'autres, tout en cherchant à convaincre de la nécessité d'une collaboration encore approfondie entre les médias et l'armée afin de poursuivre la formation de « correspondants de Défense ». Depuis la création de l'IHEDN, des responsables de rédaction, des dirigeants d'entreprise à caractère médiatique, des journalistes et des enseignants en journalisme participent tous les ans aux sessions (cinq à sept auditeurs). La « journée d'informations à l'intention des journalistes » est une expérience inédite qui réunit cinquante-trois professionnels des médias[7] le 27 juin 1995 autour de plusieurs conférences. Une

6. « Rapport d'activité », 47e session 1994-1995, dossier type, IHEDN.

7. Des responsables ou des journalistes importants de télévision, (TF1, France 2,

séance introductive sur l'histoire et le fonctionnement de l'IHEDN menée par le général Bernard Norlain, directeur de l'Institut de 1994 à 1996, vante les mérites et la renommée internationale de celui-ci. Une conférence sur les rapports UE-OTAN ainsi qu'une autre sur le conflit en ex-Yougoslavie et une dernière d'Alexandre Adler sur l'« islam intégriste dans la zone méditerranéenne » présentent aux invités des analyses concernant les « menaces pesant sur la nation », tout en cherchant à établir la nécessité pour les auditeurs de collaborer avec l'armée pour s'en prémunir mieux.

Construire l'ennemi intérieur, référer à la menace migratoire

L'immigration postcoloniale est d'abord apparue dans la pensée militaire comme une menace économique (les immigrés prennent le travail des Français, le chômage est une menace économique pour la Défense) dès le début des années 1960. L'idée s'impose à partir de 1971[8]. L'immigration est perçue parallèlement comme une menace démographique (les immigrés ont un fort taux de natalité, à l'inverse des Français. La menace est de l'ordre de la submersion. En outre, les immigrés peuvent former une « cinquième colonne » et chaque naissance est un soldat potentiel[9]). Les rapports successifs de l'IHEDN montrent clairement comment, dès la guerre d'Algérie, les travailleurs immigrés ont pu être envisagés par l'état-major en termes d'enjeux militaires, stratégiques et politiques et notamment comment ils ont constitué un moyen de pression dans les négociations entre le gouvernement français et les nouveaux États postcoloniaux au Maghreb[10], particulièrement sur la question des hydrocarbures et des bases militaires dans le Sud algérien.

France 3, La cinquième et M6), de radio (RFI, Radio France, Radio France Armorique) et de presse écrite (*Libération*, *Le Canard enchaîné*, *Présent*, *Télé 7 jours*, *Courrier français*, *Le Parisien*, *Valeurs actuelles*, *Le Monde*, *La Croix*...).

8. Voir par exemple « Cohésion économique entre métropole et Algérie. Note d'introduction », travail en comités, pièce n° 2, section économique et sociale, 18 décembre 1959, IHEDN, et les rapports d'activité des sessions 23 et 25.

9. Voir par exemple « L'évolution de la démographie algérienne », F. Boverat, pièce n° 7/2, IHEDN, section économique, 15e session « L'avenir de l'Algérie » et les rapports d'activité des sessions 23 et 25.

10. Voir par exemple « Cohésion économique entre métropole et Algérie. Note

Doug + Tracy Walker
115 Edgeview Drive NW
547-0440

Dimanche 5 août
6:00

University of Calgary Continuing Education

Contact Us

English Language Program

University of Calgary
Education Tower 220
2500 University Drive NW
Calgary, AB, CANADA
T2N 1N4

Phone: 1-403-220-3301
Fax: 1-403-210-8610

Email: esl@ucalgary.ca

Yassin Boga

Program Director
English Language Program

Erica Amery

Excursion Coordinator
English Language Program

Luciana Poon

Homestay Coordinator
English Language Program

Coreen Donnici

Program Coordinator
English Language Program

Jude Williams

Program Coordinator
English Language Program

À partir de la révolution iranienne de 1979 et de l'apparition du chômage de masse chez les « secondes générations » d'immigrés, la lecture militaire du « problème immigré » croise celle de la « *menace* islamiste ». La question militaire centrale à propos des « allogènes » est celle de l'allégeance, en cas de conflit, avec les pays d'origine. De ce point de vue, les « secondes générations », qui apparaissent dans les rapports de l'IHEDN à partir de 1981, sont envisagées précisément parce qu'elles sont ou seront françaises, fournissant la base de la reformulation d'un soupçon aigu de l'armée à l'égard des descendants des « indigènes musulmans ». La menace immigrée recouvre ainsi un risque spécifiquement militaire, ce qui lui assure une légitimité pour figurer dans les catégories centrales de l'imaginaire militaire de la menace.

À partir des attentats de 1986 et de la chute du bloc soviétique entre 1989 et 1991, l'immigration issue des colonisations devient ainsi l'un des axes majeurs à partir duquel on tente de cerner la menace intérieure dans les comités de travail formés par l'IHEDN. Parallèlement, en 1993, l'institution remplace officiellement la menace extérieure globale issue de l'Union soviétique par l'islamisme international[11]. Entre 1993 et 1995, l'ennemi islamiste et l'ennemi immigré s'articulent, dans la pensée militaire, à travers la figure de la « seconde génération ».

Ainsi, début 1994, l'ennemi intérieur immigré représente l'incarnation d'une menace à la fois économique, sociale, démographique et militaire, mais s'étend aussi désormais comme menace culturelle, religieuse, identitaire et civilisationnelle. On peut considérer par conséquent que la session IHEDN de 1994 constitue le point de départ de la reconstruction d'une pensée de la menace globale.

Une lecture ethniciste et civilisationnelle de l'intégration

Pour proposer une cartographie de l'ennemi intérieur postcolonial telle qu'elle s'exprime dans la pensée militaire française dès 1994, on peut s'arrêter sur deux textes provenant des archives de la 47e session. Ils sont représentatifs de la masse des documents observés, n'ont rien d'anecdotique ni d'exceptionnel : ils sont ordinaires.

---

d'introduction », travail en comités, pièce n° 2, section économique et sociale, 18 décembre 1959, IHEDN.

11. « Rapport d'activité », 45e session 1992-1993, dossier type, IHEDN.

Lorsqu'il trouve un rapport de comité d'auditeurs particulièrement pertinent, le comité d'études de l'IHEDN peut le réemployer dans les dossiers d'information destinés à la session de l'année suivante. C'est le cas de cet extrait du rapport du comité 1 de la 46e session diffusé dans le dossier d'information « Défense civile » aux auditeurs de la 47e session. On peut donc considérer le texte qui suit comme le produit de la rencontre entre la pensée militaire officielle et les imaginaires portés par certaines élites sur la menace immigrée.

> Perspectives de la nation :
> La France est un pays de culture judéo-chrétienne, avec une dominante latine. L'émigration musulmane, par son volume et ses caractéristiques particulières, pose un problème d'assimilation à la culture dominante et aux valeurs partagées par la plus grande majorité ; il y a donc un défi réel qui est d'abord un défi éducatif : l'éducation est un enjeu majeur pour l'avenir de l'identité française. Pour pouvoir être efficace, cette éducation doit pouvoir prendre en compte un nombre raisonnable de jeunes candidats à l'intégration. Il est donc nécessaire de maîtriser les admissions sur le sol national et de faire un effort pour mieux éduquer ceux qui y sont déjà. Dans le cas contraire, il y a un risque majeur de « développement séparé », négation de l'identité nationale[12].

Pensée sur un plan culturel et identitaire comme l'horizon d'un conflit civilisationnel, la menace d'une opposition entre une « France de culture judéo-chrétienne » et l'« émigration musulmane » sert à justifier la promotion de l'intégration, conjointe à la maîtrise des « admissions sur le sol national ». Quel que soit le plan sur lequel la Défense nationale envisage la menace immigrée, lorsqu'elle exhorte à l'intégration, c'est généralement pour justifier le contrôle et la restriction des processus migratoires. Il faut comprendre qu'un discours militaire percevant l'intégration comme une technique de défense vis-à-vis de la menace immigrée a convaincu l'auditoire multiple et hétérogène de la 46e session, qui s'en est saisi et l'a reproduit dans son rapport de comité, de manière assez convaincante pour que les responsables de la

12. « Perspectives de la nation », extrait du rapport du comité 1, 46e session nationale, *in* « La Défense civile », dossier type, SACG, IHEDN, 47e session, octobre 1994.

formation s'en servent de support l'année suivante. « Intégrer les immigrés pour survivre » peut être considéré comme l'un de ces modèles discursifs que l'armée partage avec un panel très diversifié d'« élites ». On peut faire l'hypothèse que ce discours irrigue par certains réseaux, notamment médiatiques, la culture postcoloniale, en 1994 du moins.

Si l'on rapproche ce texte de la citation de Jacques Soustelle placée en exergue de ce chapitre, on perçoit la persistance d'un schème colonial dans la pensée militaire postcoloniale de l'intégration des immigrés. Le simple fait que l'IHEDN classe dans les « problèmes de l'immigration » les « Français issus de... » illustre en soi qu'un fondement différencialiste perdure dans la pensée militaire sur les « secondes générations » et que l'armée sépare nettement les « Français de papier » des « vrais Français ». En 1956 comme en 1994, l'intégration des indigènes musulmans ou des immigrés musulmans est renvoyée à un antagonisme originel entre la « culture, la religion et l'ethnie », et à un antagonisme de fait sur le plan économique et social. En 1956 comme en 1994, l'état-major et les « cadres de la nation » qu'il forme pensent que « s'intégrer » signifie être imprégné de la culture judéo-chrétienne et faire partie de l'ethnie dominante, avoir réussi économiquement et socialement ; dans ces cas-là seulement, l'intégration permet de pouvoir jouir pleinement des droits politiques liés à la nationalité. Certes, la différence entre 1956 et 1994 tient en ce que les nationaux « issus de » ont acquis l'égalité politique. Mais la question du droit à l'égalité politique étant évacuée, le discours de l'intégration postcoloniale ne comprend plus que des devoirs, dont certains apparaissent purement et simplement impossibles à remplir, comme nous allons le voir.

Une figure de l'ennemi intérieur « global[13] »

En invoquant la menace du terrorisme islamiste, l'IHEDN place conjointement la figure de l'immigré menaçant sur un plan politique

---

13. Depuis 1945, la doctrine française perçoit la menace et la défense comme « globales », le vocable est régulièrement utilisé aux côtés de « total » et lorsqu'il s'agit d'insister sur l'urgence, l'intensité ou la multiplicité du risque. Même si tous les auteurs ne s'accordent pas sur ce point, ils parlent généralement de « globalité » lorsqu'il s'agit de définir un phénomène embrassant des dimensions politiques, culturelles, sociales, économiques, etc. À partir de l'ordonnance de 1959, la défense française devient officiellement globale, c'est-à-dire qu'elle ne regarde plus seulement les aspects militaires mais toutes les dimensions possibles.

et militaire. Le texte qui suit a le même statut que le précédent. Il est le fruit du travail fourni par les auditeurs du comité 4 de la 46e session à partir des formations dispensées par l'IHEDN, et est redistribué comme document à caractère informatif et donc légitimé auprès des auditeurs de la session suivante (47e) par la direction des études de l'IHEDN :

> Mais de toutes les menaces que l'on vient d'envisager, la montée de l'intégrisme est certainement celle qui marque le plus la mentalité collective et donc le politique. Ce phénomène alimente à nouveau l'angoisse du terrorisme, dont on avait pu penser qu'avec la disparition de certains sanctuaires à l'Est et la normalisation qui se fait jour au Proche-Orient, il était désormais en voie de disparition. On le constate chaque jour, la vie de nos ressortissants n'est pas respectée en Algérie, au point qu'ils deviennent des cibles. Or ces assassinats pourraient servir de signal fort pour les communautés installées sur notre territoire, dont l'intégration est problématique et qui constituent un terrain de prédilection pour les fanatismes – singulièrement pour l'intégrisme d'origine chiite.
>
> La menace est d'autant plus redoutable que des États d'obédience religieuse aident, suscitent, voire téléguident le terrorisme. C'est dire l'importance du renseignement pour prévenir et lutter contre ce type de menace.
>
> On pourrait en conclure que le terrorisme est un phénomène politique intéressant essentiellement les États. Mais si l'on prend un peu de recul, l'on est porté à se demander s'il n'est pas plutôt l'expression annonciatrice de conflits futurs liés au choc des civilisations et si, en définitive, les nouvelles fractures entre civilisations ne seront pas les lignes de front de demain[14].

On le voit, les « communautés installées sur notre territoire » sont désignées comme une possible « cinquième colonne » du terrorisme islamiste, « un terrain de prédilection pour les fanatismes » (une menace politique) pouvant potentiellement verser dans le terrorisme (menace militaire). Pour dissocier ces « communautés » de l'identité française et

14. « Quelle politique de Défense pour la France ? », dossier type, rapport du comité 4 de la 46e session, phase 1, 47e session, IHEDN, décembre 1994.

supposer qu'elles font allégeance à un groupe « maghrébin » ou « musulman » supposé homogène, le discours militaire est amené à recoder les catégories de la race. C'est à partir de cette lecture ethniciste que le raisonnement sous-tendant ce texte déduit que le terrorisme international n'est pas une guerre entre États mais l'amorce d'un « choc des civilisations[15] ». Ceci n'a rien de nouveau : depuis sa fondation, l'IHEDN se pense et est pensé comme le promoteur d'une vision moderne, rationnelle et technicienne de la « défense de la civilisation occidentale ».

On a affaire, avec ces deux textes, à un aperçu des articulations qui se concrétisent en 1994 entre le discours sur l'intégration des immigrés et la menace globale. Conçue par essence comme un risque ethnique, perçue encore comme un danger potentiel d'ordre économique et démographique, puis politique et militaire, l'immigration est également liée, autour de 1994, à la menace culturelle et identitaire. Cette caractérisation redéfinit l'immigré comme ennemi intérieur global, l'ennemi intérieur postcolonial.

D'après les comptes rendus des sessions, et en particulier de la session qui nous occupe ici, les « cadres de la nation » qui participent aux sessions de l'IHEDN peuvent être motivés par cette formation et les perspectives d'intégration dans un réseau de collaboration avec l'armée assurant la diffusion de l'esprit de défense. Certains sont plus intéressés par l'appartenance au réseau, d'autres davantage convaincus de la nécessité de diffuser l'esprit de défense. On peut considérer pour cela qu'ils n'entrent que très rarement en désaccord avec la direction de l'IHEDN qui s'intéresse aussi à leurs réflexions et s'en inspire. Très minoritaires, ceux qui n'y perçoivent pas d'intérêt, ne sont pas sensibles à ces représentations ou s'y opposent clairement, s'éloignent ou sont éloignés rapidement du réseau.

Les deux textes cités en amont nous donnent accès aux représentations croisées de la haute fonction militaire et de « cadres de la nation » sélectionnés par celle-ci sur la place de l'immigration dans les menaces portées contre la France.

15. La théorie du choc des civilisations est présente, de manière implicite, dans un grand nombre d'archives de l'IHEDN, mais on trouve aussi parfois des positionnements idéologiques de certains responsables des trois armes contre la thèse d'Huntington.

On peut donc faire l'hypothèse que la figure de l'immigré dont nous avons pu esquisser le schéma peut être perçue comme le modèle d'une pensée d'État incorporée par certaines élites issues de cercles aussi divers que le militaire et le civil, le privé et le public, les services, l'industrie, la communication..., toutes deux en accord sur une définition de l'immigration comme menace, et comme menace globale.

Pour l'affirmer, il faut encore montrer que cette configuration imaginaire domine aussi la pensée politique du gouvernement à cette époque.

Convergences de la culture de défense et d'une pensée d'État

Lors d'une conférence pour les auditeurs de l'IHEDN pour la 47e session sur la « sécurité des Français », Charles Pasqua, alors ministre de l'Intérieur et de l'Aménagement du territoire, convoque le même modèle :

> Une menace en provenance de ces pays [du Maghreb] peut s'avérer d'autant plus sérieuse qu'elle peut, on l'a vu malheureusement à diverses reprises déjà, emprunter les moyens de terrorisme à grande échelle. De plus, la présence sur notre sol de populations maghrébines distinctes des populations locales, et qui peuvent être encouragées dans d'éventuelles revendications identitaires par une évolution du droit international européen ou communautaire, conduit à penser qu'il sera alors impossible de distinguer les problèmes de sécurité intérieure et de sécurité extérieure. [...]
>
> Face à des menaces de ce type, l'esprit de défense prend une importance nouvelle. Dans un schéma d'affrontement militaire classique, l'esprit de défense reste dans une configuration du « moral de l'arrière », il faut que l'esprit public comprenne et soutienne l'effort des armées. Face aux flux migratoires, aux déstabilisations morales, à la montée des insécurités intérieures, c'est la Nation dans la globalité de sa résistance qui est visée.
>
> Or les faiblesses internes sont patentes. D'abord celle qui commande le plus directement l'avenir et dont les tendances sont difficiles à infléchir : la démographie. Notre pays ne renouvelle

> plus sa population et les plus mauvais chiffres de nos voisins et la structure actuelle de notre pyramide des âges ne doivent pas masquer cette marque de déclin. [...]
> Une immigration incontrôlée affaiblit la Nation non pas parce qu'elle est un mal en elle-même mais parce qu'elle empêche le bon fonctionnement de notre tradition d'intégration. Nous sommes là dans des effets cumulatifs : une nation en crise, qui ne croit plus en elle-même, ne peut intégrer une immigration dont l'ampleur accroît la crise identitaire de la Nation. [...]
> Menace de déchirement du tissu social et menaces extérieures se conjugueront si les flux migratoires ne sont pas maîtrisés. Nourrissant indifféremment le travail clandestin et les milieux intégristes, affaiblissant le creuset de l'intégration républicaine et donc développant la xénophobie et le racisme, l'immigration clandestine mine les bases matérielles et morales de la République[16].

Le ministre légitime ainsi devant l'IHEDN et l'ensemble des auditeurs le modèle que l'on a pu retrouver dans les sources fournies par la direction des études aux auditeurs et dans leurs travaux ultérieurs. Parlant explicitement d'immigration mais implicitement des Maghrébins et des musulmans (renvoyant ainsi à une catégorie ethno-culturelle), il situe successivement ce groupe comme porteur réel d'une menace terroriste, identitaire, stratégique et militaire, démographique, économique et politique. Il soutient la thèse d'un ennemi intérieur global et exhorte à intégrer pour mieux « maîtriser les flux migratoires », pour protéger la « Nation dans la globalité de sa résistance ». Il lie l'ennemi intérieur à l'ennemi extérieur et rappelle l'« importance nouvelle » qu'il y a à diffuser l'« esprit de défense » dans l'« esprit public » pour qu'il « comprenne et soutienne l'effort des armées ».

On peut désormais affirmer que ce modèle d'ennemi intérieur est celui d'une pensée d'État[17] sur l'immigration, légitimée par le gouvernement et par l'armée ainsi que par certaines élites issues de diverses

---

16. « Intervention de M. Charles Pasqua, ministre d'État, ministre de l'Intérieur et de l'Aménagement du territoire à l'IHEDN », 14 mars 1995, 47e session, IHEDN.
17. *Cf.* Abdelmalek Sayad, « Immigration et "pensée d'État" » *in La Double Absence. Des illusions de l'émigré aux souffrances de l'immigré*, Seuil, p. 393-414.

institutions du privé et du public. On ne peut mesurer la manière dont celles-ci retraduiront ou non ces modèles dans leurs cercles culturels de provenance, mais on ne peut nier qu'elles s'y essaient pour une part importante et jouent ainsi un rôle dans la production de traits culturels nationaux. L'étude du fonctionnement de l'IHEDN mène à penser qu'il s'agit d'un des réseaux principaux par lesquels émergent ou se reformulent certains archétypes culturels dominants, à partir desquels on peut suivre leur diffusion et leur circulation dans la culture de masse. La manière dont l'armée construit la menace immigrée peut informer ceux qui questionnent les dimensions sécuritaires de la culture postcoloniale.

LA CULTURE POST-COLONIALE AU SEIN DE L'ARMÉE ET LA MÉMOIRE DES COMBATTANTS D'OUTRE-MER

Christian Benoît, Antoine Champeaux et Éric Deroo

En 1962, la France se replie sur son pré carré. En quittant l'Algérie, elle met un terme à plusieurs siècles d'histoire coloniale, mais surtout à près d'un siècle de présence permanente, en particulier depuis les débuts de la IIIe République, sur tous les continents. Dans ces actions, l'armée a été en première ligne. Toute l'armée et pas seulement des troupes spécialisées. En Algérie, les premières unités qui débarquent en 1830 appartiennent à ces troupes que l'on qualifiera plus tard de « métropolitaines ». La volonté de l'État, sous la IIIe République, d'associer la nation à la conquête explique le choix consistant à envoyer des conscrits à Madagascar en 1895. La même volonté se manifeste lors de la guerre du Rif au milieu des années 1920. L'engagement de l'armée dans ces conquêtes et conflits ultramarins a imprégné la mémoire collective des unités, non seulement par les souvenirs rapportés et déposés dans les salles d'honneur régimentaires, mais aussi de façon officielle par les inscriptions sur les emblèmes. Sur les drapeaux et étendards actuels, remis initialement par le président de la République au cours de la cérémonie du 14 juillet 1880, première célébration de la fête nationale, les plus anciennes inscriptions rappelant l'outre-mer sont : « Les Pyramides 1798 », « Saint-Domingue 1802 », « Alger 1830 ». C'est bien dans une histoire déjà longue, aux outre-mer, qu'entend s'insérer la République.

Parallèlement à l'envoi de Français dans ses colonies, la France organise la levée de troupes parmi les populations locales. C'est en effet le principal enseignement tiré de la campagne de Corse en 1768. La même idée avait amené, quelques années auparavant, à la création du corps des laptots de Gorée et des compagnies de cipayes en Inde. Bonaparte n'a pas oublié la leçon lorsque, en Orient, il recrute Égyptiens et Soudanais pour mener son « expédition ». Moins d'un an après le débarquement à Sidi-Ferruch en Algérie, la loi du 9 mars 1831 autorise la formation de corps composés d'indigènes et d'étrangers. C'est l'acte de naissance des unités de tirailleurs et de spahis et de la Légion étrangère[1]. Dans le même sens, Napoléon III signe le 21 juillet 1857 le décret instituant les tirailleurs sénégalais et, le 19 mars 1861, quatre compagnies de tirailleurs indigènes sont créées par le gouverneur général de Cochinchine, terme qui désigne alors le sud du Viêt Nam[2].

Le mouvement ne s'est jamais arrêté et chaque fois qu'un territoire passe sous domination française, des unités locales sont constituées, que ce soit en Tunisie, au Maroc avant la Première Guerre mondiale ou au Levant placé sous mandat français de la Société des Nations (SDN) après le conflit. Le besoin de troupes étant toujours grand et les moyens humains fournis par la métropole chichement comptés, la solution est systématiquement fournie par le recrutement local, y compris au cours de la guerre d'Algérie qui verra la création d'unités supplétives, harkas et commandos, dans la plupart des unités engagées. Il n'est d'ailleurs pas rare que cet effectif très divers et au statut hasardeux double celui, officiel, du corps.

Vers une apparente disparition des traces du passé outre-mer

La séparation entre unités de recrutement européen et indigène restera institutionnelle jusqu'en 1962, même si depuis 1958 l'évolution de la situation a fait disparaître du nom des unités toutes les références à l'origine géographique du personnel : les troupes coloniales sont devenues troupes d'outre-mer avant de reprendre, en 1961, le nom de troupes de marine qu'elles portaient avant 1900 ; de même les unités de l'armée

1. Général Huré, général de La Barre de Nanteuil, colonel Delatour et colonel Pradel de Lamaze, *L'Armée d'Afrique, 1830-1962*, Éditions Lavauzelle, 1980, et Antony Clayton, *Histoire de l'armée française en Afrique 1830-1962*, Albin Michel, 1994.
2. Éric Deroo et Maurice Rives, *Les Linh Tap*, Éditions Lavauzelle, 1999.

d'Afrique ont fait disparaître le qualificatif d'« algériens » (à tirailleurs), qui avait d'autant moins de nécessité qu'il n'existait plus de corps marocains ou tunisiens depuis l'indépendance de leurs pays respectifs.

Cette séparation se traduisait par l'affectation des hommes selon leur origine « ethnique ». Les régiments de zouaves, de chasseurs d'Afrique ou d'infanterie coloniale seront constitués de citoyens français, les unités de tirailleurs proprement dites composées quant à elles d'« indigènes ». Dans les autres armes et les services, le recrutement est mixte. Dans tous les cas, c'est le statut politique de l'individu qui détermine son affectation dans une unité, pas la couleur de sa peau. Les Antillais ou les Sénégalais originaires des quatre communes, citoyens français, sont affectés dans les régiments d'infanterie de marine et en portent la tenue. Cette tenue, attribuée à chaque unité, est codée et traduit le statut du soldat. Dans la même unité, des attributs différents sont portés pour assurer la distinction.

La fin de la guerre d'Algérie se traduit par un retour brutal de la plus grande partie de l'armée en métropole (à l'exclusion des corps stationnés outre-mer, comme dans les DOM et TOM ou en Afrique noire). Les régiments gagnent le camp de Sissonne (Aisne) pour y être dissous. Les hommes de l'armée d'Afrique non démobilisés sont affectés dans des régiments métropolitains recréés à cette occasion. La volonté du général de Gaulle de marquer la fin de l'histoire coloniale, pour consacrer toute son énergie à la modernisation du pays et à la construction européenne, se traduit, dans l'armée, par la disparition instantanée de toutes traces visibles du passé. Tout ce qui, dans la tenue, pouvait le rappeler est gommé. Les attributs, insignes, effets de l'armée d'Afrique sont retirés aux hommes et brûlés au fur et à mesure de leur passage dans la chaîne de dissolution des unités.

Cette règle inflexible se heurte cependant à des cas particuliers qu'elle ne permet pas de résoudre. Elle doit donc admettre des exceptions. Que faire des engagés coloniaux ? Des accords passés avec les pays indépendants leur permettent de continuer à servir dans l'armée française jusqu'au terme de leur contrat pour bénéficier des pensions de retraite qui en sont la contrepartie. Peut-on dissoudre des unités coloniales ou de l'armée d'Afrique engagées dans les combats de la France libre et compagnons de la Libération ? Le régiment de marche du Tchad et le régiment de marche de spahis marocains, de la division Leclerc, parmi les premiers à rejoindre la France libre dès 1940, sont maintenus, le premier sous son nom, le second avec l'appellation de 1er régiment de spahis.

À ces quelques exceptions près, le souvenir du passé colonial est resté sous le boisseau pendant une quinzaine d'années, mais les liens ne sont pas rompus pour autant, en particulier *via* le maintien d'une présence d'unités françaises en Afrique noire, voulue par les États indépendants et sanctionnée par la signature d'accords bilatéraux de défense et de coopération. À l'heure actuelle encore, certaines troupes sont toujours stationnées dans des pays africains et des conseillers ou coopérants militaires sont en place auprès d'un grand nombre d'armées nationales. De plus, la mise en place d'une politique de dissuasion occupe les esprits dans les années 1960 et 1970. La lutte contre un ennemi qui ne dit pas son nom mais que chacun attend dans la *grande plaine* de l'Europe centrale détourne l'attention de l'outre-mer.

Puis, c'est Kolwezi, au Congo ex-belge en 1978. Dans un pays qui n'avait jamais été dans la mouvance coloniale française, une opération aéroportée, menée à plusieurs milliers de kilomètres de la métropole par une unité de la Légion étrangère, chargée de plus de mythes qu'aucune autre, libère des otages européens et africains menacés d'être massacrés. Aux yeux des Français et des médias, cette action légitime à nouveau l'existence de forces capables d'intervenir outre-mer et rend nécessaire, voire indispensable, un entraînement qui assure la sécurité des nationaux et d'autres dans des territoires éloignés.

Dans la foulée, l'intervention au Liban, sous l'égide de l'ONU, fait participer toute l'armée à un nouveau type d'opérations hors de l'Hexagone. Tout appelé sous les drapeaux peut alors, au prix d'un engagement de circonstance signé pour la durée de son séjour, prendre part, hors des frontières nationales, à une mission de maintien ou de restauration de la paix. Une armée nationale n'est pas étrangère aux mouvements qui traversent le pays dont elle est issue, même l'armée professionnelle actuelle – qui recueille quatre-vingt-cinq pour cent de « satisfaits » dans le sondage réalisé à l'occasion du dixième anniversaire de la suspension du service national, signe manifeste qu'elle participe à la vie de la société française – est partie prenante des débats et mutations qui la traversent.

Un certain retour vers le passé

Un certain retour vers le passé se signale, depuis le milieu des années 1980, par le goût très répandu pour la généalogie, les succès de librairie que remporte l'histoire, principalement les biographies, à travers la mise en lumière par Pierre Nora de la notion de *mémoire* qui, notamment sous l'action des politiques, a pris la forme d'un « devoir impérieux », par le développement des commémorations qui mobilisent chaque année les pouvoirs publics et les médias, par la présence en France de millions de citoyens originaires des anciennes colonies, l'attrait multiforme et équivoque pour l'exotisme ou encore la vogue des créations artistiques pluriculturelles... Tous ces mouvements qui animent la société française sont perceptibles dans l'armée et contribuent à rendre familier l'outre-mer.

La professionnalisation, en mettant toutes les unités à même d'être employées hors de France – n'a-t-on pas déjà vu des chasseurs alpins au Tchad ? – stimule la reviviscence du passé ultramarin de l'armée, ne serait-ce que pour expliquer aux soldats pourquoi ils sont envoyés dans tel pays à un moment particulier. Une école militaire a d'ailleurs été créée pour enseigner les données de base sur les pays où les unités interviennent[3].

À l'heure actuelle, l'armée française retrouve et entretient le souvenir de son passé colonial. Les deux drapeaux les plus titrés de l'armée française sont ceux du régiment d'infanterie coloniale du Maroc et du régiment de marche de la Légion étrangère. Sur les vingt-deux unités qui ont obtenu la fourragère rouge au cours de la Première Guerre mondiale, neuf appartenaient à l'armée d'Afrique, une aux troupes coloniales. Même si ces titres ont été acquis pour leur participation à la guerre sur le front français, ils sont gagnés par des unités à vocation coloniale. Sur les neuf unités de l'armée de terre faites compagnons de la Libération par le général de Gaulle, six appartenaient aux troupes coloniales et deux à l'armée d'Afrique. Parmi les troupes du corps expéditionnaire français en Italie en 1944, puis de la Ire armée du général de Lattre de Tassigny, trois divisions d'infanterie sur cinq étaient mises sur pied par l'armée d'Afrique, une par les troupes coloniales et la dernière, la division française libre, était constituée presque entièrement de troupes coloniales et nord-africaines. La division Leclerc était formée de

3. L'École militaire de spécialisation de l'outre-mer et de l'étranger, installée à Rueil-Malmaison depuis novembre 2003, a succédé au Centre militaire d'information et de documentation sur l'outre-mer et l'étranger de Versailles. L'essentiel des archives est conservé, depuis 1996, au Centre d'histoire et d'études de l'outre-mer à Fréjus.

la même manière. L'imbrication de l'histoire nationale et coloniale est totale, à l'image des unités sur le terrain, dans l'accomplissement de la mission et la mort partagée. Désormais les unités revendiquent ce passé et se l'approprient.

En même temps, la recherche d'un passé, mythifié sans doute, conduit parfois, en raison du manque de culture historique qui le plus souvent règne chez les jeunes soldats, à des altérations que les officiers ne relèvent pas toujours, pensant qu'elles sont à tout prendre bénéfiques.

En outre, la plupart des unités voudraient avoir un « passé colonial[4] », tant il ouvre sur un imaginaire riche et différent du quotidien métropolitain. Lorsque, en 1994, le 170e régiment d'infanterie, stationné à Épinal, a été renommé 1er régiment de tirailleurs[5], la transformation a été radicale. Alors que les officiers fraîchement émoulus le fuyaient, les majors s'y précipitent depuis. L'attrait, pour ne pas dire la fascination, tient à l'appellation, à l'histoire, à la légende, mais aussi à des réalités concrètes simples, comme la tenue – couleur bleu ciel, croissant doré, ceinture rouge – ou l'existence d'une nouba, comportant notamment un chapeau chinois, comme à la Légion étrangère, ainsi qu'une mascotte.

Le besoin qui se manifeste d'une tenue identitaire est d'autant plus fort que l'armée de terre française n'a pas su préserver, contrairement à d'autres, des uniformes emblématiques. Seuls subsistent quelques attributs ayant un caractère particulier, plaqués sur des tenues d'une totale banalité et mondialement normalisées. Les troupes métropolitaines ont sombré dans l'anonymat en raison même du fait qu'elles étaient les plus nombreuses. Il n'est pas étonnant dans ces conditions que soit recherché un uniforme de prestige qui permette de distinguer un régiment dans ses manifestations traditionnelles, alors que par ailleurs il remplit des missions comparables à celles des unités de même type.

C'est ainsi que toutes les subdivisions de l'ancienne armée d'Afrique se maintiennent. Actuellement, zouaves, tirailleurs, chasseurs d'Afrique et spahis figurent toujours à l'ordre de bataille, au travers d'un

4. Christian Benoît, « Surmonter l'absence ou de la filiation des troupes de marine », *in Les Troupes de la marine et les colonies sous le premier Empire*, Éditions Lavauzelle, 2005.

5. Pierre Dufour, *Le Premier Régiment de tirailleurs*, Éditions Lavauzelle, 1999, et Éric Deroo et Pascal Le Pautremat, *Héros de Tunisie*, Cérès Éditions, 2005.

régiment unique conservé ou reconstitué. Dans les troupes de marine, un régiment d'infanterie a été retenu pour maintenir les traditions des « troupes indigènes ». Un insigne spécial et le droit de porter les attributs particuliers de ces unités lui ont été accordés[6]. La fréquentation, au cours des opérations extérieures, d'unités alliées, britanniques notamment, aux traditions vivantes et fièrement assumées, n'est pas non plus étrangère à cette volonté de marquer sa différence.

Tradition et mémoire

La tradition se nourrit d'exemples passés et s'appuie sur un ensemble de signes, matériels ou non, comme par exemple un vocabulaire ou un langage codé, qui traduit la vitalité du corps, sa cohésion, sa solidité et donne aux hommes détermination, solidarité, confiance et la force de se dépasser. Ainsi, ces éléments sont constitutifs du « patrimoine de tradition » des régiments, expression abandonnée au profit de la notion nouvelle de « culture d'arme ». Ensemble des références à caractère historique et patrimonial propre à chaque arme ou service, cette culture d'arme doit irriguer les forces morales du soldat. Au niveau de chaque formation, c'est une composante fondamentale de ce qu'on appelle l'« esprit de corps ». Dans le passé où puise la tradition, la place des combats menés outre-mer est tout aussi légitime que celle des batailles livrées sur le sol national. Paradoxalement, c'est un combat de la conquête de l'Algérie qui illustre la personnalité des chasseurs quand les troupes de marine commémorent un combat livré dans les Ardennes.

Le souvenir des troupes indigènes a d'ailleurs été pendant de nombreuses années plus occulté par les médias que dans l'armée elle-même[7].

---

6. Communication d'Antoine Champeaux dans les actes du colloque *Les Troupes de marine, un siècle d'histoire, 1900-2000*, Éditions Lavauzelle, 2001.

7. Il faut noter cependant la série documentaire « L'histoire oubliée », réalisée pour FR3 en 1992-1993 par Alain de Sédouy et Éric Deroo et une petite dizaine de documentaires sur les troupes indigènes, notamment les tirailleurs sénégalais ; et, plus récemment, les photographies d'anciens combattants faites en Afrique noire par Hervé de Willencourt et des travaux universitaires précurseurs tels ceux de Marc Michel, *L'Appel à l'Afrique*, Publications de la Sorbonne, 1982, ou de Chantal Valensky, *Le Soldat occulté, les Malgaches de l'armée française*, L'Harmattan, 1995. Une place toute particulière doit être faite à l'action du colonel Rives, ancien des troupes de marine, pour préserver la mémoire – avec le livre

En perpétuant les unités où ces troupes ont servi, l'armée actuelle contribue à entretenir cette mémoire au travers de cérémonies au cours desquelles l'historique du corps est rappelé, à l'occasion, par exemple, de la présentation au drapeau ou à l'étendard des nouvelles recrues instruites. Bien d'autres actions sont menées dans ce sens grâce aux musées militaires relevant de la Défense, en premier lieu ceux des Troupes de marine à Fréjus, de l'Infanterie à Montpellier (qui a recueilli une grande partie du musée Franchet d'Esperey d'Alger) et de la Légion étrangère à Aubagne, rapatrié de Sidi Bel Abbes. Toutes les autres institutions muséales – elles sont au total une douzaine – évoquent également l'outre-mer (que toutes les armes ont connu) et les combattants de toutes origines qui y ont servi[8].

Mais cette culture d'arme, fondée sur plusieurs siècles de présence militaire française outre-mer, s'apparente-t-elle aujourd'hui à une culture post-coloniale ? Nous ne le pensons pas exactement. Certes le déploiement, en particulier en Afrique subsahélienne, d'unités françaises peut favoriser l'amalgame, toujours prompt à surgir, entre la vieille « puissance impériale » et les intérêts de son pré carré africain. Mais ce serait oublier que ces opérations extérieures se déroulent désormais dans le cadre précis de forces multinationales, sous l'égide de l'ONU, de l'Europe, de l'Otan ou d'accords bilatéraux, comme elles se pratiquent depuis plus de vingt-cinq ans, sans volonté de conquête territoriale.

Alors, à moins de considérer que ces interventions relèvent d'un plus vaste « néo-impérialisme occidental » post-colonial sur fond de mondialisation ou de « choc des civilisations », notions équivoques et largement diffusées par les groupes les plus extrémistes de toute nature,

---

Héros méconnus, publié par l'association Frères d'armes en 1990 – et pour la réévaluation des retraites et pensions des anciens combattants alors dits « indigènes » de l'armée française. En revanche, depuis le début des années 2000, émergent de nombreuses réalisations cinématographiques, reportages, publications, expositions, enquêtes, documentaires sur ce thème. En termes de réalisation pour le cinéma, la dernière en date est le film *Indigènes*, présenté au festival de Cannes et distribué depuis septembre 2006 sur les écrans français, qui a été réalisé par Rachid Bouchared avec le concours des vedettes les plus en vue de la génération « beur ».

8. À noter, dans cette perspective, la part que prendront les « colonies » dans les nouvelles salles consacrées à la IIIe République qu'ouvrira le musée de l'Armée aux Invalides en juin 2006.

il nous paraît essentiel de refuser les raccourcis trop faciles. En revanche, les mécanismes de la symbolique, des rites et des traditions, de la culture des armées qui, eux, semblent s'inscrire dans un certain *continuum*, offrent un champ d'études encore très peu travaillé. Les questions posées par les risques d'affrontements qualifiés trop sommairement d'« ethniques », de « raciaux » ou de « religieux », émergents sur le plan international, le recours à la défense et au mythique service national pour endiguer le « communautarisme » et la dérive des « banlieues » sur le plan intérieur, la présence de nombreux jeunes engagés issus d'une immigration liée au fait colonial nécessitent des outils d'analyse plus élaborés que l'unique qualificatif de « post-colonial » pour tenter d'y répondre.

ESTHÉTIQUE COLONIALE, PARADIS FISCAUX ET VAHINÉS...

Alain Deneault

Les tenants de la finance occulte ont recyclé l'esthétique coloniale des XIXe et XXe siècles pour donner une imagerie aux centres offshore. Par conséquent, il est aujourd'hui difficile d'en nommer et d'en penser convenablement le problème. L'humour noir et le parti pris résolument racial du fiscaliste Édouard Chambost[1] actualisent de manière exemplaire ces esthétiques et pensées coloniales, pour alimenter la mythologie des mondes offshore et des « paradis fiscaux ».

Pourquoi – et comment – en sommes-nous aujourd'hui encore à parler des *centres offshore* en termes d'*îles exotiques* et lointaines où toute licence serait permise et en termes de paradis ou d'oasis parsemés de palmiers et de promesses de jouissance absolue, exactement comme à l'ère coloniale ? Pour le comprendre, il nous faudra montrer comment sont tacitement présentés ces havres : des lieux *pacifiés* et *domestiqués* par une « civilisation blanche » qui a eu à y vaincre les dangers cannibales ou luxurieux qui y ont déjà eu cours. Manifestement, nous sommes bien passés du passé colonial à un temps post-colonial, sans que les schèmes de pensée aient si peu que ce soit varié.

L'économiste Thierry Godefroy et le sociologue Pierre Lascoumes se moquent, dans un récent ouvrage[2], de la rhétorique de pacotille d'Édouard

---

1. Édouard Chambost, *Guide Chambost des paradis fiscaux*, Lausanne, Favre, 2006, p. 20 et 21.
2. Thierry Godefroy et Pierre Lascoumes, *Le Capitalisme clandestin, l'illusoire régulation offshore*, Paris, La Découverte, 2004, p. 11.

Chambost qui masque le problème offshore sous des dehors radieux, derrière une « image anecdotique et exotique[3] ». Cette rhétorique ne fait pas qu'enjoliver et banaliser le problème offshore ; elle en dit plus long qu'elle ne le souhaite. Pour cacher, il faut montrer ce qui cache, et ce que l'on montre pour cacher risque fort d'en dire beaucoup sur ce qui doit rester invisible. Et il est en ce sens éloquent que les apôtres de la finance offshore usent de l'esthétique coloniale, et pas d'une autre, pour maquiller les enjeux souvent criminels qui s'en trouvent concernés.

Les traces d'une esthétique coloniale

Cette esthétique n'est pas simplement un voile. Elle finit par affecter intimement les acteurs offshore[4] et par motiver certaines de leurs actions. Exactement de la même façon que la représentation esthétique de la mafia dans le cinéma américain ou le roman noir a pu influencer la mafia elle-même dans certains de ses règlements de compte, comme le remarque R. T. Naylor dans son livre *Wages of Crime*[5].

Nous savons que, à partir de la fin du XIXe siècle, tous les pays engagés dans la colonisation ont développé une esthétique et une *culture coloniale* puissante – gravures, romans, livres illustrés pour enfants, étiquettes de produits alimentaires – pour maquiller ce qui était en fait la dure réalité de l'exploitation coloniale. Cette esthétique fut autant anglaise[6] que française[7],

3. Thierry Godefroy et Pierre Lascoumes, *Le Capitalisme clandestin, op. cit.*, p. 9.
4. Les paradis fiscaux et centres offshore permettent aux fortunés qui y inscrivent leurs affaires de mener leurs opérations financières sans devoir payer d'impôt ou reconnaître des lois du travail et des normes environnementales quand il s'agit de ports francs et de zones franches. Les centres offshore garantissent aussi souvent le secret bancaire et ne collaborent pas avec les instances judiciaires étrangères lorsqu'elles cherchent par exemple à comprendre le bien-fondé de certaines opérations suspectes. Les acteurs des centres offshore y contournent donc les contraintes fiscales et juridiques des États de droit.
5. R. T. Naylor, *Wages of Crime*, Montréal et Kingston, McGill Queen's University Press, 2004, p. 25.
6. David Spurr, *Tahe Rhetoric of Empire, Colonial Discourse in Journalism, Travel Writing and Imperial Administration*, Duke University Press, 1993.
7. Martin Evans (dir.), *Empire and Culture, The French Experience, 1830-1940*, Palgrave MacMillan, 2004, et le catalogue *Images et Colonies*, ACHAC-BDIC, 1993.

allemande[8], belge[9], italienne[10] et autre. Roger Boulay[11] explique en quoi la mythification des figures du *cannibale* et de la *vahiné* – entre autres « imageries » rencontrées dans les fables colonialistes – ont conditionné la conception occidentale du monde et de l'autre. Cette imagerie a sa source dans les « mers du Sud », mais aussi dans les « ténèbres de l'Afrique » ou dans le « mythe oriental ». Dans le cas des mers du Sud, des œuvres qui ont vulgarisé les récits de voyages de Bougainville ou de Cook se chargent de véhiculer les stéréotypes. À partir du moment où Bougainville, en 1768, qualifie les îles polynésiennes de « paradisiaques » et l'actuelle Nouvelle-Calédonie d'« infernale », textes et illustrations déferlent sur l'Occident en exploitant ces deux thèmes. L'étranger ou l'étrangère des îles exotiques est perçu soit comme une brute, soit comme une nymphe.

L'île que rencontre le colonisateur est dantesque, peuplée de monstrueux mangeurs de chair ornés de têtes de mort. Sinon, elle se révèle idyllique à la caricature, habitée de jouisseurs si invétérés que le moindre effort leur est inconnu, toutes leurs richesses leur étant pourvues par la nature elle-même. Dans ce second cas, la luxure se manifeste comme une première nature, justifiant encore aujourd'hui l'existence d'îles propices au tourisme sexuel.

Les premières îles sont menaçantes en raison de la violence de leurs habitants, les secondes en raison de leur contagieuse complaisance. Roger Boulay voit en ces images une façon de concevoir l'autre sur une échelle de valeur. Au XVIIIe siècle, la connaissance scientifique occidentale (notamment chez Linné et Buffon) appelait en effet une forme de classement. Les critères de classement de l'homme blanc furent la couleur de la peau, la forme du corps, les mœurs et la beauté. Juge et partie, l'homme blanc établit alors les critères scientifiques qui apparaissent de façon prédominante dans la littérature de voyage et d'aventure coloniale. C'est ce racisme colonial que l'on retrouve de nos jours au cœur du discours sur les paradis fiscaux et les centres offshore.

---

8. Hans Zache (dir), *Die deutschen Kolonien in Wort und Bild*, Marix Verlag, 2004 [1926].

9. Adam Hochschild, *Les Fantômes du roi Léopold, un holocauste oublié*, Belfond, 1998.

10. Mariella Colin et Enzo Rosario Laforgia, *L'Afrique coloniale et postcoloniale, dans la culture, la littérature et la société italiennes, représentation et témoignage*, Presses de l'université de Caen, 2003.

11. Roger Boulay, *Kannibals et vahinés, imagerie des mers du Sud*, L'Aube, 2000.

Dans la grille d'évaluation qu'il applique sur chaque paradis fiscal pour en analyser la vocation propre, Édouard Chambost considère d'emblée, et systématiquement, la question de la « race », comme si le terme avait une valeur scientifique attestée. Les « races » sont répertoriées par lui pour susciter tous les préjugés les plus convenus, l'auteur se proposant au besoin de décomplexer son lecteur en la matière. Constatant que la population monégasque est majoritairement immigrante, il prétend qu'il « devrait donc y avoir les troubles ethniques sinon raciaux les plus sérieux alors que l'on constate au contraire une parfaite paix sociale ». Paix sociale qui ne s'explique pas ici par des raisons sociologiques et économiques – soit le niveau de vie démesurément élevé de ces « immigrants » – mais bien parce que les immigrants en question sont de « race blanche » et ne sauraient dès lors susciter de remous [12]... Aussi, dire que le canton suisse de Vaud est peuplé de gens de ladite race blanche n'appelle aucun commentaire, tandis que l'auteur explique de la population des îles Vierges britanniques, présentée comme de « race noire ou métis à 80 % », qu'elle « est beaucoup plus calme qu'aux îles Vierges américaines voisines ». Il s'agit de spécifier, lorsque les populations sont de « race noire », si elles ressortent de la lignée des kannibals ou des vahinés...

Ailleurs, sont hiérarchisés les peuples en fonction de leur langue, à l'intérieur de l'Europe y compris. Si le néerlandais est taxé par exemple de langue « barbare et imprononçable », on imagine du coup le sort réservé par Édouard Chambost aux dialectes locaux... Par exemple, seuls des « enthousiastes du folklore » parlent encore la langue locale de l'île de Man. Au bas de l'échelle langagière se trouvent les indigènes, tous amalgamés dans le chapitre consacré à la Malaisie :

> [La Malaisie] est théoriquement peuplée de 20 millions [...] d'habitants dont l'origine serait composée à 48 % de Malais, 34 % de Chinois et 9 % de « divers », ce qui recouvre pudiquement quelques centaines de milliers d'aborigènes (les seuls habitants d'origine) traités de la même façon que leurs homologues en Amérique ou en Australie, c'est-à-dire comme s'ils descendaient directement du cocotier pour rejoindre le zoo dans lequel « on aimerait bien les présenter, mais on hésite à les enfermer par peur d'Amnesty International [13] ».

12. Édouard Chambost, *Guide Chambost des paradis fiscaux*, *op. cit.*, p. 163.
13. Édouard Chambost, *Guide Chambost des paradis fiscaux*, *op. cit.*, p. 287 ; l'auteur n'indique pas la référence de sa citation.

Le souvenir des expositions coloniales travaille donc sourdement la représentation offshore.

Viennent ensuite les « Maghrébins ». Dans le cas de Gibraltar, l'auteur rend compte de l'impact historique important des Espagnols, des Génois, des Maltais et des Juifs d'Afrique du Nord dans le développement du rocher, pour ensuite mentionner qu'à ce nombre « s'ajoutent 3 800 Marocains généralement employés dans le bâtiment, sous contrat annuel, sans regroupement familial[14] ». Ces dernières précisions comme pour souffler à l'oreille du lecteur qu'il n'y a pas à *s'inquiéter*, que ces Marocains d'un autre rang ne constituent qu'une pure force de travail tout à fait maîtrisée, hors de leurs repaires familiaux dans lesquels ils pourraient proliférer. Cette propension à présenter les cultures sur une échelle des races, implicite ou explicite, relève directement de la tradition coloniale et constitue encore une grille de lecture contemporaine du monde.

Pourquoi ce retour au colonial ?

Pourquoi ces données « raciales » sont-elles présentes dans un guide qui se veut un compte rendu rationnel des différents centres offshore ? Sous couvert de l'ironie, il s'agit à chaque fois de mesurer le degré de « soumission des communautés locales » et d'évaluer les éventuels risques de tensions interethniques, ce qui est tout à fait conforme à l'héritage d'une « pensée coloniale » quant à des territoires qui ont été conquis et domestiqués : connaître pour conquérir. La littérature vouée à chanter les exploits des explorateurs coloniaux, comme le rappelle Roger Boulay, vise à présenter le « sauvage océanien comme laid et cannibale, la femme des îles comme belle et facile, les îles comme infernales ou paradisiaques[15] ». Dans cette littérature coloniale archétypale, tant la Belle que la Bête constituent une menace. La vahiné des îles aux mille plaisirs, en hypnotisant le voyageur occidental, risque de l'y retenir à jamais et de le dévorer dans une ambiance luxurieuse. La menace que constitue le mangeur de chair est moins sophistiquée mais tout aussi terrible. La morale de ces histoires, on le comprend, indique qu'il incombe à l'Occident de domestiquer ces endroits en leur imposant une éthique. Et c'est aussi une façon, dans le

---

14. Édouard Chambost, *Guide Chambost des paradis fiscaux*, *op. cit.*, p. 222.
15. Roger Boulay, *Kannibals et vahinés*, *op. cit.*, p. 14.

contexte offshore, de faire passer pour morales la finance et la domination occidentales. De fait, « à partir de la moitié du XIXe siècle, [...] les termes kanak ou canaque vont rapidement désigner, et cela définitivement, les sauvages mélanésiens par opposition aux Polynésiens perçus désormais comme civilisés[16] ». Le degré de civilité des peuples lointains est mesuré, dès cette époque, à l'aune de ce conformisme ethno-colonial.

On le constate aisément, l'image de l'« indigène » demeuré une brute absolue se réfléchit dans l'argumentaire de l'auteur, qui dit ne pas aimer les euphémismes pour parler des paradis fiscaux (par exemple l'expression offshore) parce qu'il y voit un affaiblissement du langage, à l'instar, dit-il, de l'expression « rapatriés » pour désigner les pieds-noirs, parce qu'elle occulte le fait qu'ils ont été « menacés de leur vie (après avoir été spoliés de leurs biens)[17] ». Ainsi, les peuples locaux passent-ils pour une « race violente » qu'il a fallu fuir. D'autre part, les îles offshore passent, dans le lyrisme emphatique de ce texte, pour des « enclaves de plaisir » dont il faut se méfier. Sur le versant luxurieux, le chapitre consacré aux îles Vierges britanniques donne lieu à des jeux de mots symptomatiques. En fait, les îles Vierges britanniques sont celles des vahinés et les américaines, celles des cannibales, l'auteur ajoutant même ailleurs que les « paradis fiscaux sont comme des jolies femmes... à la fois proches et apparemment inaccessibles, et beaucoup d'hommes d'affaires ont une certaine timidité à les aborder[18] ».

Les couvertures mêmes de deux « guides » des paradis fiscaux disponibles sur le marché témoignent également de cette dualité. La couverture du guide de Georges Duhamel[19] nous présente des palmiers dont l'inclinaison prononcée témoigne de bourrasques de vent continues, symboles d'un endroit lointain que l'explorateur fiscal devra domestiquer pour créer un monde à sa mesure. Le *Guide Chambost* (édition de 1999) ne recule pas, lui, devant l'image d'Épinal la plus épuisée : une île entourée au premier plan d'une eau étale, paisible et prodigue. Elle mire même des billets de banque américains en quelque sorte inscrits dans le ciel. On a affaire à une ontologie de la richesse, à un retour au potentiel colonial et au « temps béni des colonies » pour illustrer l'affairisme tropical.

---

16. Édouard Chambost, *Guide Chambost des paradis fiscaux*, *op. cit.*, p. 21.
17. Édouard Chambost, *Guide Chambost des paradis fiscaux*, *op. cit.*, p. 20.
18. Édouard Chambost, *Guide des paradis fiscaux*, première édition, Tchou, 1977, cité par Édouard Chambost dans sa huitième édition, *op. cit.*, p. XV.
19. Georges Duhamel, *Guide des paradis fiscaux*, Grancher, 2003.

La performativité de l'esthétique

Ces représentations du monde contemporain ne sont pas que cosmétiques. Ce serait une erreur de les confiner au seul rang de paravents idéologiques, comme si des opérations « rationnelles » avaient lieu, d'une part, et qu'on les agrémentait, d'autre part, d'un enrobage discursif propre à les faire avaliser. Non. Toute cette esthétique motive les décisions et réalisations du « capitalisme contemporain ». Les îles sont un *signifiant* tel que le définit Jacques Lacan : le signifiant travaille la pensée du réel historique ; la représentation paradisiaque fiscale travaille les décisions financières du temps.

Trop souvent on limite la genèse des « paradis fiscaux » à l'histoire de la piraterie maritime[20]. Ce rapport est tout à fait justifié si l'on souhaite par exemple expliquer le cas de l'île de Man, lieu de passage des contrebandiers au XVIIIe siècle. Mais il n'est pas exclusif. Les paradis fiscaux sont souvent d'anciennes colonies et ce passé spécifique joue un rôle non négligeable dans l'établissement de leur statut. En fait, les colonies ont été conçues exactement comme le sont aujourd'hui les zones franches et les ports francs : comme des espaces politiques ne se justifiant que par le commerce.

Le cas du Congo est emblématique. Après l'abolition de l'esclavage et l'instauration du marché, différentes maisons de commerce y font leur apparition. À cette époque, à la fin du XIXe siècle, la région congolaise n'est encore attribuée à aucune formation géopolitique, puisque les puissances coloniales se partagent l'Afrique à partir des côtes. Mais lorsqu'une colonie y est créée, à l'initiative du roi belge Léopold II, apparaît un tout nouveau concept de souveraineté. Léopold II se porte acquéreur de la colonie et devient le « roi souverain » *à titre privé*, et non au nom du royaume de Belgique. Constatant que le gouvernement belge ne souhaite pas s'engager dans l'aventure coloniale, « il ag[i]t désormais en tant que particulier. Il [est] évidemment paré de son prestige monarchique et [a] en réserve la fortune de sa famille, mais il ne [doit] rendre des comptes ni au gouvernement ni au Parlement[21] ».

Or, c'est l'esthétique coloniale autour des îles qui a inspiré à Léopold II ses visées coloniales. Avant de se rabattre sur l'immense Congo,

---

20. Thierry Godefroy et Pierre Lascoumes, *Le Capitalisme clandestin*, *op. cit.*, p. 23.
21. Henri Wesseling, *Le Partage de l'Afrique*, Denoël, 1996 [1991], p. 150 et *sqq.*

celui-ci, lecteur convaincu de *Java, or How to Manage a Colony*[22], est avant tout à la recherche d'une île, son île, où il pourrait librement imposer une économie rationalisée selon les stricts impératifs du commerce exposé par son auteur répondant convenablement au nom de Money. Dans *Java,* Money marie esthétique et économie politique pour expliquer comment, en rationalisant le travail agricole, l'exploitation de l'île de Java par un petit pays comme les Pays-Bas a pu permettre d'absorber les coûts de la colonisation et générer des retombées considérables, tout en créant un environnement enchanteur. Léopold veut lui aussi son île en Océanie. Mais comme il peine à réaliser son rêve, les récits des explorations de Stanley l'amènent dans un deuxième temps à se tourner du côté du Congo...

Post-colonisation et domination du regard

En invitant les États-Unis à l'Exposition coloniale de Paris en 1931 pour témoigner de leurs réalisations à Porto Rico, Hawaï, Samoa, Guam, Panamá et en Alaska, Français et Européens voulaient signifier que la « colonisation n'est pas une fin en soi. Elle est un moment historique vers un lointain futur où les contrées indigènes pourront accéder à l'indépendance dans une communauté d'intérêt avec le colonisateur[23] ». Ces indépendances aujourd'hui proclamées, nous savons les reconnaître dans les centres offshore. Le Panamá est à l'avant-garde de cette mutation des souverainetés. Moins de quinze ans après son accession à l'indépendance en 1903, il était possible d'y enregistrer un navire sans devoir être de nationalité panaméenne. C'est notre façon aujourd'hui de présenter encore les États de l'hémisphère sud comme aux « antipodes » des nôtres, afin d'y mener en douce toutes les opérations que nous nous interdisons officiellement. Un paradis fiscal est toujours le double négatif d'un État de droit dans le monde ; sans de tels États de droit, ceux qui visent à les contourner ne requerraient pas de les déjouer *via* des pays fantoches politiquement aux antipodes. Les

22. James William Bayley Money, *Java, or How to Manage a Colony*, Hurst & Blackett, 1861, réédité avec une introduction de Ian Brown, Oxford University Press, 1985.
23. Catherine Hodeir et Michel Pierre, *L'Exposition coloniale*, Complexe, 1991, p. 67.

paradis fiscaux et judiciaires sont les repaires du crime comme des opérations illicites dans les États de droit.

Cette pensée des « antipodes » nous a été léguée par l'esthétique coloniale. La littérature coloniale, comme la pensée coloniale, présentaient par exemple jadis les membres d'une communauté insulaire du Pacifique comme étant aux antipodes des Européens. C'est là-bas l'hiver tandis que nous connaissons l'été ici, le dénuement des corps est là en vigueur, tandis que pudeur et « morale » sont de mise ici... En fait, le recensement des cas d'inversion a pu friser l'absurde, comme en témoigne *Le Journal des écoliers et des écolières* de 1902, qui établit cette taxinomie :

> Le baromètre monte avant la pluie et lorsqu'il descend, c'est un indice de beau temps. Les cygnes sont tout noirs et les aigles, blancs [...]. L'ortie s'élève à la hauteur d'un arbre, tandis que les peupliers ne dépassent pas la taille d'un petit arbuste [...]. Les arbres perdent annuellement leur écorce et les feuilles demeurent perpétuellement aux branches[24].

Or, c'est en vertu de cette logique des antipodes, pour ne pas dire de cette esthétique des antipodes, que les paradis fiscaux trouvent leur pertinence. Car être aux antipodes revient aussi à pouvoir se permettre ce qui est interdit chez soi. Les anciens territoires et colonies ont ainsi permis aux États européens de faire fi des accords antiesclavagistes internationaux. Au XIXe siècle, la France poursuit la traite des esclaves en Martinique et en Guadeloupe, les Danois à Saint-Thomas, les Hollandais au Surinam et à Saint-Eustache. Ce sont là des « territoires où l'activité frauduleuse se donne libre cours : faux papiers, faux rôles d'équipage, naturalisations permettant d'échapper à la répression[25] », soit exactement le genre d'activités négatives que permettent les paradis fiscaux en marge des États de droit. Les lois antiesclavagistes permettent de freiner quelque peu la traite des Noirs, mais elle contribue également à en augmenter, un temps, la valeur.

De même dans les centres offshore, l'État de droit se retourne comme un gant et donne lieu à des « souverainetés » aux antipodes des régimes constitutionnels. Là, la loi existe pour qu'il n'y ait pas de loi. Il est criminel

24. Cité *in* Roger Boulay, *Kannibals et vahinés*, *op. cit.*, p. 70.

25. Jean-Paul Gourévitch, *La France en Afrique, cinq siècles de présence : vérités et mensonges*, Le Pré aux Clercs, 2004, p. 84.

de divulguer une information bancaire, même dans le cas d'une enquête internationale sur des activités elles-mêmes criminelles. Les États offshore sont des parodies d'États de droit et rivalisent avec ceux-ci en imposant sur la carte du monde des aires négatives où aucune taxation n'est en vigueur, aucune justice n'est contraignante et aucun contrôle n'a lieu. Dans les ports francs et les zones franches, les syndicats sont une fiction, les normes du travail un mirage, les lois environnementales une parodie, les salaires une misère. C'est une culture des antipodes qui nuit aux véritables États de droit dans la mesure où ces sites entraînent un quadruple *dumping*, d'ordre fiscal, légal, environnemental et social. C'est pour masquer ce chaos éthique que l'on continue de représenter les « paradis fiscaux » sous des dehors exotiques plutôt que d'en penser l'origine à Londres et au Luxembourg. Une pensée des antipodes soutient leur existence.

Une esthétique de l'omission

La réutilisation des représentations coloniales peut tout dire, comme elle peut tout cacher. Bernard Mouralis nous a appris combien il est facile pour les Occidentaux de considérer les Africains comme des êtres fous et happés par des représentations qui ne touchent pas la chose concrète[26], ou Roger Boulay de les voir comme des barbares ou comme des êtres de plaisir éternellement joyeux.

Il s'entend, dans les récits coloniaux comme dans le *Guide Chambost des paradis fiscaux*, que les peuplades des îles lointaines sont éloignées des critères de civilisation puisque le teint de leur peau est foncé ; que leurs us et coutumes sont réductibles à un art superstitieux de la sorcellerie ; que leur foi n'est pas solide et qu'elle peut à tout moment vaciller devant les symboles de la civilisation occidentale ; que s'ils sont prompts à tout abandonner pour se livrer aux avantages de la civilisation occidentale, ils restent incapables de se débarrasser du fond noir qui réapparaît lorsque l'on gratte un peu. Comme l'écrit Roger Boulay :

> Le cannibale, tout autant que la vahiné, sont désormais civilisés mais il restera au fond d'eux-mêmes l'instinct d'une animalité jamais définitivement domptée car l'œuvre civilisatrice est censée ne pas être assez ancienne[27].

26. Bernard Mouralis, *L'Europe, l'Afrique et la folie*, Paris, Présence africaine, 1993.
27. Roger Boulay, *Kannibals et vahinés*, *op. cit.*, p. 79.

Aujourd'hui, ces préjugés colonialistes continuent de travailler les discours les plus scientifiques. Deux criminologues chevronnés, spécialistes du marché de la drogue, Maurice Cusson et Pierre Tremblay, ne lorgnent jamais du côté des paradis fiscaux ou de la CIA, comme le fait le très crédible Michael Levine[28], pour comprendre les modalités d'opération en vigueur dans cette filière. Nos deux professeurs[29] se découvrent plutôt anthropologues, et cherchent à expliquer la culture de la drogue « en amont », soit dans des arrière-pays peu civilisés. En aval, c'est-à-dire sur les marchés occidentaux, on aurait affaire à une multitude de petits revendeurs qui ne se connaissent pas, et se laissent porter par les aléas du marché (la formule magique de l'offre et de la demande). C'est en amont seulement que les réseaux se structurent et que les complots se fomentent, dans « un territoire où la drogue produite est cultivée de longue date et où sa consommation est intégrée à la vie sociale villageoise, étant sanctionnée par l'usage ou les mœurs[30] ». On comprend, en dépit de leur mauvais français, que les deux auteurs pointent la source du problème des drogues dans ces pays désœuvrés :

> Il est aussi nécessaire qu'existe une masse paysanne qui dispose d'un savoir-faire suffisant, qu'elle soit pauvre et qu'elle dépende de ces cultures pour survivre. Une telle main-d'œuvre ne se trouve pas en Occident, mais plusieurs régions du tiers-monde satisfont à ces deux premières conditions[31].

C'est là une façon scientifique et sanitaire de blanchir l'Occident et de transformer un certain nombre de faits en fausses prémisses.

Une tradition colonialiste est à l'œuvre dans le temps post-colonial pour soutenir ce genre de propos, à savoir l'arriération, l'indigence et l'infériorité des peuples soumis. Les genèses des colonies et des paradis fiscaux se recoupent, ce dont témoigne leur esthétique commune.

---

28. « Qu'est-ce qui te dit qu'ils publieront ton histoire ? L'arnaque de la guerre contre la drogue », *in* Kristina Borjesson (dir.), *Black List*, Les Arènes, 2002.
29. Maurice Cusson et Pierre Tremblay, « Marchés criminels internationaux et analyses stratégiques », *in* Marcel Leclerc (dir.), *La Criminalité organisée*, La Documentation française, 1996.
30. *Ibidem*, p. 29.
31. *Ibid.*

L'INTÉGRATION RÉPUBLICAINE : RÉFLEXION SUR UNE PROBLÉMATIQUE POST-COLONIALE[1]

Vincent Geisser

> « Signe des temps, à la différence des mythes classiques, qui se terminent par la victoire des héros, le mythe de l'"intégration" nous montre des grands hommes impuissants[2]. »

> « L'intégration est le contraire de la désintégration[3]. »

Mot magique, l'*intégration* s'est imposée aux cours des années 1980-1990 comme une référence incontournable du discours politique, de l'action publique, des mobilisations associatives et, au-delà, de l'expertise sociale et de la recherche scientifique, annihilant toute distance critique à l'égard d'une « notion » pourtant fortement connotée sur le plan historique. La rhétorique intégrationniste a fonctionné ainsi comme une prophétie autocréatrice, trouvant sa justification dans sa propre énonciation : « Par définition, quelle que soit l'idéologie nationale, la nation se constitue par un processus d'intégration continu. La politique dite "d'intégration", sur laquelle on discute à propos des immigrés, n'est pas un choix parmi d'autres possibles, *elle est un fait et une nécessité* », écrivait en 1991 la

1. Concernant la notion de « post-colonialisme », nous reprendrons ici l'acception développée par Abdellali Hajjat : « L'épithète "postcolonial" a quant à elle pour fonction de souligner un autre souci : évaluer les conséquences sociales et symboliques de la colonisation (de la France au Maghreb). En ce sens, on continue à étudier les effets de la colonisation qui perdurent après la disparition formelle de sa cause. Et la colonisation n'est jamais autant présente que dans les mémoires », *Immigration postcoloniale et mémoire*, L'Harmattan, 2005, p. 16.
2. Gérard Noiriel, « Avant-propos », *in* Vincent Ferry, Piero-D. Galloro et Gérard Noiriel (dir.), *Vingt Ans de discours sur l'intégration*, L'Harmattan/Forum IRTS de Lorraine, 2005, p. 9.
3. Maurice Bourges-Maunoury, discours à l'Assemblée nationale, le 11 octobre 1955.

sociologue Dominique Schnapper, aujourd'hui membre du Conseil constitutionnel[4].

Force est de constater que le ralliement à la « doctrine de l'intégration[5] » a été quasi unanime, en France, jusqu'à ce que des « intellectuels critiques[6] » osent briser l'idole républicaine, en s'attachant à souligner non seulement sa « charge nationaliste » mais aussi sa filiation putative avec l'idéologie coloniale :

> Ce discours de légitimation de la poursuite de la colonisation était censé marquer une rupture d'avec l'« assimilation » qui nie les singularités culturelles. Il semble que ce basculement correspond à la modification du substantif sans en changer véritablement la substance[7].

D'aucuns y voient même une volonté de rééquilibrage symbolique par rapport aux excès et aux ratés de l'assimilation coloniale[8]. En somme, l'*intégration*, en tant que « concept actif quotidien », constituerait une réactualisation euphémisée du vieux projet assimilationniste, reproduisant en cela les clivages et les divisions culturalistes hérités de la période coloniale[9] et se cachant derrière un « universalisme truqué[10] » pour mieux convaincre les plus égalitaristes et humanistes d'entre nous.

---

4. Dominique Schnapper, *La France de l'intégration. Sociologie de la nation en 1990*, Gallimard-NRF, 1991, p. 81. Souligné par nous.
5. On doit la formule « doctrine de l'intégration » à un juriste français des années 1945-1950 : C. Bée, « La doctrine de l'intégration », dans *Recueil Penant*, vol. 2, Paris, 1946, p. 27-48.
6. Voir sur ce point Françoise Lorcerie, « Les sciences sociales au service de l'identité nationale. Le débat sur l'intégration en France au début des années 1990 », *in* Denis-Constant Martin, *Cartes d'identité. Comment dit-on "nous" en politique ?*, Presses de Sciences Po, 1994, p. 245-281 ; voir aussi Abdelmalek Sayad, *L'Immigration ou les paradoxes de l'altérité. 1. L'illusion du provisoire*, Raisons d'agir, 2006.
7. Abdellali Hajjat, *Immigration postcoloniale et mémoire, op. cit.*, p. 39.
8. Vincent Geisser, *Ethnicité républicaine. Les élites d'origine maghrébine dans le système politique français*, Presses de Sciences Po, 1997, p. 28.
9. Saïd Bouamama, « L'intégration contre l'égalité. Les enseignements d'Abdelmalek Sayad », www.lmsi.net, novembre 2005.
10. On doit cette notion d'« universalisme truqué » à Gilles Manceron, *Marianne et les colonies. Une introduction à l'histoire coloniale de la France*, La Découverte/Poche, 2003, p. 19.

Ainsi, la figure de l'immigré et du descendant de migrant se serait-elle progressivement substituée à celle de l'indigène.

Si l'on peut adhérer globalement à cette perspective sociohistorique critique – l'intégration comme reformulation « modernisée » de l'assimilation –, il convient néanmoins de ne pas céder au mythe d'un *deus ex machina,* comme si la « doctrine de l'intégration » renfermait une forme de cohérence totale, voire totalisante. À ce titre, la critique de Jim Cohen à propos des représentations réifiantes du « modèle » d'intégration américain s'applique largement à la France[11]. Plus qu'une certitude inébranlable, la rhétorique intégrationniste traduit un ébranlement des repères symboliques et une vision désenchantée du monde social : elle offre aux individus, aux groupes et aux institutions qui y recourent la possibilité de décrypter une réalité de plus en plus complexe, tout en entretenant la représentation fantasmatique d'une société au bord de l'éclatement. La notion polysémique d'*intégration* est symptomatique de la tendance actuelle à créer, à partir d'un même objet (l'immigration post-coloniale), du *sens prescrit* et de l'*incertitude anxiogène* : « À cet égard, elle participe plus des données du problème posé qu'elle ne contribue à le résoudre[12]. »

C'est en partant de cette profonde ambivalence du mythe français de l'« intégration républicaine[13] » que nous tenterons de souligner sa filiation putative avec, d'une part, le « vieux rêve » assimilationniste de la IIIe République[14] et, d'autre part, les ultimes projets d'intégration de la IVe République agonisante (1954-1958). De notre point de vue, l'intégration doit être traitée comme une *rhétorique de crise,* un discours qui vient se greffer sur le sentiment – pas toujours assumé – de la

---

11. À ce sujet, Jim Cohen écrit : « Le problème de cette critique est qu'elle attribue beaucoup plus de cohérence au système états-unien qu'il n'en possède », *in Les « modèles d'intégration » face aux particularismes : malentendus et dialogues France/États-Unis* ; « La politique républicaine de l'identité », *Mouvements*, n° 38, mars-avril 2005, p. 44.
12. Michel Camau, préface de l'ouvrage de Vincent Geisser, *Ethnicité républicaine, op. cit.*, p. 10.
13. Nous rejoignons ici la perspective défendue par Gérard Noiriel : « Les discours sur l'"intégration" ressemblent aux mythes que Claude Lévi-Strauss a étudiés dans le passé pour d'autres sociétés que les nôtres. Ils reposent sur une structure de base, une matrice qui permet d'engendrer une infinité de récits différents », avant-propos de *Vingt Ans de discours sur l'intégration, op. cit.*, p. 9.
14. Nicolas Bancel, Pascal Blanchard et Françoise Vergès, *La République coloniale. Essai sur une utopie,* Albin Michel, « Idées », 2003.

désagrégation d'un « monde ancien » et de l'émergence d'un « nouveau ». Ce n'est pas un hasard si l'*intégration*, en tant que notion de sens commun, a été « convoquée » à trois moments clés de notre histoire contemporaine : la remise en cause des fondements de l'Empire colonial français aux lendemains de la Seconde Guerre mondiale (1944-1946), la recherche d'une « solution française » à la crise algérienne (1954-1958) et, plus récemment, le renoncement, au milieu des années 1980, à la « grande utopie socialiste[15] » qui s'est manifesté par l'amorce d'un tournant dit « réaliste » sur les plans économique et social.

À chaque fois, l'intégration est venue signifier des tentatives de « re-nationalisation de l'identité française[16] », supposée menacée par des forces centrifuges. Faire l'histoire de l'intégration, c'est donc se livrer à une forme de *généalogie républicaine*[17] d'une rhétorique de crise(s) politique(s), voire d'un discours dramatique de « fin d'empire », dont les secousses se font encore ressentir aujourd'hui.

Petite « généalogie républicaine » d'un discours de crise(s)

C'est dans le dédale des sinuosités discursives et des astuces rhétoriques déployées par les gouvernements français pour faire face aux pressions des mouvements d'émancipation coloniale d'Asie, d'Afrique noire, des Caraïbes et du Maghreb qu'il convient de replacer la *success story* (en tant que récit performatif, qui produit des effets) de la thématique de l'intégration, qui revêt toutes les caractéristiques d'une *problématique imposée*[18] : c'est l'État central et ses représentants autorisés qui définissent ses contours et ses limites légitimes, participant activement à sa diffusion dans les différents secteurs de la société française métropolitaine et d'outre-mer. En ce sens, l'intégration relève bien du *discours d'État*[19] :

---

15. François Mitterrand, *Changer la vie. Programme de gouvernement du Parti socialiste*, Flammarion, 1972.
16. Nicolas Bancel et Pascal Blanchard, « La fondation du républicanisme colonial. Retour sur une généalogie politique », « La politique républicaine de l'identité », *Mouvements*, n° 38, mars-avril 2005, p. 32.
17. Nous empruntons la formule à Nicolas Bancel et Pascal Blanchard, *op. cit.*, p. 31.
18. Sur la notion de « problématique imposée », *cf.* Abdelmalek Sayad, *L'Immigration ou les paradoxes de l'altérité, op. cit.*
19. Vincent Geisser, « La mise en scène de l'ethnicité républicaine : discours

> Voilà et bien déployé un dispositif très familier à la démocratie moderne ! Le « consensus » qui la fonde est caractérisé toujours par son syncrétisme et son pouvoir de suggérer plutôt que de dire. Il est efficace, à condition que personne ne vienne prononcer publiquement un discours contraire[20].

Contrairement à une idée parfois admise par les historiens de la colonisation et de la décolonisation, ce n'est pas dans le contexte de la crise algérienne (1954-1962) que l'intégration a connu ses premières expérimentations à des fins de « réforme politique coloniale », mais dans celui de l'Afrique noire, dans le sillage de la conférence de Brazzaville (30 janvier au 8 février 1944), au cours de laquelle le général de Gaulle a tenté de définir un « nouveau cadre » de relations entre la France et ses territoires colonisés :

> Vous étudierez ici, pour les soumettre au Gouvernement, quelles conditions morales, sociales, politiques, économiques vous paraissent devoir être progressivement appliquées dans chacun de nos territoires pour que, par leur développement même et le progrès de leur population, ils s'intègrent dans la communauté française avec leur personnalité, leurs intérêts, leurs aspirations, leur avenir[21].

En marge de l'Afrique-Occidentale française (AOF), le Togo[22] a connu, par exemple, une tentative d'application de la « doctrine de l'intégration[23] » qui fut, certes, un échec, mais dont on peut penser qu'elle inspirera, quelques années plus tard, de nombreux

---

d'État, discours d'acteurs ? », *in* Catherine Neveu (dir.), *Espace public et engagement politique*, L'Harmattan, « Logiques politiques », 1999.

20. Étienne Maquin, *Le Parti socialiste et la guerre d'Algérie (1954-1958)*, L'Harmattan, « Histoire et Perspectives méditerranéennes », 1990, p. 49-50.

21. Charles de Gaulle, Allocution prononcée à l'occasion de l'ouverture de la conférence de Brazzaville le 30 janvier 1944, Centre d'information sur le gaullisme : http://gaullisme.free.fr/DGBrazzaville.htm.

22. Contrairement aux territoires de l'AOF, le Togo bénéficia très tôt d'une relative autonomie. *Cf.* Seti Y. G. Gbedemah, *La Politique d'association au Togo sous mandat de la France*, thèse de doctorat d'État en histoire, Aix-en-Provence, IHPOM (4 volumes), 1984.

23. C. Bée, « La doctrine de l'intégration », *op. cit.*

administrateurs, hommes politiques et hauts fonctionnaires « officiant » dans les trois départements de l'Algérie française :

> Aussi le programme élaboré pour changer l'image de l'action coloniale en Afrique est-il limité à l'encadrement politico-administratif devant conduire à élever les conditions matérielles, spirituelles et morales des populations colonisées qui doivent consentir à s'adapter aux valeurs de la civilisation française, à accepter leur incorporation définitive dans la communauté française[24].

Ce qu'il faut retenir de cet « épisode africain », ce n'est pas tant l'échec des tentatives de réforme que le recours à la rhétorique intégrationniste comme « doctrine de crise », vécue comme un compromis « réaliste » entre l'*assimilation* et la *sécession*, et étroitement associée aux idées de relèvement moral, social et économique des indigènes. D'entrée, elle se pose donc comme une *réforme conservatrice*, en ce sens qu'il s'agit d'initier des aménagements susceptibles non pas de transformer le système en profondeur mais de le conserver « en l'état » ; on aurait presque envie d'écrire « en l'État colonial ».

Dix ans plus tard, en 1954-1955, *l'intégration* revient en force au sein du champ politique français, dans le contexte précis de la « crise algérienne ». L'identité de son promoteur – on devrait plutôt dire de son *continuateur* – ne relève pas des purs hasards des nominations administratives. Jacques Soustelle[25], nouveau gouverneur général de l'Algérie française, apparaît à la fois comme un penseur, un technicien et un haut fonctionnaire de la « réforme coloniale ». Ethnologue de renom, il a été, entre autres, ministre des Colonies (1945) et enseignant à l'École nationale de la France d'outre-mer (ENFOM) à la fin des années 1930[26]. Son parcours intellectuel, politique et administratif incarne à lui seul toute l'ambivalence du projet intégrationniste :

---

24. Seti Y. G. Gbedemah, « L'échec de la politique d'intégration au Togo sous tutelle », dans N.-L. Gayibor (dir.), *Les Togolais face à la colonisation*, Presses de l'UB, coll. « Patrimoines », n° 3, 1994, p. 111-147.
25. Le 15 février 1955, Jacques Soustelle déclare à Alger : « Un choix a été fait pour la France : ce choix s'appelle l'intégration », cité par Abdellali Hajjat, *Immigration postcoloniale et mémoire, op. cit.*, p. 38.
26. Créée sous le nom d'École coloniale en 1889, elle est héritière de l'École cambodgienne (1885-1888). En 1950, elle devient l'École nationale de la France

> En effet, contrairement à ses prédécesseurs Maurice Viollette et Georges Catroux, relève l'historien Guy Pervillé, le dernier gouverneur général d'Algérie a jugé bon de nier toute continuité entre la vieille politique d'assimilation et la nouvelle qu'il préconisait sous un nouveau nom. D'après lui, l'assimilation n'est plus possible, ni souhaitable. L'intégration lui était préférable, en ce qu'elle satisfaisait l'intégration des Musulmans à l'égalité en respectant leur personnalité originale. Pourtant la distinction radicale qu'il établit entre ces deux politiques semble quelque peu superficielle[27].

S'il est vrai que Jacques Soustelle exprime clairement une volonté de rupture avec les « errements passés » de la politique d'assimilation – « toutes les réformes depuis le projet de Blum-Viollette jusqu'au statut de l'Algérie en 1947 ont été systématiquement repoussées ou sabotées »[28] rappelle-t-il –, il n'en réaffirme pas moins sa volonté de poursuivre la grande utopie de la « République coloniale[29] ». Son « jusqu'au-boutisme intégrationniste » fera de lui l'un des plus farouches partisans de l'Algérie française, n'hésitant pas à rejoindre le « camp des factieux » et à se mettre hors la loi[30].

Au-delà de l'engagement personnel de Jacques Soustelle, le concept d'intégration connaît une rapide diffusion au sein du débat public hexagonal, s'imposant très rapidement comme *la* problématique dominante, en dehors de laquelle il n'y aurait point de « salut

---

d'outre-mer, mais est familièrement appelée « Colo ». En 1959, l'ENFOM se transforme en Institut des hautes études d'outre-mer (IHEOM) destiné à former les cadres des États d'Afrique et de Madagascar membres de la Communauté. *Cf. L'Administrateur colonial, cet inconnu, étude historique et sociologique d'une promotion de l'École nationale de la France d'outre-mer*, L'Harmattan, 1998.

27. Guy Pervillé, *Les Étudiants algériens de l'université française 1880-1962*, Casbah Éditions, 1997, p. 220.

28. Jacques Soustelle, rapport du 1er juin 1955 au gouvernement Edgar Faure, cité par Robert Aron, *Les Origines de la guerre d'Algérie*, Fayard, 1962.

29. Nicolas Bancel, Pascal Blanchard et Françoise Vergès, *La République coloniale. Essai sur une utopie*, *op. cit.*

30. Il est démis du gouvernement et exclu de l'Union pour la nouvelle République (UNR, parti gaulliste) en 1960. Il sera même poursuivi pour « atteinte à la sûreté de l'État ». De 1961 à 1969, il est contraint de vivre en exil à l'étranger avant d'être progressivement réintégré dans la vie publique française. *Cf.* Jacques Soustelle, *L'Espérance trahie (1958-1961)*, Éditions de l'Alma, 1962.

républicain ». François Mitterrand, alors ministre de l'Intérieur du gouvernement de Pierre Mendès France (1954-1955), en sera l'un des principaux défenseurs et propagateurs au sein de l'Assemblée nationale et de l'opinion publique française :

> La politique d'intégration du gouvernement ne serait pas comprise s'il ne s'y ajoutait la volonté ferme et entière, dans le domaine économique et social comme dans le domaine politique et dans le domaine administratif, d'offrir des chances égales à tous ceux, quelle que soit leur origine, qui naissent sur le sol algérien[31].

Cette référence au personnage de François Mitterrand n'est pas purement anecdotique, mais constitue, selon nous, une des clefs fondamentales pour saisir le « rapatriement[32] » du concept d'intégration d'une République à l'autre. Non pas que François Mitterrand ait consciemment importé et voulu imposer l'« intégration » dans les années 1980-1990 par fidélité à ses engagements politiques et philosophiques passés, mais parce qu'il nous paraît représentatif d'une génération d'hommes politiques, de hauts fonctionnaires et de grands commis de l'État qui ont été, en quelque sorte, les *passeurs idéologiques* de l'intégration version IVe République à celle plus récente des années de la gestion socialiste des populations postcoloniales.

Il faut se garder, toutefois, de recréer une cohérence *a posteriori* de la « doctrine de l'intégration », comme si celle-ci formait un bloc monolithique et consensuel[33]. Déjà, au moment de la « crise algérienne », elle a connu des interprétations multiples et des formes de réappropriation divergentes, sinon dissonantes. Le 17 février 1955, le socialiste Christian Pineau (SFIO) :

> se présente aux suffrages des députés, avec, sur l'Afrique du Nord, un « programme politique et social » qui se voulait « précis,

---

31. Intervention de François Mitterrand, ministre de l'Intérieur du gouvernement Mendès France, devant l'Assemblée nationale, le 4 février 1955.

32. Nous devons cette formule pertinente de « rapatriement de l'intégration » à Saïd Bouamama, « L'intégration contre l'égalité. Les enseignements d'Abdelmalek Sayad », *op. cit.*

33. Jim Cohen, « Les "modèles d'intégration" face aux particularismes : malentendus et dialogues France/États-Unis », *op. cit.*

possible et hardi ». Il ne s'y trouvait rien qui n'ait déjà été dit, sinon le remplacement du mot « assimilation » par le mot « intégration », plus proche du vocabulaire de Jacques Soustelle, le gouverneur d'Algérie du gouvernement sortant. Il n'en fut pas moins évincé[34].

Au cours du mois de février 1955, le gouverneur de l'Algérie française Jacques Léonard présente son rapport sur l'intégration[35]. Le 24 septembre 1955, Edgar Faure, président du Conseil, affirme dans une allocution radiodiffusée : « Tout l'honneur de la France, comme sa mission humaine, nous impose, sans équivoque et sans réticence, de garder l'Algérie à la France et dans la France [...]. Notre but est de parvenir à l'intégration complète de l'Algérie. » Le 26 septembre 1955, soixante élus musulmans de l'Assemblée algérienne se déclarent hostiles à la politique d'intégration : « La politique d'intégration est dépassée[36]. »

En revanche, plus complexe fut la position du socialiste Guy Mollet. Contrairement à une idée reçue, le leader historique de la SFIO ne fut pas l'un des promoteurs de la « doctrine de l'intégration ». À lire sa déclaration d'investiture à la présidence du Conseil (31 janvier 1956), il y fut même hostile :

> Au cours des récentes semaines, et plus particulièrement durant ces tout derniers jours, je me suis livré à une enquête que j'ai voulue scrupuleuse. Elle m'a conduit d'abord à penser qu'il faut bannir du débat toute querelle sur les mots : assimilation, intégration, association, fédération, etc. D'autant que, lorsque l'on va plus loin dans l'examen, on s'aperçoit que les mesures seraient pendant longtemps les mêmes, quelle que fût l'option théorique choisie. Elles correspondraient toutes à la même préoccupation : créer davantage de liberté et d'égalité. Ce qui importe donc aujourd'hui, ce n'est pas d'opposer des théories, c'est d'affirmer

34. Étienne Maquin, *Le Parti socialiste et la guerre d'Algérie (1954-1958), op. cit.*, p. 36.
35. Ouanassa Siari-Tengour, « Les années algériennes de Roger Léonard, gouverneur général de l'Algérie, 1951-1955 », rencontre « Les grands commis de l'Empire colonial français », université Blaise-Pascal, octobre 2005.
36. Alain Ruscio, « Une décolonisation manquée ? », http://www.cndp.fr/RevueTDC/840-42085.htm.

une volonté, de fixer des objectifs, des intentions et, si possible, des méthodes[37].

On le sait aujourd'hui, Guy Mollet était partisan de la création, en Algérie, d'un régime fédératif « où se seraient garantis pour l'avenir les droits des communautés kabyle, arabe, mozabite, juive et française[38] » : une forme de « démocratie communautaire » avant l'heure en quelque sorte.

D'une manière générale, il semble que les socialistes (SFIO) de la IVe République et des débuts de la Ve aient éprouvé quelques réticences à l'emploi du terme « intégration ». D'après les recherches d'Étienne Maquin :

> mis en présence de l'intégration, telle que Jacques Soustelle la concevait, les socialistes abandonnèrent très vite l'emploi de ce mot. Ils lui préfèrèrent un autre, que certains d'entre eux employaient déjà [...]. C'était ainsi le mot « association » que les socialistes mettaient en avant pour l'opposer à l'« intégration ». Cela entrait sans doute dans leur vision de l'« Algérie c'est la France » dans l'avenir, cette « association » étant à leurs yeux le point de départ d'une marche vers l'égalité intégrale des droits entre les habitants de l'Algérie, à l'image de la législation en vigueur en métropole. Ce mot n'en restait pas moins vague, et les socialistes restaient assez circonspects dans son emploi, qui était peu fréquent[39].

En définitive, si l'*intégration* s'est progressivement imposée dans le débat politique français comme l'un des multiples référentiels – il n'a pas été le seul mais est entré en concurrence avec d'autres –, cela ne signifie pas pour autant qu'elle puisse être identifiée à un ensemble de valeurs, de principes et surtout de modes de gestion clairement objectivables. Elle est d'abord une problématique du *désenchantement du*

37. Guy Mollet, discours d'investiture du 31 janvier 1956, consultable sur www.lours.org, Office universitaire de recherche socialiste.
38. Michel Abitbol, « La citoyenneté imposée. Du décret Crémieux à la guerre d'Algérie », *in* Pierre Birnbaum (dir.), *Histoire politique des Juifs de France*, Presses de Sciences Po, 1990, p. 215.
39. Étienne Maquin, *Le Parti socialiste et la guerre d'Algérie (1954-1958)*, *op. cit.*, p. 36-37.

monde colonial et traduit consécutivement une *ultime tentative de réenchantement* par une volonté de « retour aux sources républicaines ». Sur ce plan, elle fonctionne comme un « discours sur les origines ». Reste à s'interroger sur le « mystère » du rapatriement de la problématique intégrationniste à l'horizon des années 1980-1990.

D'une République à l'autre

De manière réductrice, on a parfois attribué le « rapatriement » du terme *intégration* dans le lexique politique français des années 1980 à la filiation directe entre l'ancienne SFIO et l'actuel Parti socialiste (PS), ce dernier apparaissant en quelque sorte comme son héritier naturel. D'une part, c'est oublier un peu vite qu'il n'a jamais existé dans les rangs de la SFIO de consensus sur la thématique de l'intégration : certains y adhéraient, d'autres la rejetaient avec virulence car elle était perçue comme une « politique de droite[40] ». D'autre part, c'est identifier abusivement le « nouveau PS » à la « vieille maison ». Or, le PS du congrès d'Épinay (1971), certes, « rapatrie » en son sein des éléments de l'ancienne SFIO – notamment des anciens membres des sections coloniales d'Algérie et de Tunisie –, mais incorpore aussi de très nombreux anticolonialistes convaincus, venant principalement du Parti socialiste autonome (PSA) et de son successeur, le Parti socialiste unifié (PSU), qui précisément s'étaient séparés de la « vieille maison » sur la question algérienne[41]. *A priori*, il n'existe donc pas de « doctrine socialiste de l'intégration » qui ait pu être transposée d'une époque à l'autre, y compris sous une forme rénovée. D'ailleurs, ni le *Programme commun de la gauche*[42], ni le *Programme de gouvernement du Parti socialiste*[43], ni même les *Cent dix propositions du candidat Mitterrand à l'élection présidentielle de 1981*[44] ne font référence à une quelconque « politique d'intégration » en direction de

40. C'est l'hypothèse d'Étienne Maquin qui écrit à propos du dilemme algérien : « Ce dilemme change de nom : à gauche, il s'appelle "l'assimilation", à droite, "l'intégration" », *Le Parti socialiste et la guerre d'Algérie (1954-1958)*, *ibid.*, p. 16.
41. Sur ce point, lire Étienne Maquin, chapitre VI : « La fin de la "vieille maison" », *op. cit.*, p. 155-177.
42. François Mitterrand, *Changer la vie*, *op. cit.*
43. *Ibidem.*
44. Parti socialiste, « Les 110 propositions de François Mitterrand en 1981 », http://www.psinfo.net/entretiens/mitterrand/110.html.

l'immigration post-coloniale installée en France. En fait, c'est dans une conjoncture particulière que la problématique de l'intégration refait surface dans le débat public français, jusqu'à devenir une thématique dominante, éclipsant toutes les autres (assimilation, insertion, promotion...) : une conjoncture caractérisée par les premières désillusions socialistes quant à l'utopie du « changement » du début des années 1980 et la percée électorale du Front national.

Une nouvelle fois, dans l'histoire de France, l'intégration fait donc figure de *problématique de désenchantement/réenchantement du monde social* ou, pour reprendre la formule de Nicolas Bancel et Pascal Blanchard, de projet de *re-nationalisation de l'identité française*. De ce point de vue, elle présente de nombreuses analogies avec le « mythe colonial », sans s'y confondre totalement. D'abord, elle intervient dans une conjoncture de « crise politique » (1983-1986)[45]. Ensuite, elle est principalement produite et véhiculée par les pouvoirs et les institutions publics (discours d'État), avant de se diffuser à l'ensemble des secteurs sociaux (associations, syndicats, armée, police, éducation nationale, médias, etc.). Au nom de l'universalisme républicain, elle entend s'adresser prioritairement à des populations perçues comme « exogènes », incarnant en quelque sorte les « nouvelles classes dangereuses » de la République, à savoir : les immigrés post-coloniaux et surtout leurs héritiers (d'aucuns diraient aujourd'hui les habitants des « territoires perdus de la République[46] »). Enfin, elle emprunte autant le registre du « diagnostic alarmiste » que celui de la « prescription salvatrice ». Sur tous ces points, le « nouveau discours » sur l'intégration républicaine reprend les grandes lignes de la « doctrine de l'intégration » développée à l'époque coloniale dans les contextes de l'Afrique noire et de l'Afrique du Nord françaises.

---

45. La gauche subissant une cuisante défaite aux élections municipales de mars 1983 renonce à sa politique « socialo-keynésienne » du tout début du septennat Mitterrand (1981-1983). Laurent Fabius devient Premier ministre en juillet 1984 et les ministres communistes quittent le gouvernement pour protester contre le « tournant libéral ». À partir de 1986, il faut ajouter à ces facteurs de « crise politique » le retour de la droite au pouvoir (première cohabitation) et la percée électorale du Front national qui contribuent à activer le discours sur l'intégration comme riposte aux thèses xénophobes et anti-immigrés.
46. Emmanuel Brenner (dir.), *Les Territoires perdus de la République*, Mille et une nuits, 2002.

Pour autant, c'est moins le Parti socialiste en tant qu'organisation politique et partisane qui en sera le principal « propagateur » au sein de la société française que la rhétorique officielle incarnée en la personne du président de la République, François Mitterrand. Comme nous l'avons montré dans nos précédents travaux, le *mitterrandisme d'État* (1981-1995) s'est pensé fondamentalement comme un *mythe de réconciliation nationale*[47] entre les Français déchirés par l'histoire (Vichy, la guerre d'Algérie, la crise économique des années 1970-1980, la montée du Front national, le développement de la xénophobie...) :

> Or, l'effort à faire, la domination que doit assurer la France sur elle-même, c'est précisément de rester fidèle aux origines, plus qu'aux origines, fidèle à l'esprit même de son histoire. Ce brassage perpétuel, c'est la France. Il montre bien que la France ne peut être confondue avec les autres nations. Le tempérament, la forme d'esprit, dont Denis Diderot représente l'un des sommets, les plus typiques, les plus typiquement français tout en étant universel, montrent bien que s'est dégagé, à travers ce mélange et ces apports de migrations constantes, un certain type de caractère, une forme d'intelligence, une marque de culture que chacun dans le monde peut appeler français sans risque de s'y tromper[48].

Mot magique lors de la crise algérienne, l'*intégration* tend à retrouver ces « vertus thérapeutiques » dans le milieu des années 1980 au moment même où la gauche socialiste est en perte de repères symboliques et trouve dans la figure du président de la République une sorte de refuge paternel. On peut émettre l'hypothèse que le mitterrandisme d'État a constitué le principal passeur symbolique et idéologique de la doctrine coloniale de l'intégration à son acception post-coloniale, même s'il convient de ne pas limiter le processus à la seule personne du président. Car le transfert d'une époque à une autre est aussi un processus matériel et humain, en ce sens qu'il repose sur des savoir-faire et des compétences institutionnels. C'est en fait toute une génération

---

47. Vincent Geisser, « Mitterrandisme d'État et mythe de réconciliation nationale », *in Ethnicité républicaine*, *op. cit.*, p. 20-22.

48. Discours de M. François Mitterrand, président de la République, lors de l'inauguration de la bibliothèque Denis-Diderot à Bondy, sur l'identité nationale et la nécessaire intégration sociale et culturelle des immigrés en France, le mercredi 25 novembre 1987 : www.vie-publique.fr.

d'hommes politiques, d'administrateurs, de hauts fonctionnaires et surtout d'intellectuels (chroniqueurs, éditorialistes) marqués par les épreuves et les drames de la décolonisation qui contribueront à ce « rapatriement de l'intégration » dans la France post-coloniale[49].

Fixer, rénover la « doctrine » : l'œuvre post-coloniale du Haut conseil à l'intégration

Fixer, rénover, voilà deux termes dont la juxtaposition peut apparaître totalement antinomique : elle résume pourtant bien ce que furent les logiques présidant à la création, au discours et à l'action du Haut conseil à l'intégration (HCI) dans ses premières années de fonctionnement (1989-1995). À l'instar de la rhétorique intégrationniste qui a traversé la « crise algérienne » (1954-1962), l'*intégration républicaine* promue dans les années 1980-1990 se caractérise principalement comme une « réforme conservatrice » pour faire face aux « nouveaux » défis de fragmentation du corps national (« question de l'immigration », « problème des banlieues », « insécurité urbaine » et, déjà, montée en puissance du débat sur les « dangers de l'islamisation »). Réformer en conservant le système « en l'état » [et en l'État], François Mitterrand l'exprimera à merveille, lorsqu'on lui demandera de définir ce qu'est pour lui la nation française :

> La France, c'est avant tout un sol, une histoire, une culture. Là est notre patrie. On connaît son formidable pouvoir d'absorption, d'unité. Faite de multiples alluvions, elle est ainsi depuis mille ans. Le danger serait pour elle de changer de nature[50].

Toutefois, on aurait tort de personnaliser à l'excès la « nouvelle » politique d'intégration. Celle-ci, outre qu'elle est le produit d'une

49. Sur ce sujet, voir l'article de Françoise Barros, « Des "Français musulmans d'Algérie" aux "immigrés". L'importation des classifications coloniales dans les politiques du logement en France (1950-1970) », *Actes de la recherche en sciences sociales*, n° 159, 2005, p. 26-53.
50. Interview de François Mitterrand, président de la République, *Le Monde*, 20 juin 1990.

« génération de passeurs » en chair et en os[51] – continuant à occuper des fonctions politico-administratives dans les années 1980-1990 –, fait l'objet d'un processus d'institutionnalisation qui participe à sa diffusion officielle et lui donne une assise sociale, dépassant largement les cercles du pouvoir. L'Intégration avec un *I* majuscule devient dès lors le maître mot de toutes les politiques publiques (ville, sécurité, emploi, éducation...), des mobilisations politiques, syndicales et associatives et des discours médiatiques. Elle exerce un tel effet de « contrainte sémantique » que même ceux qui la combattent y ont recours[52], comme le note fort pertinemment Gérard Noiriel :

> La popularité des discours sur l'« intégration » au sein de l'élite s'explique par le fait que ses différentes composantes l'ont adaptée à leurs intérêts propres. L'absence de définition rigoureuse de ce terme a donné à chacun la possibilité de l'utiliser comme bon lui semble[53].

Mais ce caractère labile et fluide de la thématique de l'intégration n'empêche pas qu'elle va faire l'objet, à l'horizon des années 1980-1990, d'une tentative de « codification » à travers l'énumération de grands principes sur lesquels il convient de s'arrêter. Sur ce plan, les rapports officiels publiés par le HCI – principalement les premiers d'entre eux[54] –

---

51. On peut citer la figure emblématique de Marceau Long, vice-président du Conseil d'État et premier président du Haut conseil à l'intégration. Ce dernier a notamment débuté sa carrière de haut fonctionnaire auprès du secrétariat d'État aux Affaires tunisiennes et marocaines, puis aux Affaires étrangères et à l'ambassade de France au Maroc (1958). Marceau Long, « Parions sur l'intégration », interview dans *L'Express* du 6 mai 1993. On peut citer également la figure de Georges Morin, pied-noir « progressiste » d'origine constantinoise, qui a exercé le métier d'instituteur après l'indépendance de l'Algérie jusqu'en 1967. Dans les années 1985-1995, conseiller personnel de Louis Mermaz, il deviendra le « monsieur Maghreb » du Parti socialiste. En décembre 1989, il est nommé par Michel Rocard au Haut conseil de l'intégration.
52. Simple anecdote mais ô combien significative de cet effet de contrainte : dans les années 1990, toute association désireuse d'obtenir des subventions du Fonds d'action sociale (FAS, ancien intitulé du FASILD) se devait d'inscrire dans son intitulé, ses statuts ou sa charte fondatrice le terme « intégration ».
53. Gérard Noiriel, « Avant-propos », *Vingt Ans de discours sur l'intégration, op. cit.*, p. 9.
54. *Cf.* notamment *L'Intégration à la française*, Paris, UGE, « 10/18 », 1993, p. 350.

s'apparentent à l'élaboration d'une « nouvelle doctrine » de l'*intégration républicaine* qui s'inscrit à la fois en rupture et en continuité avec la période coloniale.

Selon la logique de la prophétie autocréatrice, déjà évoquée au moment de la « crise algérienne » (1954-1958), le HCI se livre à une célébration de l'« intégration à la française[55] », dont la tonalité patriotique rappelle parfois la rhétorique assimilationniste de la IIIe République – même si le terme « assimilation » est désormais rejeté. Souscrivant pleinement au *mythe national*[56], le discours du HCI insiste sur la nécessité d'un retour aux sources et de l'universalisation du « génie français ». À ce niveau, il constitue bien un discours de régénération collective :

> Alors qu'a été célébré l'an dernier le centenaire de la mort d'Ernest Renan [1892], il faut d'ailleurs souligner que ce « modèle français d'intégration » procède d'un retour aux sources d'une pensée qui a refusé les déterminismes d'ethnie, de classe, de religion, en faisant fond sur la volonté collective d'assumer un passé, mais surtout de revendiquer solidairement des ambitions et des visées communes[57].

Dans le même temps, la « nouvelle » rhétorique de l'intégration continue à fonctionner fondamentalement comme un « discours de crise », mettant en scène des registres anxiogènes qui ont, certes, évolué par rapport au contexte de la décolonisation, mais qui présentent de fortes accointances avec les *peurs* et les *angoisses coloniales* : le spectre de la sédition, la balkanisation du corps social, la montée du communautarisme musulman. En deux mots, l'intégration *versus* l'intégrisme :

> L'échec n'est pas permis. Il faut effet prendre en compte les aspirations plus absolues et exigeantes des jeunes d'origine étrangère de la deuxième voire de la troisième génération. Si l'égalité des chances leur était en pratique déniée, ils seraient tentés par le

55. *Ibidem.*
56. Suzanne Citron, *Le Mythe national. L'histoire de France en question*, Éditions ouvrières/EDI, 1989.
57. *L'Intégration à la française, op. cit.*, p. 8.

repliement sur eux-mêmes, rejetés de l'espoir de l'intégration à l'emprise de l'intégrisme[58].

À ce niveau, on retrouve dans la nouvelle rhétorique intégrationniste des années 1980-1990 le paradoxe qui était non seulement au cœur de l'intégration coloniale mais aussi du projet assimilationniste : en établissant clairement une distinction entre « Eux » et « Nous »[59] et en montrant du doigt les « communautés potentiellement séditieuses », elle en vient à légitimer l'existence des particularismes. En ce sens, l'universalisme républicain est producteur et légitimateur de « ses » propres communautarismes, auxquels il attribue un coefficient plus ou moins élevé de dangerosité :

> L'une des difficultés actuelles de l'intégration vient du fait que, l'immigration provenant des régions plus éloignées, le système de valeurs sociales, culturelles, juridiques, religieuses des immigrés récents est plus éloigné que par le passé du système des valeurs traditionnellement dominant dans notre pays et d'ailleurs contesté à son tour par une bonne partie des nouveaux prolétaires. Le pari de l'intégration est que cette contestation peut être surmontée et des valeurs de tolérance et de respect des droits de l'homme affirmées avec assez de force pour que la fusion des immigrants dans la collectivité nationale continue à l'enrichir et à contribuer à son rayonnement[60].

Bien qu'ils se défendent d'entretenir des visées particularistes – « Oui, je le pense. L'intégration vise tous les exclus. Pas seulement les immigrés », déclarait François Mitterrand en 1990[61] –, les tenants de l'intégration à la française mettent l'accent sur les supposées « spécificités culturelles » de l'immigration post-coloniale. Réactivant à sa façon l'*aporie républicaine*[62] caractéristique du discours assimilationniste de la IIIe République – penser l'Autre comme « inférieur » pour justifier le

58. *L'Intégration à la française*, *op. cit.*, p. 16.
59. Saïd Bouamama, « L'intégration contre l'égalité », *op. cit.*
60. *L'Intégration à la française*, *op. cit.*, p. 35.
61. Interview de François Mitterrand, président de la République, *Le Monde*, 20 juin 1990.
62. Alain Dieckhoff, « Les logiques de l'émancipation et le sionisme », *in* Pierre Birnbaum (dir.), *Histoire politique des Juifs de France*, *op. cit.*, p. 168-169.

déploiement à son égard d'une pédagogie différenciée –, la « nouvelle » doctrine de l'intégration républicaine débouche sur une *théorie du temps* qui vient légitimer indirectement les traitements particularistes au présent, préparant en cela la régénération future :

> L'intégration demande du temps. L'intégration ne peut réussir que dans la durée. C'est là une évidence trop souvent ignorée, tant les difficultés retiennent l'attention, au point de déformer les jugements. Même les populations censées être plus facilement intégrables, parce que leurs caractéristiques étaient *a priori* plus proches de l'« identité française », telles que les Belges ou les Italiens, ont connu de sérieuses difficultés. Pour certains des immigrants récemment arrivés en France, le temps de l'intégration sociale et culturelle pourra être plus long[63].

C'est précisément dans la lignée de cette lecture culturaliste de la situation de l'immigration post-coloniale et de ses héritiers vivant dans l'Hexagone (issus majoritairement de l'ancien Empire français) que resurgit la « vieille idée » de l'*exception musulmane à la laïcité* qui, à beaucoup d'égards, nous remémore les interminables débats coloniaux sur la compatibilité entre « citoyenneté » et « statut personnel »[64].

Le retour en force d'un « statut personnel » imaginaire

S'il fallait dégager les tendances les plus récentes de la rhétorique de l'intégration, l'on dresserait le constat d'une radicalisation des catégories culturalistes dans le sens d'une islamisation du « sujet post-colonial[65] » : l'*Autre immigré*, l'*Autre maghrébin*, l'*Autre banlieusard* tend de plus en plus à être supplanté par l'*Autre musulman*. Par une sorte d'ironie de l'histoire post-coloniale, l'on assiste à une forme de réactivation d'un

63. *L'Intégration à la française*, *op. cit.*, p. 39.
64. Dominique Colas, « Échec de la citoyenneté dans l'Algérie coloniale », *Citoyenneté et nationalité*, Folio/Histoire, 2000.
65. C'est peut-être le discours d'intégration du ministre de l'Intérieur, Nicolas Sarkozy, qui incarne le mieux cette tendance à l'islamisation du « sujet postcolonial », notamment dans son ouvrage : *La République, les religions, l'espérance*, Éditions du Cerf, coll. « Pocket », 2004.

statut personnel imaginaire, où les variables religieuses (l'appartenance réelle ou supposée à la religion musulmane) tracent une frontière symbolique qui n'est certes pas infranchissable, mais qui justifie une « réforme conservatrice », une sorte de « restauration républicaine » qui se décline de plus en plus sous la formule de *refondation de l'intégration* :

> Tous les enfants de France, quelle que soit leur histoire, quelle que soit leur origine, quelle que soit leur croyance, sont les filles et les fils de la République. Ils doivent être reconnus comme tels, dans le droit mais surtout dans les faits. C'est en veillant au respect de cette exigence, c'est par la refondation de notre politique d'intégration, c'est par notre capacité à faire vivre l'égalité des chances que nous redonnerons toute sa vitalité à notre cohésion nationale[66].

Aussi voit-on ré-émerger, ces dernières années, au plus niveau de l'État comme dans les sphères politiques, médiatiques et associatives, des lectures sexuées de l'immigration post-coloniale qui mettent en scène des représentations fantasmées de la « femme musulmane », présentée comme la *nouvelle héroïne*[67], ou davantage encore comme la *vertueuse de l'intégration*, symbole vivant du combat républicain pour l'émancipation du statut personnel :

> Combat aussi pour les droits des femmes. C'est pour les femmes le droit de vivre libre. Il faut que les jeunes filles comprennent qu'elles ne sont pas coupables de vouloir vivre leur vie normalement. Il faut qu'elles comprennent que, ce faisant, elles ne renient en rien ni leur famille ni leurs origines. Il faut qu'elles sachent qu'elles doivent être, qu'elles seront protégées, dans l'hypothèse où elles refusent de se soumettre, et qu'elles ont le droit et le devoir de se plaindre, et d'être entendues. Aucune tradition, aucune coutume, aucune croyance ne saurait prendre le pas sur les lois de la République. Ces lois, nous devons en permanence les renforcer et les adapter pour protéger plus

66. Discours prononcé par Jacques Chirac, président de la République, relatif au respect du principe de laïcité dans la République, le 17 décembre 2003 : www.elysee.fr.
67. Saïd Bouamama, « L'intégration contre l'égalité », *op. cit.*

> efficacement les jeunes filles. Ces combats que vous illustrez, qu'incarne votre action, ce sont en réalité les combats de tous les républicains [68].

Tel un fantôme hantant le « musée imaginaire [69] » de la République post-coloniale, le discours de l'intégration vient rejouer sans cesse la même mélodie du « désenchantement/ré-enchantement » du monde social, se posant ainsi comme une sorte d'horizon indépassable de notre temps.

68. Discours de Jacques Chirac, président de la République, à l'occasion de l'inauguration de la maison de la Mixité à Paris, le 8 mars 2006 : www.elysee.fr.
69. André Malraux, *Le Musée imaginaire*, Folio-Essais, 1996 (édition originale 1947).

2. INFLUENCES ET CONTINUITÉS POST-COLONIALES

LES INFLUENCES ET PERMANENCES COLONIALES DANS LE DOMAINE LITTÉRAIRE

Jean-Marc Moura

Je souhaiterais présenter ici quelques éléments d'une approche postcoloniale de la littérature et leur actualité pour les études littéraires françaises. Il s'agira ainsi de montrer comment la démarche postcoloniale se concentre sur les influences et permanences coloniales dans la production littéraire et permet d'en rendre compte. D'emblée, il convient de préciser que le postcolonialisme, qui se concentre sur les influences et permanences coloniales dans la production littéraire, constitue un domaine important des études de littérature et de sciences sociales dans les universités anglo-saxonnes comme dans celles de bien d'autres pays du monde, mais pas (encore ?) en France. Cela peut d'abord s'expliquer par un soupçon français assez répandu concernant la *theory* américaine[1].

En outre, le monde des « post » n'est pas toujours considéré avec bienveillance : on reprocherait en ce sens à « postcolonial » d'être le terme le plus récent venant répondre à l'automatisme culturel contemporain de la nouveauté. Enfin, il faut reconnaître le flou conceptuel du terme « postcolonialisme » dont l'ambiguïté a été relevée dès les années 1990[2]. Ces hésitations signalent surtout que la démarche postcoloniale

---

1. Notamment illustré par l'ouvrage d'Antoine Compagnon, *Le Démon de la théorie*, Seuil, 1998.

2. « On l'a utilisé [le terme "postcolonialisme"] comme un moyen d'ordonner une critique des formes totalisantes de l'historicisme occidental ; comme un mot-valise servant une conception rénovée de la "classe", comme un sous-ensemble à la fois du postmodernisme et du poststructuralisme (et, de manière inverse, comme la condition de possibilité de ces deux structures de logique et de critique

ne correspond pas à un système clos ; elle est en formation et son importation dans le champ des études littéraires françaises détermine une série d'inflexions critiques pas encore fixées. On pourrait comparer les études postcoloniales francophones aux *area studies* anglo-saxonnes : un ensemble de recherches sur un espace géopolitique et culturel associant diverses sciences humaines (politique, économique, sociale, historique...), mobilisant une compétence régionale interdisciplinaire[3]. Avec la littérature, les travaux sont centrés sur une pratique culturelle en régression certes mais dotée d'un fort capital symbolique dans l'espace francophone. Il s'agit, concernant les études littéraires françaises, de concilier la dimension culturelle et interdisciplinaire des *area studies* avec les exigences de précision dans l'analyse formelle propre à la tradition de nos études littéraires.

Essai de définition

Afin de préciser les significations du terme « postcolonialisme », on distingue en général une situation historique – le fait de venir après l'ère coloniale (écrit « post-colonial ») – d'un ensemble d'œuvres littéraires ou d'un complexe théorico-critique (orthographié en ce cas « postcolonial ») qui, écrits dans une langue héritée de la colonisation, partagent nombre de traits liés à ce fait historique. On parlera, par exemple, en ce sens de littératures anglophones ou francophones postcoloniales : œuvres écrites hors d'Europe dans une langue européenne. Celles-ci sont alors étudiées dans leur dimension de résistance, de réfutation et de proposition de contre-discours et de formes déviantes. La critique/théorie postcoloniale, quant à elle, se caractérise par sa

culturelles), comme un nom pour la condition de conservatisme autochtone dans les groupements nationaux d'après les indépendances ; comme un marqueur culturel de non-résidence pour les cadres intellectuels du tiers-monde ; comme l'inévitable soubassement d'un discours du pouvoir colonialiste fracturé et ambivalent, comme une forme oppositionnelle de "pratique de lecture" ; et – ce fut ma première rencontre avec le mot – comme le nom d'une catégorie d'activité "littéraire" née d'un nouveau et bienvenu dynamisme politique dans ce qu'on appelait naguère *"Commonwealth Literary Studies"* », S. Slemon, « The Scramble for Post-colonialism », *in* Chris Tiffin, Alan Lawson (éd.), *De-scribing Empire. Postcolonialism and Textuality*, Routledge, 1994, p. 16-17.

3. Du type *Asian Studies, Middle East Studies*.

pluridisciplinarité, étudiant non seulement la littérature mais interrogeant l'histoire coloniale et ses traces jusque dans le monde contemporain : multiculturalisme, identité, diasporas, relations centre/périphérie, nationalismes constituent les objets, parmi d'autres, de ces recherches.

Comprise comme l'étude d'une *situation d'écriture* et pas uniquement d'une *position sur l'axe du temps*, la critique postcoloniale appelle donc trois tâches d'interprétation, évoquées par John McLeod :

> La lecture de textes écrits par des auteurs venant de pays marqués par l'histoire coloniale, principalement les textes concernés par les actions et le legs du colonialisme, dans le passé comme actuellement. La lecture de textes écrits par ceux qui ont émigré de pays marqués par l'histoire du colonialisme, ou les descendants de familles d'immigrants, qui traitent principalement de l'expérience de la diaspora et de ses multiples conséquences. À la lumière des théories concernant les discours coloniaux, la relecture de textes écrits pendant la colonisation ; à la fois ceux qui évoquent directement l'expérience impériale et ceux qui ne paraissent pas *a priori* concernés par elle[4].

C'est en ce sens que les perspectives postcoloniales pourraient favoriser le renouveau de nos lectures et de nos interprétations. Elles visent à intégrer le fait colonial, massif et irréfutable, à nos études littéraires. Il ne s'agit de rien de moins que d'évaluer de manière raisonnée l'héritage culturel et politique du colonialisme dans le monde des lettres contemporain. À partir de là, les options des chercheurs se différencient de telle sorte qu'on ne peut assigner au postcolonialisme l'unité du concept.

Les justifications d'une étude postcoloniale ne manquent pas. L'importance du fait colonial est en effet indéniable. Comme le souligne Bouda Etemad :

> Le fait colonial est, avec la révolution néolithique et la révolution industrielle, l'une des ruptures majeures de l'histoire de l'humanité. À l'instar de ces deux révolutions, la colonisation est un fait

4. John McLeod, *Beginning Postcolonialism*, Manchester University Press, 2000, p. 33. Nous traduisons.

massif. De la prise en 1415 de Ceuta – ville nord-africaine située en face de Gibraltar – par les Portugais engagés dans une croisade contre l'islam, à la mainmise par l'Italie fasciste sur l'Éthiopie à la fin des années 1930, c'est-à-dire de la première à la dernière manifestation de l'expansion coloniale européenne, les empires (métropoles et colonies) s'étendent sur environ 70 % des 136 millions de kilomètres carrés des terres émergées de la planète... [...] Aujourd'hui, plus de 80 % des populations des pays développés (Europe sans l'ex-URSS, Amérique du Nord, Japon, Afrique du Sud, Australie, Nouvelle-Zélande) ont un passé colonial, soit comme ex-colonisateurs, soit en tant qu'ex-colonisés. Quant au tiers-monde, les deux tiers de ses 4 milliards d'habitants trouveraient dans leur manuel d'histoire un chapitre au moins consacré à la colonisation[5].

Faut-il revenir également sur les débats qui ont eu lieu au Parlement et dans la société française sur une loi récente, assez vite « abrogée », concernant les apports de la colonisation ? On voit bien que la question n'est plus celle de la légitimité des études postcoloniales, mais plutôt celle de l'étonnante légèreté d'approches de l'histoire de la littérature qui prétendent ne pas tenir compte de ces faits.

L'empire de l'imagination

La critique postcoloniale est liée *de facto* à l'histoire de la colonisation européenne du monde menée dès l'aube des temps modernes. Cette entreprise coloniale, caractérisée par des conquêtes militaires, le déplacement sans précédent d'êtres humains, la recherche internationale du profit et un immense réseau de communications, est représentée par une masse de textes, de périodiques en tout genre, de fictions et de récits de voyages. Pour une part importante, l'empire se présente comme une pratique textuelle. Rapports de l'administrateur colonial, comptes rendus des journaux sur les affaires impériales, déchiffrement des archives autochtones en vue de pénétrer la « mentalité indigène », traités politiques, journaux intimes, lois, décrets, bilans administratifs,

5. Bouda Etemad, *La Possession du monde. Poids et mesures de la colonisation*, Complexe, 2000, p. 13.

courrier officiel ou privé... Tous ces écrits, chacun à sa façon, indiquent que le texte est le véhicule, le signe et le narrateur de l'autorité impériale. Il s'agit d'un ensemble hétérogène, dont la vocation est de déchiffrer des espaces étrangers et qui transfère à cet effet des métaphores, des notions, des concepts familiers dans des contextes déstabilisants parce que différents. L'étrangeté des pays colonisés est ainsi rendue accessible par l'usage de conventions d'écriture à la fois rhétoriques, syntaxiques et formelles.

Les œuvres littéraires appartiennent à cet ensemble textuel au sens où elles cherchent à interpréter les autres cultures en offrant au lecteur de la métropole un équivalent narratif de l'exploration, tout comme les expéditions coloniales sont des exercices de lecture et d'interprétation, travaillant par métonymie (la nouveauté est toujours associée au familier pour être en quelque sorte acclimatée). Les œuvres « exotiques » prolongent ces interprétations dans l'ordre symbolique. Ainsi, pour les romans européens du XIXe siècle, on a pu mettre en évidence les grands éléments d'une imagerie coloniale, voire colonialiste, dans le roman de l'ère victorienne ou dans les récits exotiques français du romantisme jusqu'au tournant du siècle. Ces mythes justifiant la conquête impériale se retrouvent dans des œuvres qui exaltent l'aventure en terre étrangère : récits d'exploration (de Livingstone ou Stanley à Savorgnan de Brazza), romans destinés à la jeunesse (de George Alfred Henty ou du capitaine Marryat à Jules Verne) ou à un public adulte (de Rudyard Kipling ou Rider Haggard à Pierre Loti). En retour, la résistance à l'empire et à son idéologie s'exprime dans maints textes (de Joseph Conrad ou de Victor Segalen, par exemple). L'imagination narrative a ainsi forgé ses propres images et mythes de la domination impériale.

L'un des premiers, Edward Saïd proposait d'« intégrer l'impérialisme aux études littéraires modernes ». Selon lui, le travail théorique devait « commencer à formuler la relation entre l'empire et la culture[6] », ouvrant à une histoire gigantesque dont son ouvrage, *L'Orientalisme*[7], donnait les prémisses de manière sans doute trop systématique. Homi K. Bhabha a développé une approche plus complexe que celle de Saïd en insistant sur la notion d'hybridité[8]. Dans les deux cas, la vertu du postcolonialisme est de favoriser le « dialogue entre une critique

6. Edward Saïd, *Culture et impérialisme*, Fayard, 2000.
7. Edward Saïd, *L'Orientalisme*, Seuil, 1970.
8. Homi K. Bhabha, *The Location of Culture*, Routledge, 1994.

occidentale longtemps hégémonique et les œuvres et réflexions provenant des autres lieux du monde [9] ». Cette démarche peut conduire à une histoire littéraire renouvelée de ce courant littéraire et artistique qu'est l'exotisme occidental, par exemple sur la *Literature of the Raj* britannique (Rudyard Kipling, Edward Morgan Forster, Paul Scott...), sur l'exotisme français (Bernardin de Saint-Pierre, Pierre Loti, Victor Segalen...), ou encore sur l'orientalisme allemand (Max Dauthendey, Hermann Hesse...) ou nord-américain (du *Passage to India* de Walt Whitman aux errances des *beats* ou de Paul Bowles).

Or, ce travail est d'autant plus utile que l'exotisme contemporain ne saurait être séparé de la mondialisation. Celle-ci, remarque Zaki Laïdi :

> renvoie presque invariablement à deux considérations : la compression de l'espace dans lequel les hommes vivent et échangent valeurs et produits, et les implications de cette intensification des échanges sur leur conscience d'appartenir à un même monde, que ce « même monde » soit le marché mondial pour les marchands, l'universel pour les philosophes, ou l'« ordre mondial » pour les stratèges [10].

Avec la présence obsédante du voyage dans les médias, avec les collections éditoriales multiples qui le mettent en scène et, finalement, avec les rayons des librairies qui de plus en plus lui sont consacrés, l'exotisme est bien l'inspiration littéraire privilégiée de cette conscience en formation. Tout comme, d'ailleurs, les lettres anglophones, francophones, hispanophones ou lusophones sont l'image et le produit de cette « compression de l'espace vécu » où coexistent une pluralité d'écritures dans des langues européennes issues de sociétés par certains aspects extraordinairement différentes mais qui s'interpénètrent de manière croissante. Désormais, il est non seulement rare qu'une œuvre romanesque un peu ambitieuse ne se confronte pas à la question du voyage et de la rencontre des autres cultures [11], mais en outre des écrivains parmi les plus remarquables de la fin du XXe siècle sont anglophones (Salman

---

9. Jacqueline Bardolph, *Études postcoloniales et littérature*, Honoré Champion, 2002, p. 12.

10. Zaki Laïdi (dir.), *Le Temps mondial*, Complexe, 1997, p. 15.

11. De Jean-Marie Le Clézio à Michel Houellebecq (*Plateforme*, Flammarion, 2001).

Rushdie, Wole Soyinka, Derek Walcott) ou francophones (Mohamed Dib, Édouard Glissant, Ahmadou Kourouma), pour ne citer que quelques exemples dans une floraison récente qui mériterait d'être étendue aux lettres hispanophones et lusophones et qui, dans ses développements les plus intéressants, permet d'échapper à la perspective dominante, occidentale, du monde global pour laisser entendre d'autres voix. Par la vitalité et la nouveauté de leurs formes actuelles, les domaines de l'exotisme et des littératures europhones s'affirment comme des lieux de transformation des lettres contemporaines ouvrant des champs de recherches où peuvent se renouveler nos conceptions de la littérature et de son histoire.

Les littératures postcoloniales

Le questionnement postcolonial trouve son origine dans les années 1960, lorsque de nombreux immigrants venant de pays anciennement colonisés sont entrés dans les universités et les collèges américains et britanniques et ont commencé à formuler des interrogations liées à leur histoire. Leur prise de parole ainsi que l'émergence de littératures venues de ces pays ont attiré l'attention des universitaires sur l'importance géopolitique de la littérature. Les études postcoloniales vont dès lors s'efforcer de rendre justice aux conditions de production et aux contextes socioculturels dont sont issues ces littératures. Elles évitent ainsi de les traiter comme de simples extensions de la littérature européenne, qui n'auraient en ce sens pas à être *situées* pour être comprises.

La critique postcoloniale s'est d'abord concentrée sur les littératures issues des deux plus grands empires coloniaux européens au tournant du XIXe siècle, anglophones et francophones, puis aux lettres lusophones (en Afrique) et aux littératures relevant de dynamiques coloniales antérieures, hispanophones et lusophones d'Amérique latine[12]. À vrai dire, les lettres anglophones ont été beaucoup plus étudiées en raison des origines anglo-saxonnes du postcolonialisme, mais la tendance actuelle voit s'élargir ces études aux autres littératures

12. Elle s'intéresse également à des littératures dont les auteurs sont peu nombreux, en raison d'une base démographique réduite de la communauté linguistique, hispanophone africaine (Guinée équatoriale) et néerlandophone caribéenne.

europhones. L'exemple des littératures francophones rend assez bien compte des évolutions générales de ces études postcoloniales appliquées à différents champs linguistiques et culturels.

Les études postcoloniales s'intéressent en effet à la « francophonie d'implantation ». La linguistique historique, définissant deux vagues d'implantation du français[13] et envisageant la diversité des données sociolinguistiques, permet ainsi d'établir une situation de la langue française dans le monde aujourd'hui qui prenne en compte le fait colonial[14]. Ce corpus littéraire postcolonial, correspondant à l'ensemble des littératures d'expression française issues de l'expansion coloniale (donc produites hors d'Europe), rassemble des œuvres certes très différentes aux plans historique, géographique, linguistique ou sociologique, les catégories qu'il dessine devant être complétées et précisées pour chaque cas. Toutefois, la démarche générale demeure identique.

Les études postcoloniales procèdent d'une attention à la dimension pragmatique de la littérature : l'intérêt pour le processus d'énonciation, donc pour les données situationnelles qui composent l'univers de discours des œuvres. Une large partie des lettres francophones relève en effet de dynamiques historiques coloniales dont les effets présents (depuis les frontières des États africains jusqu'au partage actuel des richesses mondiales en passant par les éléments du prestige littéraire et l'organisation du marché de la littérature) sont tout sauf anodins. L'attention à cette situation, à la fois massive et diffuse mais qui concerne les dispositions lectoriales, les usages des codes littéraires et langagiers ainsi que les modes mêmes de représentations du réel, définit tant un ordre de priorité dans les études que la pratique de celles-ci.

La critique postcoloniale développe donc un sens politique de la pratique littéraire un peu perdu par les études littéraires françaises. Si, comme l'observait Italo Calvino, il y a souvent eu des façons erronées de considérer l'utilité politique de la littérature, on peut aussi distinguer deux bonnes manières d'en user politiquement : soit en ce qu'elle donne une voix à qui n'en a pas, donne un nom à qui n'a pas de nom, et spécialement à ceux que le langage politique cherche à exclure – on peut penser au Sénégalais Sembène Ousmane ou au Camerounais

---

13. 1763 et 1815 constituent ici des dates clés avant la vague de décolonisations du XXe siècle.

14. *Cf.* Jean-Marc Moura, *Littératures francophones et théorie postcoloniale*, PUF, 1999, p. 35 *sqq.*

Mongo Beti –, soit par sa capacité d'imposer des modèles de langage, de vision, d'imagination, de travail mental, de mise en relation des données, créant « ce type de modèles-valeurs qui sont en même temps esthétiques et éthiques, et essentiels pour tout projet d'action, spécialement politique[15] » (on peut songer à la vision du monde colonial qu'a donnée Frantz Fanon, à l'image des indépendances africaines donnée par Ahmadou Kourouma).

Dans le cas des lettres contemporaines, on peut observer que la délocalisation est l'une des dynamiques du monde global, tant pour ce qui regarde les immigrés (Mexicains aux États-Unis, Turcs en Allemagne, Maghrébins et Africains en France...) que les exilés (souvent politiques) ou les voyageurs (des professionnels – employés, fonctionnaires internationaux, universitaires – aux touristes). La littérature reçoit de cette mobilité souvent subie nombre de ses thèmes et formes qu'il reste à étudier. Par ailleurs, les médias de masse présentent un ensemble de représentations des cultures du monde, à travers lesquelles nous sont livrés des stéréotypes globaux, chargés de résumer de manière emblématique les diverses modalités culturelles. Internet ou la télévision nous transforment en voyageurs globaux consommateurs de clichés. Il semble que ce soit aussi la tâche de la littérature, singulièrement des lettres europhones, de réagir à ceux-ci ou au moins d'en déjouer les faux-semblants.

Vers des études transcoloniales

L'un des développements actuels parmi les plus prometteurs des études postcoloniales est l'histoire comparée des littératures exotiques anglaises, françaises, néerlandaises, espagnoles et portugaises[16] ainsi que l'étude des relations entre les diverses littératures postcoloniales (relations entre la négritude française et les écrivains africains anglophones ou lusophones ; relations entre les Caraïbes et l'Afrique, emblématisée, dans le domaine littéraire français, par le trio Césaire-Damas-Senghor ; relations entre les littératures d'une même région, entre les Caraïbes

---

15. Italo Calvino, *La Machine littérature*, Seuil, 1984, p. 82.
16. Par exemple Bob Moore (dir.), *Colonial Empires Compared. Britain and the Netherlands, 1750-1850*, Ashgate, 2003.

anglophones, francophones, hispanophones et néerlandophones par exemple[17]).

Parce qu'il met l'accent sur l'histoire séculaire de l'oppression et de la conquête, de l'impérialisme et de l'hégémonie, le postcolonialisme rencontre d'autres champs de recherches, notamment les études afro-américaines, les études féminines[18] et les études culturelles. Se développent ainsi une série d'approches transdisciplinaires visant à renouveler les études littéraires[19]. Les relations entre littérature et anthropologie prennent ici toute leur importance, comme en témoignent notamment les travaux d'Arjun Appadurai aux États-Unis[20].

Le programme des études postcoloniales peut ainsi se définir très globalement à trois niveaux : celui d'une histoire des lettres mondiales (qui demeure aujourd'hui à l'état de projet), celui de la construction d'intelligibilités régionales de la littérature (du type Europe, Amérique latine, Caraïbes, Afrique subsaharienne) et celui d'une théorie et d'une critique des développements littéraires internationaux. C'est pourquoi il s'agit moins aujourd'hui de dépasser le projet postcolonial ou de le transformer en un nouveau ghetto critique que de l'inscrire dans une étude comparée qui permettra d'évaluer la singularité des influences et des permanences coloniales dans notre littérature.

17. James Arnold (dir.), *A History of Literature in the Caribbean*, 3 vol., I. *Hispanic and Francophone Regions, II. English and Dutch-speaking Regions, III. Cross-cultural Studies*, J. Benjamins.
18. *Cf.* Françoise Lionnet, *Postcolonial Representations. Women, Literature, Identity*, Cornell U. P., 1995.
19. *Cf.* par exemple, Lieven D'Hulst et Jean-Marc Moura (dir.), *Interfaces caribéennes/Caribbean Interfaces*, Rodopi, 2006.
20. Arjun Appardurai, *Après le colonialisme. Les conséquences culturelles de la globalisation*, Payot, 2001.

DE L'HISTOIRE COLONIALE AUX BANLIEUES

Dominique Vidal

« Chassez le naturel, il revient au galop » : comment ne pas évoquer ce proverbe en observant Dominique de Villepin recourir, à l'automne 2005, en plein embrasement des banlieues, à une loi de 1955 pour fonder juridiquement la pratique du couvre-feu ? Ignorait-il que cette législation d'exception permit, le 17 octobre 1961, le massacre de deux cents à trois cents manifestants algériens parfaitement pacifiques dans la région parisienne, puis, le 5 mai 1988, l'assassinat de dix-neuf militants kanak dans la grotte d'Ouvéa, en Nouvelle-Calédonie ?

Quand bien même l'inconscient de nos gouvernants n'aurait pas, tel un *lapsus linguae*, laissé entrevoir leur univers mental, la simple réalité a suffi à rappeler brutalement aux mémoires françaises alzheimerisées les pages noires de l'histoire coloniale. À preuve ce jeune tabassé par des policiers déchaînés, qui furent, la scène ayant été filmée et diffusée à la télévision, mis en examen : sait-on que son père avait été raflé, quarante-quatre ans plus tôt, par la police du préfet Maurice Papon ? On pense à *Nuit noire*, dont le journaliste Akram Belkaïd a écrit dans une de ses « Chroniques du blédard[1] » : « Ce film, qui a fait pleurer nombre de mes amis parisiens, est une extraordinaire piqûre de rappel pour une société qui a tendance à oublier ce qu'une police couverte, explicitement ou non, contre les bavures peut commettre. »

Après la révolte des quartiers, du 27 octobre à la mi-novembre 2005, nul ne pourra plus nier que le cocktail explosif des banlieues se

1. Akram Belkaïd, *Le Quotidien d'Oran*, 5 novembre 2005.

compose inséparablement d'une crise sociale et d'une crise post-coloniale – ou, si l'on préfère, raciale. C'est même le mélange des deux ingrédients qui le rend particulièrement inflammable. Les jeunes qui ont brûlé véhicules, écoles, gymnases et magasins – et leurs camarades, majoritaires, qui n'ont rien incendié – subissent de plein fouet l'échec scolaire, le chômage et le désœuvrement dont souffrent tant de jeunes Français, mais aussi ces discriminations visant les enfants d'immigrés maghrébins et africains.

« Une révolte populaire sans leader et sans programme »

Et, s'ils y réagissent par une violence dont d'ailleurs les habitants de leurs propres quartiers font les premiers les frais, c'est faute d'espaces politiques ou associatifs leur permettant de s'exprimer autrement. Car la gauche traditionnelle a déserté les banlieues (même si le Parti communiste y conserve des bastions, plus institutionnels que militants) ; l'altermondialisme n'y a pas pris racine ; et les associations autonomes, privées de moyens par le gouvernement Raffarin, restent peu structurées, divisées et le plus souvent coupées d'une jeune génération qui leur reproche vivement leurs échecs. Avant l'apparition du mouvement ouvrier organisé aussi, les « jacqueries » étaient fréquentes...

À en juger par les quelques fuites publiées[2], le rapport de la direction centrale des Renseignements généraux (RG) contredit ouvertement les thèses du ministère de l'Intérieur, et traduit une réflexion approfondie sur la réalité des banlieues. Il estime ainsi qu'« aucune manipulation n'a été décelée permettant d'accréditer la thèse d'un soulèvement généralisé et organisé », et notamment que les groupes islamistes n'ont joué « aucun rôle dans le déclenchement des violences et dans leur expansion ». Il s'est agi, selon lui, d'« une révolte populaire des cités, sans leader et sans proposition de programme ». Les RG affirment que les « jeunes des cités étaient habités d'un fort sentiment identitaire ne reposant pas uniquement sur leur origine ethnique ou géographique, mais sur leur condition sociale d'exclus ». Ils écrivent toutefois aussi : « Les jeunes des quartiers sensibles se sentent pénalisés par leur pauvreté, la couleur de leur peau et leurs noms. Ceux qui ont saccagé les

2. *Le Monde*, 8 décembre 2005.

cités avaient en commun l'absence de perspectives et d'investissement par le travail dans la société française. » C'est pourquoi les RG s'inquiètent du risque de « ghettos urbains à caractère ethnique » et craignent que « tout nouvel incident fortuit (décès d'un jeune) provoque une nouvelle flambée de violences généralisées ».

Ce « décor » brossé, venons-en à notre question : en quoi l'histoire joue-t-elle un rôle dans la condition des jeunes issus de l'immigration ? Pour répondre, il faut distinguer deux niveaux d'interaction : le premier concerne l'histoire coloniale elle-même, le second ses séquelles dans la société française contemporaine.

À lire certaines proclamations exaltées, on pourrait croire que les Gavroche de banlieue se révoltent au rappel des enfumades de Bugeaud, des massacres de Sétif, de ceux de Madagascar ou de la généralisation de la torture en Algérie. Et qu'ils vibrent à l'évocation de la résistance d'Abd el-Kader, de la bataille de Diên Biên Phu, des attentats du 1er novembre 1954 ou des premières réunions de la Tricontinentale. C'est présumer de leur formation historique. De même que les autres jeunes Français ne connaissent guère la Révolution de 1789, la Commune, la Résistance et même Mai 68, la plupart des enfants de l'immigration n'ont qu'une idée vague de ce que la colonisation représenta pour leurs ancêtres et des luttes que ceux-ci menèrent pour s'en délivrer.

En revanche, ils ont pour la plupart conscience que ce passé a existé et que la France « officielle » le nie ou en arrondit les angles : absence de commémorations officielles, « oublis » des manuels scolaires, *black-out* de certains médias – contrastant avec d'autres « repentances » spectaculaires – ont dépossédé les Français maghrébins et africains de leur histoire. Il aura fallu attendre les années 1990 pour qu'enfin, par bribes, la vérité se fraye un chemin.

Selon *Les Territoires perdus de la République*[3], l'antisémitisme des jeunes « beurs », sur fond d'Intifada, interdirait – ou presque – d'enseigner la Shoah dans certains collèges et lycées. Outre qu'elle généralise abusivement des comportements moins répandus que ce livre ne le prétend, cette affirmation comporte un contresens, éclairé par l'enquête

3. Emmanuel Brenner (dir. ; pseudonyme, selon amazon.com, de Georges Bensoussan), *Les Territoires perdus de la République. Antisémitisme, racisme et sexisme en milieu scolaire*, Mille et une nuits, 2004.

réalisée dans l'académie de Versailles[4] : ces réactions s'expliquent moins par un rejet des cours sur le judéocide que par l'absence ou la faiblesse des cours sur d'autres grandes tragédies de l'histoire, en premier lieu la traite et l'esclavage des Noirs ainsi que les guerres coloniales, censure vécue comme discriminatoire par nombre de jeunes issus de l'immigration.

Concurrence des mémoires

« On ne peut pas tout mettre dans le même sac », répondent certains. Certes, mais qui propose une telle confusion ? Ce que les nazis ont fait aux Juifs (et aux Tziganes) constitue un génocide sans précédent : parce que, comme l'a écrit l'historien Eberhard Jäckel :

> jamais encore auparavant un État n'avait décidé et annoncé, sous l'autorité de son responsable suprême, qu'un certain groupe humain devrait être exterminé, si possible dans sa totalité, [...] décision que cet État a, ensuite, appliquée avec tous les moyens à sa disposition[5].

Il convient de l'expliquer aux élèves tout en soulignant que, paradigme des génocides, la Shoah s'inscrit dans la longue histoire de ces derniers : « Les victimes d'Auschwitz, écrivait Paul Ricœur, sont, par excellence, les délégués auprès de notre mémoire de toutes les victimes de l'histoire[6]. » Mais pourquoi ne faudrait-il pas enseigner aussi les horreurs de la colonisation ? Sous prétexte de ne pas tracer un signe d'égalité entre le génocide nazi, l'esclavage et le massacre de centaines de milliers d'Algériens, devrait-on considérer la souffrance que ces derniers provoquent chez un jeune Noir ou un jeune Maghrébin comme inférieure à celle d'un jeune Juif face à la Shoah ?

Hélas, cette scandaleuse hiérarchisation des traumatismes n'a rien d'imaginaire. À preuve cette perle du manuel de terminale de Belin : « Avec une minuscule, *génocide* désigne l'extermination volontaire et

4. Benoît Falaize, « Peut-on encore enseigner la Shoah ? », *Le Monde diplomatique*, mai 2004.
5. Eberhard Jäckel, *Die Zeit*, Hambourg, 3 octobre 1986.
6. Paul Ricœur, *Temps et récit*, vol. III, *Le Temps raconté*, Seuil, 1985.

systématique d'un peuple. Avec une majuscule, il désigne plus précisément le génocide des Juifs et des Tsiganes perpétré par les nazis[7]. » De telles aberrations expliquent la rage d'un Dieudonné. Sans la justifier : au lieu d'exiger qu'on donne toute leur place à tous les grands drames de l'histoire, voilà l'« humoriste » qui fonce tête baissée dans le piège tendu et oppose les uns aux autres, flirtant, qui plus est, avec l'antisémitisme en dénonçant la « pornographie mémorielle[8] ». Le chercheur belge Jean-Michel Chaumont avait magistralement analysé ce genre de dérive dans *La Concurrence des victimes*[9] – qu'il incitait à combattre en veillant à traiter tous les grands massacres en insistant sur leurs leçons universelles.

À cette invite, l'auteur de ce chapitre a répondu au cours de la « tournée des villes et des banlieues », en compagnie de Leila Shahid, alors déléguée générale de Palestine en France, et de Michel Warschawski, militant anticolonialiste israélien. Un grand nombre des quarante-cinq rencontres organisées lors de cette initiative se tinrent en banlieue, où, fréquemment, des jeunes posèrent la question du traitement respectif du génocide nazi et des autres tragédies de l'histoire. Une idée, partout, se dégagea : au-delà de la spécificité de chacune, ces horreurs ont toutes pour origine l'affirmation par une « race » de sa supériorité sur les autres, fondement des « missions civilisatrices », *a fortiori* génocidaires...

Qu'il soit impossible de comprendre la France d'aujourd'hui sans prendre la mesure de l'héritage de cent trente ans d'histoire coloniale suffit à justifier la démarche des Indigènes de la République. Leur appel comporte néanmoins une appréciation contestable : notre société n'est plus coloniale, comme ils l'affirment, mais post-coloniale. Et ce « post » recouvre des changements bien concrets : si la France recèle encore des squats, elle a rasé les innombrables bidonvilles où s'entassaient autrefois tant d'immigrés ; ceux-ci rasaient alors les murs, quand leurs enfants s'affirment désormais fièrement ; et des dizaines de milliers d'entre eux sont devenus professeurs, médecins, avocats, entrepreneurs, journalistes, etc. – autant de professions inaccessibles à leurs parents...

---

7. Lire Maurice T. Maschino, « Les génocides dans les manuels scolaires », *Manière de voir*, n° 82, « Pages d'histoire occultées », août-septembre 2005.

8. Auteure de *La Nation et la mort. La Shoah dans le discours et la politique d'Israël*, La Découverte, 2004, Idith Zertall a démenti avoir utilisé cette formule, que Dieudonné lui attribuait.

9. Jean-Michel Chaumont, *La Concurrence des victimes*, La Découverte, 2002.

Négliger ces évolutions serait absurde, en exagérer la portée également : le sort de la majorité demeure négativement déterminé par leurs origines. Voilà le second volet de l'analyse du poids de l'histoire coloniale dans la vie de ses « héritiers » : le rapport au passé, pour ces jeunes, c'est avant tout les séquelles qu'ils en subissent au présent – ghettoïsation, discriminations et racisme.

Six fois moins de chances

Opportunément publié en novembre 2005, le rapport de l'Observatoire national des zones urbaines sensibles (ZUS) – qui, au nombre de sept cent cinquante-deux, rassemblent plus de quatre millions d'habitants – révèle que le chômage et l'échec scolaire y sont deux fois plus élevés que la moyenne nationale, le revenu fiscal inférieur de quarante pour cent, la présence médicale deux fois moins importante et la délinquance supérieure de cinquante pour cent[10]. Ces maux, les jeunes d'origine maghrébine et africaine les subissent plus cruellement. Un exemple significatif, le *testing* organisé par l'Observatoire des discriminations[11] : il révèle que Mohamed, habitant au Val-Fourré (Mantes-la-Jolie), a six fois moins de chances d'obtenir... un entretien d'embauche que Jean-Pierre, domicilié à Paris ! Et si ce dernier loge lui aussi au Val-Fourré, il a deux fois moins de chances d'en décrocher un qu'en demeurant à Paris !

À l'omniprésence, dans la révolte des banlieues, de la revendication du « respect », on aura, en outre, mesuré que, si la dimension économique et sociale du legs colonial pèse lourd, sa dimension strictement raciste a des effets non moins ravageurs. Dans nombre des trois cent quarante et une émeutes recensées en quinze ans par les RG, le détonateur fut la mort d'adolescents, tués par des policiers ou des « tontons flingueurs ». Là encore, c'est le décès de deux jeunes qui a mis le feu aux poudres : la justice devra dire si Zyed et Bouna tentaient d'échapper à une rafle lorsque, le 27 octobre 2005, ils pénétrèrent dans un transformateur d'EDF de Clichy-sous-Bois ; et si la hiérarchie policière, informée, a fait ce qu'elle devait pour les sauver. Mais, au-delà des assassinats (moins fréquents qu'autrefois), des arrestations arbitraires, des brutalités

10. *Cf.* www.ville.gouv.fr/index.htm
11. *Cf.* http://cergors.univ-paris1.fr/observatoiredesdiscriminationsfd.htm

ordinaires et du harcèlement quotidien, le comportement de la police n'obéit pas seulement au feu vert que paraît lui donner le discours provocateur du ministre de l'Intérieur.

La réalité, c'est que la France connaît une nette remontée de ce racisme enraciné par l'histoire coloniale et postcoloniale. Aux yeux de millions de nos concitoyens, les enfants de l'immigration, même français, ne font pas figure d'égaux : ils restent des indigènes, surtout lorsqu'ils vivent dans des « réserves ». Cette réalité a toutefois été masquée par le traitement médiatique de la résurgence des violences antisémites au début des années 2000 et, une nouvelle fois début 2006, avec « l'affaire de Bagneux ». Les statistiques analysées, chaque année, par la Commission nationale consultative des droits de l'homme (CNCDH) confirment pourtant que la montée de la violence antijuive a coïncidé avec celle, plus tardive mais désormais plus nette, de la violence anti-arabe[12] : en 2002, le nombre d'actes de violence racistes a été multiplié par quatre, et en leur sein celui des actes antisémites par six ; 2003 a enregistré un reflux des premiers (– 23 %) comme des seconds (– 36 %) ; en 2004, le nombre d'actes antisémites a de nouveau progressé (+ 57 %), mais moins que celui des autres actes racistes (+ 83 %) ; et, pour l'année 2005, les statistiques du ministère de l'Intérieur enregistrent un recul de 51 % des actes antijuifs – et de 48 % pour les autres actes de violence raciste.

L'approche quantitative ne suffit cependant pas à cerner le phénomène. Année après année, les experts de la CNCDH ont contribué à mettre en lumière l'évolution qualitative singulière des différentes formes de racisme. Ainsi les violences antijuives ne semblent pas correspondre à un antisémitisme de masse, dont toutes les enquêtes sociologiques attestent la lente marginalisation depuis la Seconde Guerre mondiale. Ce n'est pas le cas du racisme anti-arabe, qui a connu, lui, un retour en force. Deux chiffres symbolisent le différentiel des préjugés : 90 % des Français se disent prêts à élire un président de la République juif (contre 50 % il y a quarante ans) ; mais seuls 36 % voteraient pour un candidat musulman[13].

---

12. CNCDH, *La Lutte contre le racisme et la xénophobie*, La Documentation française, 2002, 2003, 2004 et 2005.

13. Voir respectivement Nonna Mayer, « La France n'est pas antisémite », *Le Monde*, 4 avril 2002, et l'enquête sur « L'islam en France » réalisée par Artenice Consulting, avril 2004.

Si elle plonge ses racines dans le passé colonial, cette dimension islamophobe du racisme anti-arabe a été relancée, à l'échelle mondiale, par les attentats du 11 septembre 2001 et la guerre lancée par George W. Bush contre le terrorisme et l'« islamo-fascisme[14] ». Et, à l'échelle française, le débat autour de la loi sur le voile a servi de prétexte à un déferlement de haine : on ne fera pas ici à Oriana Fallacci, à Michel Houellebecq et autres Alain Finkielkraut l'honneur de les citer. D'où une dégradation, récente mais sensible, de l'image de l'islam, confirmée par l'enquête publiée par la CNCDH en 2004[15]. Et le même rapport relève que les « menées strictement islamophobes [...] représentent 21 % de la violence raciste globale en 2004 contre 15 % en 2003 et 12 % en 2002 ».

Le sondage réalisé en novembre 2005 par la CNCDH donne la mesure du racisme de masse qui frappe notamment les Arabes et les musulmans. Une personne sur trois se dit raciste, soit 8 % de plus qu'en 2004 ; 88 % estiment que le racisme est « plutôt » ou « très répandu » (+ 8 %) ; 63 % (+ 5 %) estiment que « certains comportements peuvent parfois justifier des réactions racistes ». Quelles sont les principales victimes du racisme en France ? Parmi les réponses les plus fréquentes figurent les « Nord-Africains » et les « musulmans » (42 %), suivis des « étrangers » et des « immigrés » (26 %), puis des « Africains » et des « Noirs » (17 %) – après quoi viennent les Français (12 %), les « Juifs » (6 %) et les « personnes d'une autre couleur de peau » (6 %)... Et, si 38 % pensent que les événements au Proche-Orient ont renforcé l'antisémitisme (– 13 %), 44 % considèrent qu'ils ont accru le racisme envers les musulmans (– 6 %).

Une campagne de diffamation

Mais nombre de médias ne se contentent pas de dénigrer les Arabes et les musulmans : ils développent une campagne de diffamation

14. *Le Monde*, 8 octobre 2005.

15. Certes, 77 % des sondés estiment que « les Français musulmans sont des Français comme les autres », mais 57 % pensent qu'ils forment « un groupe à part » (41 % pour les Juifs, 26 % pour les Noirs et 13 % pour les catholiques). Faut-il « faciliter le culte musulman » ? 47 % répondent non, contre 46 % oui. De même, 47 % (contre 43 %) rejettent la « formation d'imams français ». Il faut dire que l'expression « religion musulmane » est ressentie comme « négative » par 35 % des sondés - 21 % pour la religion juive, 17 % pour le protestantisme et 16 % pour le catholicisme.

particulière contre les jeunes des quartiers. Ainsi leur ont-ils imputé tous les actes de violence commis contre les Juifs[16] : or, comme la CNCDH l'a montré, les deux tiers de ceux-ci sont l'œuvre de Français dits « de souche[17] ». Ils ont aussi fait grand bruit de la multiplication des « tournantes » : or, le sociologue Laurent Mucchieli a démontré que le nombre de viols collectifs restait stable depuis des décennies. Autre thème cher aux médias, le terrorisme qui s'implanterait dans les cités : or, le nombre de jeunes Arabes incarcérés pour actes de terrorisme ne dépasse pas quelques dizaines. Les mêmes propagandistes se sont d'ailleurs ridiculisés, durant la révolte de novembre 2005, en réduisant celle-ci à un « complot islamiste », alors que, de notoriété publique les institutions et groupes religieux n'avaient pas eu la moindre influence sur les événements. Même leurs tentatives pour rétablir le calme ont fait long feu, y compris cette étrange *fatwa* antiviolences de l'Union des organisations islamiques de France (UOIF)[18].

Résumons : si l'histoire coloniale et son déni participent du mal-être des jeunes des banlieues, leur colère s'explique aussi et surtout par les séquelles de cette histoire dans leur vie de tous les jours. Ou plutôt s'expliquait. Car la loi du 22 février 2005, exigeant notamment des manuels scolaires qu'ils valorisent le « rôle positif » joué par la France outre-mer, a retenti comme un coup de tonnerre dans un ciel qui n'était plus serein et le déclassement, onze mois plus tard, de l'article 4 de la loi n'a guère modifié ce climat. Dans leur entreprise pour réhabiliter le bilan de la France outre-mer, les proches de Jacques Chirac qui préparèrent cette législation et les nostalgiques qui la défendent bec et ongles mesurèrent-ils que, pour les victimes de la colonisation, il s'agissait d'une pure provocation ? Nul ne prétend, bien sûr, que les Français n'ont fait que du mal dans les pays qu'ils dominèrent. Mais comment soupeser dans une même balance, d'un côté les hôpitaux, les routes et les bureaux de poste, et de l'autre les massacres, l'esclavage et l'exploitation ?

---

16. Phénomène particulièrement explicite après « l'affaire de Bagneux », début 2006, et l'assassinat odieux d'un « jeune Juif » par une « bande de barbares ». La mobilisation légitime pour Ilan Halimi a manqué, quelques jours plus tard, face au crime raciste anti-arabe d'Oullins.

17. Dans sa contribution au rapport, Jean-Christophe Rufin estime à « 30 % » le pourcentage d'acteurs « issus de l'immigration, mais pas forcément maghrébine, avec la présence de Noirs et d'Antillais ».

18. *Le Monde*, 7 novembre 2005. Les responsables de l'UOIF expliqueraient-ils la violence des casseurs par leur islamité ?

Et si la droite prétendait seulement, comme hier le Parti communiste soviétique, réécrire les manuels scolaires... Mais sa loi, en réalité, sert d'ores et déjà de couverture à des initiatives de réhabilitation de la colonisation qui – de Marseille à Montpellier, en passant par Montredon-Labessonnié – risquent de sacrifier la vérité historique et la paix civile sur l'autel de calculs électoraux médiocres[19]. Et faux : obnubilé par les anciens colons, l'Élysée a négligé les anciens colonisés – au-delà de la Méditerranée, où l'affaire a saboté le traité d'amitié en négociations entre Alger et Paris ; mais aussi en deçà, où certains retiendront les lamentables discours racistes des députés de droite plutôt que la belle envolée contre le « poison des discriminations ».

Nicolas Jekyll et Sarkozy Hyde

À moins que, cette fois encore, le pouvoir ne se livre surtout à une opération de diversion. Car l'avenir des banlieues constitue, pour la classe politique, un défi sans précédent : il exige des réformes radicales et, qui plus est, très coûteuses, donc doublement incompatibles avec la logique néolibérale en vigueur dans toute l'Union européenne. Droite et gauche respectables tentent de nous faire croire que la solution réside dans la constitution d'une petite élite issue de l'immigration, dont les membres, en échange de leur réussite sociale, se chargeraient de maintenir l'ordre parmi les leurs. Nul mieux que M. Sarkozy n'a formulé cette vision : tel le docteur Jekyll et Mister Hyde, l'homme de l'ordre se veut aussi celui du (petit) changement. Mais la promotion nécessaire ne concerne pas seulement, par exemple, les quelques dizaines de lycéens méritants des zones d'éducation prioritaires (ZEP) entrés à Sciences Po, mais les centaines de milliers de jeunes qui, faute d'une formation générale et professionnelle adaptée, iront grossir les rangs des chômeurs – ou des précaires.

Casser la ghettoïsation suppose à la fois d'accélérer considérablement la rénovation des villes pauvres et de développer la mixité dans les villes riches, ce qui exige à la fois des dizaines de milliards d'euros et des mécanismes de nature à imposer la loi sur la solidarité et le renouvellement urbains (SRU) – dont le député-maire UMP d'Argenteuil

---

19. Sandrine Lemaire, « Une loi qui vient de loin », *Le Monde diplomatique*, janvier 2006.

Georges Monthron déclarait récemment : « Si on n[e l']'applique pas [...], on va vers l'explosion urbaine[20]. » Pareillement, comment venir à bout de l'échec scolaire sans redéployer des moyens matériels et humains considérables ? De même, l'offensive indispensable contre le chômage implique un formidable effort de création d'emplois publics et privés, bien au-delà de ces zones franches urbaines (ZFU) qui apportent plus d'exonérations fiscales que d'embauches locales. S'il ne coûte rien financièrement, le combat contre le racisme dans son expression verbale et physique, mais aussi à travers les discriminations de tout ordre, suppose une détermination sans faille, à rebrousse-poil des réflexes ancrés dans l'histoire...

Lorsque le terme « intégration » apparut dans les années 1950 et se développa dans les années 1980, il séduisit : contrairement à l'« assimilation », il semblait admettre le respect de la culture, des traditions, de la langue et de la religion des nouveaux Français. Mais, à l'usage, il se révéla piégé. Dès lors que l'intégration ne fonctionne plus, c'est vers les jeunes des banlieues que se pointe un doigt accusateur, comme pour leur demander : « Pourquoi ne faites-vous pas l'effort de vous intégrer ? » Au lieu de se tourner vers une société française incapable d'assurer l'égalité des droits et des chances à tous ses enfants, quelles que soient leur origine, la couleur de leur peau, la consonance de leurs prénom et nom, leur confession...

Et la simple morale rejoint, ici, l'intérêt national. Car, si les fils et les filles des immigrés d'hier n'ont guère de chances de vivre et de faire vivre à leur descendance une vie décente s'ils ne prennent pas toute leur place dans la société française, cette dernière n'a guère de chances de sortir de la crise globale qu'elle traverse ; elle ne peut se priver de l'apport, des énergies et des compétences d'un dixième de sa population. C'est un des enjeux décisifs des prochaines décennies.

20. *Le Figaro*, 4 novembre 2005. Outre les amendes, apparemment inefficaces, infligées aux villes refusant de se conformer à la loi SRU, pourquoi ne pas envisager que leurs maires soient déclarés inéligibles ?

CINÉMA, CHANSON, LITTÉRATURE POST-COLONIAUX : CONTINUITÉ OU RUPTURE ?

Delphine Robic-Diaz et Alain Ruscio

En 1962, un jeune pied-noir un peu joufflu, encore maladroit devant les caméras, paraît pour la première fois à la télévision. Il entonne : « J'ai quitté mon pays/J'ai quitté ma maison/Ma vie, ma triste vie/Se traîne sans raison. » On aura reconnu Enrico Macias. La France vient de quitter – enfin – le cycle de guerres dans lequel elle était entrée en mai 1940. Elle entre dans une nouvelle époque avec cette balade qui vient des outre-mer. À l'apogée de l'Empire, puis à l'occasion des guerres de décolonisation, les créateurs – cinéastes, artistes, écrivains, chanteurs – avaient souvent lié leurs productions aux questions coloniales, que ce fût pour louer ou pour combattre le système[1]. Qu'en fut-il quand le colonialisme s'effaça – ou, plutôt, lorsqu'il fut effacé ?

Le regard cinématographique

Les genres cinématographiques sont des systèmes narratifs codés autour desquels se tissent les intrigues des récits filmiques. Ces systèmes pouvant également se combiner entre eux, il arrive que, après une longue période de succès, un genre, progressivement infiltré par un autre, lui

1. Alain Ruscio, *Que la France était belle au temps des colonies*, Maisonneuve et Larose, 2001 ; Alain Ruscio, *Le Credo de l'homme blanc. Regards coloniaux français XIXe-XXe siècles*, Complexe, rééd. 2002, et *Amours coloniales*, anthologie établie par Alain Ruscio, Complexe, 1996.

cède peu à peu la place. Ainsi, par exemple, bon nombre de films d'action contemporains peuvent-ils se lire comme une réactualisation du film de cape et d'épée : sauver une belle et remporter son amour après de glorieux faits d'armes illustrés par des scènes héroïques.

Le cinéma post-colonial est un cas atypique de genre cinématographique en ce qu'il est constitué et reconnu mais définitivement disparu et non simplement éclipsé. Son existence n'a pas été conditionnée par des évolutions internes au cinéma, comme le goût du public ou l'évolution des technologies, mais stoppée net par le cours de l'histoire.

Avec la fin des colonies s'achève le « cinéma colonial ». Pourtant, des séquelles peuvent sporadiquement se manifester sur les écrans – notamment dans des films de guerre portant sur la décolonisation, comme *Diên Biên Phu* de Pierre Schoendoerffer (1992) ou *La Trahison* de Philippe Faucon (2006) –, réminiscences d'un genre marquées par un autre, légitimé, lui, par les événements. Bien plus rarement et tardivement, des mélodrames historiques sont réalisés, revisitant les colonies à rebours de l'histoire, relisant les dérives d'un régime raciste sur le mode du *mea culpa* sacrificiel, comme *Indochine* de Régis Wargnier (1992) ou *Outremer* de Brigitte Roüan (1989). Le cinéma colonial est mort, longue vie au cinéma post-colonial[2].

Ce dernier n'est que le prolongement politiquement correct du premier. Pour preuve, le terme même par lequel il est désigné : il ne s'agit pas d'un cinéma « décolonial » ou « post-décolonial », mais d'un cinéma « post-colonial », d'après colonisation, sorte d'avorton du colonialisme. Les fantômes des colonies disparues hantent le cinéma post-colonial. Il est un cinéma du traumatisme et de la mémoire, une psychothérapie en images par laquelle le monde contemporain tente régulièrement de se purger d'une histoire fondamentalement raciste.

Ainsi existe-t-il des passages obligés dans le pénible travail d'exorcisme mené par les Français, de véritables lieux communs comme, par exemple, celui qui met en scène le rapport de force entre colons et autochtones, toujours établi en faveur du Blanc dont la présence n'est plus tant répressive que maïeutique. Comment les indigènes auraient-ils pu revendiquer leur indépendance s'ils avaient été privés de la présence du Blanc ? Comment auraient-ils pu s'organiser, s'ils n'avaient eu un ennemi contre lequel se coaliser ? Ce sont là quelques-uns des principes rhétoriques tacites qui cimentent le discours post-colonial des films français les plus récents.

---

2. Dina Sherzer, *Cinema, Colonialism, Postcolonialism*, University of Texas, 1995.

Indochine de Régis Wargnier en est une parfaite illustration, dont la relation mère-fille des personnages incarnés par Catherine Deneuve et Linh Dan Pham constitue un parfait résumé. La petite Camille, fille adoptive de la riche Éliane, doit conquérir son statut de femme en s'opposant à l'influence de sa mère, en la rejetant, en la fuyant. Mais incapable d'élever l'enfant qu'elle a eu d'un officier français, elle le confie à sa mère pour qu'elle l'élève en Europe pendant qu'elle-même se consacre à une brillante carrière politique au sein du Viêt-minh. De la décolonisation, on le voit, comme crise d'adolescence des nations. Bien que le récit présente explicitement la nécessité pour les Français de quitter un pays auquel ils restent définitivement étrangers, sa morale ambiguë laisse entendre que les populations anciennement colonisées ne peuvent se passer d'un certain lien, d'une certaine dépendance, lisible dans la figure de l'enfant confié à sa grand-mère adoptive, un petit métis qui n'est pas renié par sa mère mais sacrifié sur l'autel de la cause nationaliste.

Si altruiste se veuille-t-il, le cinéma post-colonial français ne cède jamais qu'une place marginale et caricaturale à la représentation des autochtones, les transformant dans un curieux mais significatif renversement de proportions en véritables « minorités visibles ».

Outremer de Brigitte Roüan, dont l'action se déroule sur une quinzaine d'années dans une plantation coloniale algérienne, de 1946 aux débuts des années 1960, expose l'inéluctable départ des Français depuis un triple point de vue féminin : l'aînée (Nicole Garcia), totalement accaparée par les archétypes familiaux de la vieille bourgeoisie terrienne, reste indifférente aux événements et meurt anéantie par le chagrin de son veuvage ; la cadette (Brigitte Roüan), qui assume au nom d'un mari apathique la responsabilité du domaine, à bout de forces mais toujours obnubilée par la survie de la propriété, est abattue par des tireurs embusqués ; la benjamine (Marianne Basler) est en secret la maîtresse d'un combattant du FLN ; seule rescapée de l'épopée familiale, elle finit par quitter l'Algérie sans totalement parvenir à refaire sa vie en France. Trois Marianne tragiques aux trajectoires presque caricaturales dans la constance allégorique de l'évocation : famille, travail... amour. Ne manque au triangle des valeurs traditionnelles d'une société française sclérosée et moribonde que la patrie, perte ô combien symbolique dans le contexte d'une guerre d'Algérie résolument maintenue dans le hors-champ et tout aussi symboliquement remplacée par l'amour, trait d'union sentimental esquissé par le film entre deux peuples en plein divorce.

Qu'il s'agisse de l'Indochine ou de l'Algérie, le cinéma post-colonial français ne perd pas l'espoir d'un éventuel renouveau des relations entre les ex-pays colonisés et leur ancienne métropole. Les drames civils qu'il met en scène dans le contexte de la décolonisation sont des cadres presque exclusivement féminins, afin de renforcer l'aspect émotionnel des déchirures de l'histoire.

À l'inverse, les fictions militaires sont des récits forcément et férocement virils. L'univers masculin reste cependant singulier puisqu'il n'est jamais appréhendé que depuis le camp des Français et de leurs alliés, fantoches ou harkis. Une fois de plus, l'autochtone est une silhouette sur son propre territoire naturel ; il est un combattant anonyme alors que son adversaire est identifié, et bien souvent massifié, pour donner forme au danger menaçant qu'il incarne. Sa présence peut également se fondre dans le paysage, comme les « hommes buissons », représentation stéréotypée du Viêt-minh dans les films sur la guerre d'Indochine, notamment aperçue dans *Le facteur s'en va-t-en guerre* de Claude Bernard-Aubert (1966) ou *Diên Biên Phu* de Pierre Schoendoerffer.

De la même manière, les corps des membres du FLN ne s'inscrivent le plus souvent à l'écran qu'en tant que (futurs) cadavres ou prisonniers. Contrairement aux films de guerre américains, les films militaires français n'utilisent que rarement le procédé dit de la « caméra transfuge » opérant des allers-retours totalement artificiels entre les deux camps. Sans doute doit-on lire dans ce respect des contraintes du terrain – un soldat ne peut voir son adversaire que lorsque celui-ci est à portée de viseur ou que l'un des deux est prisonnier – le fait que le cinéma post-colonial est aussi contemporain de la nouvelle vague, dont le principe esthétique essentiel est de filmer le réel dans les conditions du réel.

Le cinéma de guerre français se veut donc un cinéma militaire et l'on peut noter que les principaux noms de ce genre sont ceux d'anciens opérateurs du Service cinématographique des armées : Pierre Schoendoerffer, Claude Bernard-Aubert ou Raoul Coutard, chef opérateur phare de la nouvelle vague et réalisateur de *Hoa Binh* (1969) et de *La Légion saute sur Kolwezi* (1979) ; mais aussi Laurent Heynemann, réalisateur, entre autres, de *La Question* (1977) sur l'affaire Henri Alleg pendant la guerre d'Algérie.

L'expression « cinéma militaire » ne signifie pas que les films français portant sur la décolonisation sont des films bellicistes. Aucun d'entre eux ne se revendique d'un point de vue raciste justifiant de combattre pour le maintien des régimes coloniaux, mais certains, principalement les films de Schoendoerffer ou Bernard-Aubert, adoptent un discours indéniablement en faveur du militaire, marionnette sacrificielle de pouvoirs politiques négligents et inconstants. Cette position aura pour conséquence de légitimer des comportements moralement condamnables comme les éliminations sommaires, dont le célèbre mais grossier malentendu de *L'Honneur d'un capitaine* (1982) de Pierre Schoendoerffer – le capitaine Caron ordonne à ses hommes de « descendre » leur prisonnier, ce qui pour lui consiste à l'escorter jusqu'au pied de la falaise, mais que les hommes comprennent comme un ordre d'exécution – ou encore la rébellion des putschistes d'Alger dont l'action est justifiée par le précédent indochinois et le refus d'abandonner à nouveau des populations demeurées fidèles à la métropole (*Le Crabe-Tambour* de Pierre Schoendoerffer, 1976).

Plus ambiguë est *La Trahison* de Philippe Faucon, qui offre un véritable nuancier des trahisons possibles dans un contexte de guerre civile : trahison du lieutenant français envers les musulmans de sa section qu'il livre au service du contre-espionnage, trahison de ces hommes envers leur lieutenant qu'ils projetaient sans doute d'assassiner avec le reste de la troupe, trahison de la France envers les incorporés algériens abandonnés aux mains des fellaghas, trahison des harkis envers la cause nationaliste algérienne...

À l'inverse de ces prises de position en faveur d'une inconscience active et disciplinée des militaires français, existe un cinéma polémique nourri par des réalisateurs de gauche dénonçant les excès des hommes de main d'un régime à l'agonie, tels que l'élimination de déserteurs (*RAS* d'Yves Boisset, 1973), la capture et la torture de combattants ennemis (*Avoir vingt ans dans les Aurès* de René Vautier, 1972) ou de partisans de l'indépendance de l'Algérie (*La Question* de Laurent Heynemann). La misère et les abus d'une armée ballottée par les bégaiements de l'histoire sont au cœur de la représentation de la décolonisation après 1962. Le soldat n'est certes qu'une arme entre les mains du politique, mais le cinéma choisit de donner sa vision des événements en instruisant à charge ou à décharge leur procès.

Le film post-colonial est donc un dérivé polymorphe et polyphonique du film colonial[3], sorte d'arborescence complexe de la culpabilité et du martyre fondé sur le socle d'une époque coloniale rendue

3. Parmi les études les plus importantes sur le cinéma colonial français, on peut

étrangement singulière par la magie des codes stéréotypés du cinéma. Le cinéma français profite de l'ambiguïté même de l'énoncé pseudogénérique « post-colonialisme » pour véhiculer une certaine mémoire de son passé dans l'espoir, sans doute, de mieux évacuer le traumatisme et de permettre à un regard dépassionné sur l'Autre de voir le jour.

Quelques notes de musique... et pages d'écriture

Au joli temps des colonies, Dieu sait combien la chanson, art populaire par excellence, a véhiculé d'idées reçues. De *La Petite Tonkinoise*, qui va fêter cette année son centenaire, au *Fanion de la Légion*, de Raymond Asso, immortalisé par la môme Piaf, trois ou quatre générations de Français ont fredonné des chansonnettes assez solidement colonialistes, parfois racistes, la chanson protestataire étant réduite à la portion congrue.

Après la décolonisation, il est devenu rare de trouver des textes laudateurs, sauf chez des créateurs « nostalgériques », relativement marginaux (Jean-Pax Méfret). La veine humaniste/antiraciste a, par contre, été abondamment creusée, de la jeune Africaine *Lily*, de Pierre Perret, à la « beurette » *Aziza*, de Daniel Balavoine. C'est même le regard critique, parfois militant, qui s'est imposé. Pour l'Indochine, on connaît le véritable brûlot qu'écrivit Jean Ferrat, au lendemain de la victoire des communistes vietnamiens, en 1975 : « Ah ! Monsieur d'Ormesson/ Vous osez déclarer/ Qu'un air de liberté/ Flottait sur Saigon. »

Pour la guerre d'Algérie, les textes ne se comptent plus, décrivant la vie quotidienne des bidasses (*L'Algérie*, de Serge Lama), la désertion (*Celle que je n'aurais pas voulu faire*, de Claude Vinci) ou les traumatismes en métropole (*Je t'attends à Charonne*, de Lény Escudero, *Paris, octobre 61*, du groupe La Tordue). Même *Le Temps des colonies*, de Sardou et Delanoë, peut être, si l'on abandonne une lecture au tout premier degré, considérée comme une chanson de distanciation.

---

citer : Pierre Boulanger, *Le Cinéma colonial de* L'Atlantide *à* Lawrence d'Arabie, Seghers, 1975 ; Abdelkader Benali, *Le Cinéma colonial au Maghreb*, Cerf, 1998 ; Fatimah Tobing Rony, *The Third Eye. Race, Cinema and Ethnographic Spectacle*, Duke University Press, 1996, et le numéro spécial de la revue bruxelloise *Journal of Film Preservation* (n° 63), sous le titre « Cinéma colonial : patrimoine emprunté », d'octobre 2001.

Signe des temps : les enfants (ou aujourd'hui les petits-enfants) des colonisés ont pris la parole. Le succès éclatant d'un groupe au nom clin d'œil, Carte de séjour, chantant sur un rythme orientalisé *Douce France*, apparaîtra peut-être à l'historien de l'avenir comme un des signes majeurs de l'empreinte du phénomène immigré (et « post-immigré ») sur toute la société française.

La littérature offre beaucoup plus de mise en perspective. On pourrait, pour la littérature d'après 1962, faire le même type de remarque que pour la chanson : le rapport pro/anti s'est radicalement inversé en quelques décennies. Entre 1930 et 1932, Henry de Montherlant rédige un roman, *La Rose de sable*, puis... le range dans ses tiroirs. La version intégrale, à la tonalité assez fortement anticolonialiste, ne sera publiée que six années après la fin de la guerre d'Algérie. Montherlant, en avance sur son temps, au moins en ce domaine, n'avait pas voulu le faire alors que son pays ne lui paraissait pas préparé à entendre certaines vérités. Symbole : *La Rose de sable* est-il un roman de l'ère colonial(e) (date de rédaction) ? ou post-colonial(e) (date de publication) ? Il est un trait d'union, en tout cas, entre deux types de littérature.

Il subsiste, certes, une catégorie d'écrivains, Michel Droit ou Michel Tauriac, qui, par attachement à l'Empire, à l'armée, à la grandeur passée, perpétuent la littérature coloniale. Jean Raspail, auteur en 1973 d'un best-seller, *Le Camp des saints*, n'est-il pas, finalement, l'héritier – et, d'un certain point de vue, le plagieur – du capitaine Danrit, auteur de *L'Invasion jaune* ? La couverture de ce roman est un chef-d'œuvre d'« art réaliste ». On y voit, sur fond de bateaux échoués sur une plage que l'on devine européenne, une véritable armée de pauvres hères, demi-nus ou en guenilles, noirs ou « bruns », avançant inexorablement, « énorme animal à un million de pattes et cent têtes alignées »... Selon l'auteur, l'Occident doit alors répondre à une alternative : « Si on les accepte, c'est la porte ouverte à l'invasion. Et si on les refuse, il faut les massacrer ou les rendre à la misère. »

De la même façon, les récits d'aventures – espionnage avec Jean Bruce ou Gérard de Villiers, militaire avec Jean Lartéguy –, où les héros – évidemment blancs, le plus souvent français – pourfendent les fourbes ennemis arabes ou jaunes ne sont que de nouvelles tailles dans la veine éternelle de la lutte du Bien contre le Mal, veine si fertile à l'ère coloniale. On pourrait trouver également des exemples dans les romans policiers traditionnels, à la Auguste Le Breton ou à la Léo Malet. Mais, évidemment, là aussi, les thèmes dénonciateurs, si rares jusqu'en 1962, l'ont progressivement emporté. Fini le temps où les colons étaient tous braves et fiers, où les *indigènes* étaient soit des chiens fidèles, soit des monstres d'ingratitude. À l'exception de la trilogie récente de Max Gallo sur l'Empire, on ne trouve guère de « grands spécialistes » du genre[4].

La dénonciation se fait parfois au corps défendant d'auteurs non engagés, mais dont l'œuvre brosse un assez sombre tableau de la médiocrité coloniale. Un Morgan Sportes, auteur, il y a une dizaine d'années, du roman pamphlet *Tonkinoise*, en est un exemple édifiant. Mais on pense surtout à l'impressionnante suite de Jean Hougron, *La Nuit indochinoise*, où la référence quasi limpide à Céline est criante. Les années 1950 et les années 1960 ont bien été un *voyage au bout de la nuit coloniale*.

Mais parfois, et même souvent, l'écriture est assumée comme un devoir citoyen, voire militant. Le destin du roman policier *nouvelle génération* de Didier Daeninckx, *Meurtre pour mémoire*, en est un bon exemple. Tous les observateurs s'accordent à reconnaître le rôle déclencheur – parmi d'autres – de ce texte dans le processus de réappropriation, par la mémoire collective, du drame d'octobre 1961 à Paris. Quels que soient, donc, les vecteurs de l'expression artistique, cinéma, chanson, littérature, les temps ont bien changé depuis 1962. Fini le temps des certitudes, finie l'ère de la bonne conscience. Si les admirateurs des « aspects positifs » de l'œuvre coloniale de la France sont à la recherche d'exemples, ce n'est certes pas de ce côté qu'ils devront chercher.

4. Max Gallo, trilogie *L'Empire*, Fayard, 2004 ; vol. I, *L'Envoûtement* ; vol. II, *La Possession* ; vol. III, *Le Désamour*.

UNE DÉCOLONISATION EN TROMPE-L'ŒIL

Par Jean-Pierre Dozon

Le fait est largement établi. Bien loin de constituer une rupture, l'indépendance de la grande majorité des territoires français d'Afrique subsaharienne (y compris les territoires sous mandat du Togo et du Cameroun qui lui avaient été confiés à la fin de la Première Guerre mondiale), survenue dans le sillage de l'avènement de la Ve République, a été au contraire à l'origine de liens renforcés et, pour ainsi dire, d'une nouvelle histoire entre la France et le continent africain. Sans doute, depuis cette époque, n'a-t-on pas cessé de parler officiellement de décolonisation, c'est-à-dire d'un grand moment historique de rupture et d'émancipation auquel la France, incarnée dans l'imposante figure du général de Gaulle, fut étroitement associée. Et cela bien qu'elle se fût engagée, alors même que l'occupation allemande était encore toute proche, dans d'inexpugnables guerres et répressions sanglantes à Madagascar, en Indochine, au Cameroun, en Algérie et dans quelques autres lieux de l'Empire, rebaptisé en 1946 Union française. Mais est-il besoin de rappeler que, entre 1959 et 1960, l'ensemble des territoires ressortissant à ce qui avait été, en 1958, à nouveau dénommé Communauté franco-africaine – à l'exception de Djibouti – accédèrent à la souveraineté avec le complet accord des autorités françaises, quand ce ne fut pas avec le regret, voire avec le dépit manifeste exprimé par certains leaders africains de devoir se dépouiller, pour inventer les leurs, des atours et des emblèmes de la mère patrie ? Cela ne fut pas sans conséquences.

Une décolonisation en trompe-l'œil

Pour une large fraction des élites et des populations africaines, l'essentiel, en fait de décolonisation, avait sans doute été acquis en 1946, lorsque tout ce qui faisait du régime colonial un régime d'exception à l'État républicain fut aboli. C'est-à-dire lorsque le système de l'indigénat fut supprimé[1] et que les sujets africains de la France devinrent une composante quasi citoyenne de celle-ci par l'obtention d'une partie des droits fondamentaux (droits syndicaux, droits politiques...) et par le fait de pouvoir se croire assimilés à la grande communauté nationale[2]. Plus tard, en 1956, la fameuse loi-cadre, appelée également loi Deferre, permit que les territoires africains, tout en restant dans le giron de la République, puissent accéder à l'autonomie administrative et politique, ce qui clôturait définitivement la période coloniale, mais ne mettait aucunement un terme aux liens franco-africains. De sorte que, même si elle a pu signifier une « rupture » avec la métropole, l'indépendance ne laissa pas en réalité de prolonger ce singulier processus de décolonisation qui, au fur et à mesure qu'il défaisait l'ordre proprement colonial, retissait simultanément des liens de plus en plus étroits avec l'État français. C'est ainsi que ce dernier, dans ce contexte de guerre froide propre aux années 1950 qui lui était particulièrement favorable, veilla très fermement à juguler les partisans d'une rupture avec la métropole, tout en investissant financièrement dans les territoires africains comme jamais il ne l'avait fait durant la période coloniale. Ce fut tout particulièrement le cas au Cameroun et chez les étudiants africains séjournant en métropole, généralement d'obédience communiste.

Quand l'Afrique permet à la France de retrouver puissance et indépendance

Pour ce faire, l'État français trouva parmi les leaders africains des alliés d'importance qui, à l'image de Félix Houphouët-Boigny en Côte

1. Instauré en même temps que la création des deux fédérations africaines, l'AOF et l'AEF, il imposait aux colonisés des obligations et ne leur donnait presque aucun droit.
2. Quatre localités du Sénégal (Saint-Louis, Gorée, Rufisque et Dakar) faisaient elles-mêmes exception au régime de l'indigénat, puisqu'elles furent instituées, dès le début de la IIIe République « communes de plein exercice », donnant le statut de citoyens à leurs habitants.

d'Ivoire[3], entendaient accéder aux affaires sans compromettre, bien au contraire, l'érection de ce que j'ai appelé l'« État franco-africain » sur les décombres de l'Empire. Par cette formule[4], j'ai tenté de définir un système tout à la fois politique et économique qui, amorcé durant la IVe République, ne s'est véritablement mis en place qu'avec l'avènement de la Ve République et l'arrivée au pouvoir du général de Gaulle et qui, pour reposer sur l'indépendance formelle des anciennes colonies africaines, a d'abord eu pour finalité l'indépendance de la France par rapport aux deux blocs et le retour de celle-ci au statut de grande puissance capable de peser sur le destin de la planète. En une période où l'État et son exécutif étaient au cœur de l'économie politique du pays, ce « système franco-africain » a permis à la France, en reposant lui-même sur la souveraineté monétaire du franc CFA[5], de réaliser trois grands objectifs : celui de peser bien plus lourd dans le concert international (une quinzaine de pays africains l'appuyèrent ainsi régulièrement dans ses politiques extérieures) ; celui d'accéder à des ressources énergétiques dont elle était privée sur son sol (pétrole et uranium) et celui de conduire une politique soutenue d'aide au développement conditionnée, pour les États africains « bénéficiaires », à l'obligation d'acheter français ou de recourir à des entreprises et expertises françaises.

Si l'on ajoute que le « système franco-africain » s'est également traduit par une expatriation de Français bien plus importante que ne le fut jamais la population de métropolitains durant la période coloniale et, réciproquement, par une immigration africaine très soutenue pour satisfaire les besoins en main-d'œuvre de l'industrie française, tout concourt à dire qu'un tel système constitue l'une des toutes premières clés d'analyse de la France contemporaine post-coloniale.

D'un certain point de vue, on pourrait simplement considérer que ce « système franco-africain » laisse découvrir un monde anachronique ou désuet qui n'a fait que perpétuer, à contretemps de l'histoire et sous la forme du néocolonialisme, la présence et les intérêts français en Afrique, à l'image par exemple d'un ministère de la Coopération qui

3. Houphouët-Boigny, après avoir été dans la mouvance du PCF, devint ministre proche de la gauche de Mitterrand sous la IVe République, puis ministre de De Gaulle au tout début de la Ve République.

4. Jean-Pierre Dozon, « L'État franco-africain », *Les Temps modernes*, août-novembre 2002, n° 620-621, p. 261-288.

5. Le franc CFA fut institué en 1945.

s'est durablement maintenu dans les lieux occupés antérieurement par le ministère des Colonies puis par celui de la France d'outre-mer. Mais, selon un autre point de vue, un peu plus acéré, on pourrait dire qu'il donne accès à cet univers passablement interlope dénommé couramment « Françafrique », fait de divers réseaux d'influences et de trafics douteux et constituant une sorte d'arrière-cour scandaleuse de la Ve République[6] dont, de temps à autre désormais, les sombres intrigues ou les affaires juteuses échouent chez les juges d'instruction. En fait, quoiqu'on puisse le juger anachronique ou scandaleux, l'État franco-africain tel qu'il m'a paru émerger paradoxalement du processus de décolonisation décrit le mouvement par lequel un certain monde africain – la plupart des ex-colonies françaises, mais auxquelles il faut ajouter des ex-colonies belges ou portugaises, comme la République démocratique du Congo, le Rwanda ou l'Angola – est devenu régalien au sein de l'État français. Ainsi a-t-il constitué, un peu au même titre que l'énergie nucléaire civile ou militaire, un enjeu de tout premier plan, où il y allait des intérêts supérieurs de la nation. En cela, il ne me semble pas y avoir eu simple continuité avec la période antérieure ou simple mise en œuvre de pratiques néocoloniales et interlopes. Les indépendances ont bien fait d'une certaine façon « rupture », mais dans le sens où elles permirent cette mise en œuvre proprement régalienne, qui donna indépendance et puissance à la France (en même temps qu'à – mais sur un mode nettement plus subalterne – certains de ses plus importants comparses comme la Côte d'Ivoire d'Houphouët-Boigny). C'est pourquoi Jacques Foccart ne fut pas *seulement* ce secrétaire général de l'Élysée chargé des Affaires africaines. Car s'il avait justement en charge ces affaires, il détenait bien plus qu'un rang de ministre ; il était une sorte de vice-président non déclaré de la Ve République des années 1960-1970, responsable d'un secteur à ce point essentiel qu'il l'autorisait à peser fortement sur le mouvement gaulliste comme sur la politique gouvernementale[7]. Parce que l'Afrique était son domaine, il n'avait justement pas à rendre de compte à la nation (spécialement aux représentants du peuple dont il n'était pas) de ce qu'il y pratiquait ; de ce fait, il incarnait les carences démocratiques et le caractère fortement

6. Voir, parmi les ouvrages de François-Xavier Verschave, *La Françafrique. Le plus long scandale de la Ve République*, Stock, 1998.
7. « Foccart. Entre France et Afrique », numéro spécial des *Cahiers du Centre de recherches historiques*, n° 30, octobre 2002.

oligarchique d'une République dont les politiques les plus stratégiques étaient conçues et conduites par le seul exécutif.

Organiquement lié, par conséquent, à l'instauration de la Ve République, l'« État franco-africain », dans la mesure même où il garantissait dans le monde bipolaire indépendance et puissance à la France, outrepassa les clivages gauche droite et participa, même en l'absence de Foccart, à la grande alternance de 1981. Ce dont témoignèrent les sommets franco-africains qui, pour avoir été inaugurés par Georges Pompidou, gagnèrent en solennité et en pompe sous la gouverne de François Mitterrand ; ce que démontra encore bien davantage en 1994, en pleine cohabitation, le déplacement à grands frais aux funérailles d'Houphouët-Boigny dans sa cité natale de Yamoussoukro des plus hauts responsables politiques français (présidents et Premiers ministres) qui s'étaient succédé depuis trente ans. En réalité, au-delà de l'ironie ou de l'amusement que de telles funérailles suscitèrent dans la presse, s'y donnait à voir au grand jour cet « État franco-africain » qui avait fonctionné, tel un double de l'État français, depuis les débuts de la Ve République et qui rendait un exceptionnel hommage à celui qui en avait été l'un des plus grands et des plus sûrs piliers.

Le temps du déclin : ce que « dévaluer » veut dire

Mais à y regarder de plus près, on pouvait aussi en ces solennelles circonstances découvrir à cet État franco-africain une forme quelque peu spectrale, comme si, tout en étant somptuairement rassemblé, il n'était plus véritablement présent à lui-même. La guerre froide avait cessé et un vent puissant de néolibéralisme soufflait déjà sur la planète, qui obligeait quantité d'États à se délester des fonctions dirigistes qu'ils avaient remplies depuis plusieurs décennies, spécialement l'État français qui s'était illustré en la matière, mais aussi, et certainement davantage, tout cet aréopage d'États africains qui n'avaient cessé de faire cortège avec lui. Peu de temps du reste avant les funérailles d'Houphouët-Boigny, ceux-ci avaient fort mal vécu la décision unilatérale qu'avait prise celui-là de dévaluer de moitié le franc CFA, c'est-à-dire d'aller dans le sens des institutions financières internationales de Bretton Woods : à savoir une mise en cause des protections et des surévaluations monétaires qu'exemplifiait la politique de la France en Afrique depuis 1960.

En fait, au-delà de sa monnaie, c'était l'« État franco-africain » qui s'était trouvé plus largement dévalué et qui, au tournant du grand spectacle cérémoniel de Yamoussoukro, commençait à aller vers son déclin. Tout ce qui auparavant, finances et personnels principalement, circulait et séjournait au titre de la coopération ou de l'aide publique au développement diminua fortement, tandis que l'immigration africaine, qui avait été sollicitée antérieurement sur le sol de France et qui faisait que les pays africains francophones ne se percevaient pas comme étrangers à *leur* ex-métropole (pendant plus de vingt ans aucun visa ne fut exigé de leurs ressortissants, la réciprocité étant évidemment appliquée aux Français qui s'y rendaient pour leur travail ou pour leur loisir), était contestée et n'apparaissait plus comme souhaitable.

Des liens maintenus mais diversifiés

Cependant, malgré cette rupture de 1994, entérinée par l'absorption hautement emblématique du ministère de la Coopération par le ministère des Affaires étrangères, les relations de la France avec l'Afrique se poursuivirent en se diversifiant bien plus largement que par le passé. Épousant un peu mieux l'air du temps, elles participèrent du mouvement général de privatisations qui fit, d'un côté, que de grands groupes français, comme Total (anciennement Elf), Bolloré ou Bouygues, prirent en charge d'importants secteurs économiques dont durent se délester les États africains de la zone franc, et, de l'autre, que quantité d'organisations non gouvernementales et d'associations (parmi lesquelles des associations créées en France par des Français ou par des immigrants d'origine africaine) eurent de plus en plus à s'occuper de projets de développement ou d'actions humanitaires. À quoi s'est encore plus nettement ajoutée la mise en œuvre d'une coopération décentralisée[8], c'est-à-dire d'un système d'actions publiques qui, parallèlement aux impératifs de gouvernance et de coopération décentralisées auxquels étaient dorénavant tenus les États africains, émanèrent de nombreuses villes et communes françaises sous la forme de jumelages entre elles et une myriade de localités africaines notamment.

8. Alain Marie, *La Coopération décentralisée et ses paradoxes*, Karthala, 2005.

Mais, quoiqu'elle pût constituer un épisode ou un élément de complexification supplémentaire à la longue histoire des relations franco-africaines, cette diversification ne relevait-elle pas plutôt d'un mouvement général dans lequel devaient être de plus en plus impliquées, outre quantité d'ONG, l'Union européenne, de grandes institutions et de grandes firmes internationales, voire de grandes puissances comme les États-Unis et la Chine ? Un peu comme cette immigration africaine originaire des régions francophones diversifiant de plus en plus aussi bien les voies d'accès (bien souvent clandestines et hautement risquées) au Nord que les pays susceptibles de l'accueillir sans trop de rejet (non plus spécialement la France, mais l'Angleterre, l'Italie, l'Allemagne où les États-Unis), les opérations d'exploitation, de développement ou de commercialisation locales, les entreprises humanitaires, les politiques de lutte contre la pauvreté, qui devaient être désormais conduites dans ces régions africaines francophones, laissant en effet de mieux en mieux découvrir les mécanismes de la « multilatéralisation » et de la globalisation générale. Toutes choses qui tendraient à confirmer le délitement depuis une bonne dizaine d'années de l'« État franco-africain », c'est-à-dire non seulement la dissipation de cette aide publique au développement qui, allant d'État à États, l'avait fait « régaliennement » fonctionner, mais aussi l'entrée massive et rapide dans ce qui avait été longtemps un univers protégé et quasi exclusif de nouveaux acteurs ressortissant à une palette de plus en plus large d'intérêts privés, étatiques, inter ou transnationaux.

Une rupture non encore consommée

Reste que, si une telle tendance est à l'évidence lourde, si la France paraît davantage suivre elle-même le chemin d'une modernisation libérale (sur fond de construction européenne) que d'être en mesure de faire perdurer son « État franco-africain », la rupture avec celui-ci est, pour l'heure, loin d'être totale. À l'instar du franc CFA et des sommets franco-africains toujours en vigueur, nombre de gouvernants africains (francophones surtout, mais pas uniquement) semblent encore trouver dans l'État français une sorte de protecteur de leurs propres structures étatiques face aux vagues de plus en plus fortes du néolibéralisme, comptant également sur lui pour plaider leur cause en termes, notamment, d'aides ou d'effacement de dettes publiques auprès de l'Union européenne et des institutions financières internationales.

Ce que confortent de leur côté assez bien les actuelles autorités françaises – on songe ici plus particulièrement au président de la République Jacques Chirac – qui, en paraissant toujours être en accord avec les débuts de la Ve République ou avec un certain esprit gaulliste, semblent considérer que l'Afrique reste un monde au sein duquel la France peut prétendre sauvegarder des intérêts tout à la fois économiques, géostratégiques et culturels (en l'espèce la francophonie). Et cela même si par ailleurs elle y consacre de moins en moins d'argent public tout en réprimant de plus en plus fermement son immigration. C'est sans doute ainsi que l'on peut interpréter le fort engagement, militaire et diplomatique, de l'État français dans la grave crise ivoirienne. Car, quoiqu'elle ait des dimensions régionales et internationales, impliquant notamment l'ONU, cette crise a principalement révélé – notamment au moment des accords de Linas-Marcoussis – un assez étrange et anachronique tête-à-tête entre la France et ce qui fut le fleuron de son empire africain dès les années 1930, puis le partenaire privilégié de son « État franco-africain[9] ». Mais, devenu particulièrement problématique et dangereux, spécialement lors des événements de novembre 2004 où l'on assista à une quasi-guerre franco-ivoirienne et à de singuliers débordements, ce tête-à-tête peut aussi laisser percevoir l'ultime soubresaut d'un « État franco-africain » agonisant.

Encore qu'on puisse également se demander, en ces temps où l'Union européenne a bien du mal à s'affirmer politiquement sur la scène planétaire, si sa faible implication dans la crise ivoirienne (et, plus généralement, ses insuffisances de politique générale à l'égard de l'Afrique subsaharienne) n'a pas conforté l'engagement de la France et permis à celle-ci, comme si elle était de toute façon la mieux placée pour le faire, de tenter de la colmater et d'empêcher, au moins pour un temps, que cette crise ne débouche sur de plus graves désordres régionaux et de nouvelles dominations impériales.

9. *Cf.* Jean-Pierre Dozon, *Frères et Sujets, la France et l'Afrique en perspective*, Flammarion, 2003.

LES PARADIGMES COLONIAUX DE L'ACTION HUMANITAIRE

Amina Yala

En l'espace de quelques décennies, les organisations non gouvernementales (ONG) sont devenues des acteurs incontournables dans les relations Nord-Sud. Du Biafra en 1967 à l'Indonésie en 2005, en passant par l'Afghanistan ou l'Éthiopie, leurs volontaires sont sur tous les fronts : ils font figure de « héros des temps modernes », romantiques et aventuriers, courageux et dévoués, devenant des « modèles » pour beaucoup de jeunes cherchant un « engagement » sur le terrain, hors d'Occident. Au-delà de la vision héroïque et salvatrice des humanitaires, quels regards ces derniers portent-ils sur les « sociétés du Sud » qu'ils se sont donné pour mission d'aider ? Ces regards entrent-ils en continuité avec la posture coloniale – notamment avec le courant humaniste de celle-ci – ou existe-t-il des ruptures dans les postulats posés à la base de ces engagements ultramarins ? Enfin, quelle filiation précise peut-on tracer entre l'affirmation d'une « mission civilisatrice », énoncée dans le cadre de l'entreprise coloniale française dès le XIXe siècle, et la pensée commune qui peut être identifiée auprès des acteurs de l'action humanitaire ? Autant de questionnements que des entretiens réalisés auprès des acteurs de terrain de l'action humanitaire contribueront à éclairer[1].

1. Enquête par entretiens menés auprès de vingt-quatre volontaires et dix-huit responsables associatifs entre 1997 et 2002 dans le cadre d'une thèse de doctorat d'histoire, « Les inévitables ambiguïtés du volontariat. Les volontaires des ONG françaises, 1997-2002 », université Paris-I-Panthéon-Sorbonne, 2003. Ces travaux ont fait l'objet d'une publication récente, *Volontaire en ONG : l'aventure ambiguë*, Charles Léopold Mayer, 2005.

L'essor des ONG françaises remonte au début des années 1960, au moment où se font jour les luttes d'indépendance des pays africains et asiatiques. En d'autres temps déjà, des hommes ont mené des actions de solidarité et d'assistance. Historiquement[2], les premiers à jouer un rôle important furent les missions et les ordres religieux, mettant en pratique le précepte de « charité » que les philosophes du siècle des Lumières « laïciseront » en introduisant la notion de philanthropie[3]. La période coloniale constitue une page importante dans l'histoire de l'humanitaire en tant qu'époque pionnière durant laquelle fut formulé explicitement le lien entre sa théorisation doctrinale en Occident et sa mise en pratique progressive depuis les premières conquêtes jusqu'aux temps des administrations impériales. Dès le XIXe siècle, la conquête coloniale française, en Afrique noire, au Maghreb comme en Indochine, s'appuie sur un discours de bienfaisance et de progrès. Missionnaires, médecins et militaires sont présentés comme les acteurs du développement de l'empire, de la « pacification » des mondes en perpétuelle anarchie et de la « civilisation » des populations indigènes.

Des figures emblématiques de la médecine coloniale telles les docteurs Schweitzer ou Jamot serviront de modèles à des générations de volontaires et inspireront notamment les *French Doctors*, qui susciteront à leur tour de nombreuses vocations dans le dernier quart du XXe siècle. En Europe, le développement de la médecine militaire, l'émergence d'un droit de la guerre et la création de la Croix-Rouge[4] par Henry Dunant contribuent à l'émergence d'actions privées et laïques, surtout après la Seconde Guerre mondiale, et concourent à structurer l'humanitaire, qui sort progressivement du seul cadre de l'intervention coloniale. En même temps, le mouvement de décolonisation marque l'essor de la solidarité associative en direction du tiers-monde, qui se double d'une course à la

2. Jean-Christophe Rufin, *L'Aventure humanitaire*, Gallimard, « Découvertes », 1994.

3. Catherine Duprat, *Pour l'amour de l'humanité, le temps des philanthropes : la philanthropie parisienne des Lumières à la monarchie de Juillet*, CTHS, « Mémoires et documents », 1993.

4. Le premier président de la Croix-Rouge, Gustave Moynier, s'inscrivait clairement dans un continuum colonial, comme on peut le découvrir à la lecture des textes qu'il a consacrés à l'Afrique, affirmant que la « race blanche » doit lui « faire bénéficier des moyens dont dispose la civilisation moderne pour améliorer son sort de manière conforme aux vœux de la providence » (cité par Alain Destexhe dans *L'Humanitaire impossible ou deux siècles d'ambiguïté*, Armand Colin, 1993).

solidarité dans laquelle l'aide au développement devient un enjeu des luttes d'influence entre grandes puissances. Différentes structures, d'initiative étatique, contribuent à maintenir la présence et l'influence de la France dans ses anciennes colonies, tout en répondant aux visées des nouvelles puissances qui cherchent à émerger à l'intérieur de ce pré carré[5]. Une dernière génération d'ONG voit le jour dans les années 1970, dans le contexte de la guerre froide, où dominent le conflit vietnamien, les luttes post-coloniales endémiques en Afrique noire, francophone ou anglophone, ainsi que les derniers conflits pour les indépendances dans l'ex-Empire portugais. Accès aux victimes, efficacité de l'aide d'urgence, défense des droits de l'homme, témoignage sur la « réalité du terrain », telles sont les priorités de ces nouvelles ONG. Mais si les méthodes changent, l'intervention en terre étrangère et la mission d'aide humanitaire, elles, ne sont guère remises en question.

Les motivations des volontaires

L'engouement pour l'humanitaire, notamment dans la jeunesse française, résulte en partie du fait qu'il procure encore un rêve, un idéal et un sentiment d'utilité. Lorsque l'on interroge les volontaires sur leurs motivations, on constate au premier abord la variété des réponses : « aller aider les autres », « se rendre utile », « voyager », « découvrir d'autres cultures », « faire quelque chose qui a du sens », « vivre une expérience enrichissante », « se tester ». Il s'agit donc de s'éprouver en se confrontant à la différence, à l'inconnu ; mais aussi de fuir le chômage, la routine et l'ennui, d'imiter un modèle, de servir son avenir professionnel en acquérant une expérience dans le domaine de la solidarité internationale, de faire une « pause », de s'accorder un moment privilégié entre les études et la vie active... Cependant, au-delà de cette apparente hétérogénéité, deux motivations reviennent invariablement : l'envie d'aider et celle d'aller à la rencontre de l'Autre.

5. En 1961, John. F. Kennedy lance les *Peace Corps* (corps de la paix), volontaires envoyés dans les pays en développement pour apporter une aide dans les domaines technique et culturel. Le gouvernement français y répond en créant l'Association française des volontaires du progrès en 1963. Les premiers volontaires du progrès sont envoyés en Centrafrique en 1964.

Les volontaires se disent concernés par le sort des plus démunis, révoltés par leurs conditions de vie : ils veulent agir, réagir. Ils ont en même temps envie de voir du pays et de découvrir d'autres sociétés. Ils souhaitent voir l'Autre « en vrai », dans son environnement et dans son quotidien et non dans un décor « préfabriqué pour touristes ». Ils envisagent pour cela de « se fondre dans la culture locale ». Ils désirent établir des « relations égalitaires » avec leurs hôtes. C'est d'ailleurs le discours que tiennent nombre d'ONG aujourd'hui : l'accompagnement a remplacé l'assistanat, on travaille désormais « en partenariat », « avec les populations locales » et on intervient du reste « à leur demande ». Les volontaires revendiquent cette notion de partenariat, leur intervention devant se faire sur un mode équitable et respectueux de la culture de l'Autre et non sur celui du voyeurisme ou du moralisme comme pouvaient le mettre en pratique leurs prédécesseurs ou comme continuent à l'exercer, selon eux, les expatriés qu'ils fustigent bien souvent et dont ils critiquent l'esprit de « supériorité » et le « manque d'intérêt » pour les autochtones. Eux se défendent d'être des coopérants ou des expatriés, et encore moins des touristes en mal d'exotisme... puisqu'ils viennent non seulement dans un but légitime et altruiste – aider – mais également pour vivre *avec* et *comme* les populations locales, en « s'immergeant dans la société d'accueil ». Un désir dont témoigne Claire, volontaire en Indonésie :

> On n'a pas envie d'arriver comme de bons Occidentaux, on veut se fondre davantage dans la culture locale. On ne veut pas faire comme les gros touristes, donc on achètera nos vêtements sur place : ça coûte moins cher et ça sera plus pratique pour nous, on sera plus vite acceptés.

L'Afrique éternelle

Si les volontaires n'ont pas de destination privilégiée dans l'absolu – l'essentiel pour eux étant de *partir* –, ils ont en fait presque tous l'Afrique en tête et plus précisément l'Afrique noire. Le « continent noir » apparaît comme le plus pauvre, donc celui qui a le plus besoin d'aide ; comme celui où les conditions de vie sont les plus rudimentaires, ce qui leur demandera un réel effort d'adaptation, de mise à l'épreuve. C'est également le continent le plus mythique, le plus exaltant, dont ils ont « des images dans la tête ».

L'analyse du répertoire d'images constitué par l'école et la presse[6] permet de mettre au jour l'imaginaire des jeunes volontaires. On observe alors que le discours qu'ils produisent correspond à celui véhiculé par les médias, les documents édités et diffusés par les ONG ou les manuels scolaires. Tous ont évoqué les paysages de cartes postales, la savane, les plages de sable blanc, la nature intacte, la faune sauvage, les couleurs, la langueur, la chaleur... C'est enfin une terre qui paraît à la fois proche et lointaine. La proximité liée à l'histoire coloniale, à la langue, à l'immigration génère une forme de *familiarité rassurante*. Toutefois, l'Afrique noire n'en demeure pas moins exotique et fascinante. Le Maghreb n'est pas associé, sinon de façon périphérique, à cette perception du « continent », qui est d'abord dominé par son identité subsaharienne. Quant à l'Asie, elle fait peur : trop énigmatique, trop mystérieuse, trop lointaine, elle inquiète. Les « volontaires » n'arrivent cependant pas à caractériser cette peur ni à se représenter leur séjour en Asie. Ils ont l'impression de n'en maîtriser aucun élément. Enfin, l'Amérique latine n'a jamais été citée au cours des entretiens. En posant explicitement la question, la barrière de la langue est invoquée. Notons que cet argument n'est jamais avancé pour les autres régions du monde. L'éloignement de l'Amérique latine, tant géographique que culturel, est tel qu'elle est tout simplement hors champ. Ainsi, un lien demeure-t-il entre la France et son ex-Empire colonial, du moins ses possessions en AEF et en AOF. Ce constat se vérifie empiriquement : l'Afrique noire[7] reçoit la part la plus importante de l'aide humanitaire, si l'on considère le nombre d'ONG présentes sur place, les programmes réalisés, les moyens financiers et humains investis. Dans l'imaginaire également, les représentations de l'altérité perdurent : l'Afrique est pauvre, attirante et familière ; l'Asie est mystérieuse et effrayante, l'Amérique latine est oubliée.

Le séjour *in situ* a souvent peu d'incidence sur le regard que portent les volontaires sur le Sud. Partis avec les clichés et les *a priori* de leur

6. Cette analyse a principalement porté sur les médias (émissions de télévision, magazines...), les guides touristiques, la production des ONG (films, affiches...) et aussi sur les manuels scolaires d'histoire-géographie des vingt-cinq dernières années.

7. En 2003, l'Afrique subsaharienne reçoit 42 % des dépenses de terrain des ONG françaises (source : *Argent et organisations de solidarité internationale, 2002-2003*, Commission coopération développement, septembre 2005) et 54 % des volontaires relevant du décret de 1995 relatif au volontariat (source : *Étude statistique, les volontaires en poste au 31 décembre 2003*, FONJEP, juin 2004).

société, véhiculés principalement par les médias et l'école, les jeunes expatriés reviennent avec une connaissance de l'Autre très parcellaire, en partie due aux conditions de vie et à une approche très folklorique de la société dans laquelle ils ont séjourné. S'ils disent vouloir vivre « au plus près » des populations locales, les volontaires côtoient généralement des gens proches d'eux, francophones ou anglophones, instruits, au fait de la culture occidentale et qui en maîtrisent les codes. Ils échangent davantage avec les notables (instituteurs, chefs du village, traducteurs...), qui constituent des passeurs, tant au plan linguistique que culturel, avec les personnes qu'ils sont venus aider et rencontrer. Ces intermédiaires sont également présents dans les équipes de travail. Ils relient les volontaires, au sommet de la hiérarchie, au personnel local. Et si des relations respectueuses et amicales existent, responsabilités, décisions et gestion financière sont réservées aux expatriés. Leur quotidien, moins confortable qu'en France, est néanmoins proche de celui d'un Européen au niveau de l'alimentation, de l'habitat ou des facilités matérielles. Leur niveau de vie reste aisé comparé aux conditions locales. Ils bénéficient de surcroît d'un statut valorisant dû à leur condition d'étranger, d'Occidental, de « Blanc », venu d'un pays riche pour porter assistance aux plus démunis.

Sentiment de supériorité et mythe du « bon sauvage »

Au retour, deux catégories de volontaires se distinguent à travers les entretiens réalisés. La première raisonne en termes de supériorité et affiche une forme de condescendance. La deuxième porte un regard très idéalisé sur l'Autre. Chez les expatriés du premier groupe, on décèle parfois même un certain racisme. Les différences culturelles sont mises en avant pour mieux marquer la séparation entre « eux » et « nous ». Les Occidentaux, qui ont la préoccupation de l'efficacité, de la rentabilité, de la rationalité, les recherchent chez l'Autre, ne les trouvent pas et le déplorent. Les sociétés qu'ils découvrent sont, selon eux, « improductives », « archaïques », « empêtrées dans leurs traditions », « corrompues »... Après deux ans au Cameroun, Fabrice est convaincu :

> Je n'étais jamais arrivé à comprendre comment les États africains pouvaient en être là actuellement. [...] Ils sont d'une

> inefficacité totale en termes d'économie, ils font tout pour saboter leur économie, par différents moyens, et c'est ce qui m'a énormément appris : un des objectifs que j'avais avant de partir était cette compréhension d'un monde qui est totalement différent. [...] Je suis allé très loin dans la compréhension de l'Afrique.

Les volontaires qui affirmaient un sentiment de supériorité ne raisonnent bien souvent qu'en termes économiques ; en termes de culture supérieure – la leur – et inférieure – celle de l'Autre – et opposent facilement modernité/tradition et développement/sous-développement. Ils veulent « faire bouger les choses » et se sentent investis d'une « mission ». Xavier, volontaire au Burkina Faso, raconte : « On est sur une autre planète, on ne voit pas le monde de la même manière [...]. Ce qui m'a surpris, c'est que c'est plus dur à faire bouger que je ne pensais, on se rend compte sur place du travail qu'il y a à faire. »

Ainsi retrouve-t-on des similitudes avec le discours colonial[8]. Si les volontaires ne prétendent pas « apporter la civilisation », ils veulent néanmoins changer les choses, faire évoluer les mentalités en référence à « leurs » modèles. Ces expatriés reviennent à la fois déçus et confortés dans ce qu'ils pensaient au départ, concluant que la culture de l'Autre, inadaptable, incompatible avec le modèle de développement occidental, entrave son évolution.

La deuxième catégorie de volontaires se situe à l'opposé de la première mais son approche est tout aussi caricaturale. Elle a une vision du Sud et de ses populations très naïve, voire angélique. Les volontaires sont fascinés : tout est beau. Il n'y a rien de négatif dans les cultures qu'ils rencontrent. C'est le mythe du « bon sauvage ». La société d'accueil est idyllique et constitue une sorte de paradis perdu, ses habitants y coulent des jours paisibles. Ceux-ci sont « accueillants », « chaleureux », « bons », « joyeux », et « vivent en harmonie avec la nature ». De retour d'Indonésie, Claire explique : « Il n'y a rien de négatif, tout est beau [...]. Ils mangent quand ils ont faim, ils font tout quand ils veulent, ils n'ont pas d'horaires, ils sont zen. » Ces volontaires occultent les réalités économiques, politiques et sociales pour ne retenir que l'aspect folklorique, les cérémonies, les danses ou la musique. Les

8. Voir *Les Trois Couleurs de l'Empire*, documentaire réalisé par Jean-Claude Guidicelli et Virginie Adoutte, France, 2001, 70 minutes.

habitants qu'ils rencontrent sont de « grands enfants » naïfs, attachants, insouciants, qu'il est légitime d'aller aider et auxquels il faut montrer et enseigner la voie du progrès. La mission humanitaire prend alors toute sa signification.

Les volontaires de ces deux catégories ne retiennent principalement que deux aspects : la pauvreté et l'exotisme, dans un même mouvement de simplification. Ces continents et leurs peuples sont perçus comme un tout homogène, uniforme, avec une histoire et une culture linéaires. Ayant séjourné un certain temps dans une région bien définie et circonscrite du tiers-monde, ils n'hésitent pourtant pas à parler de l'Afrique dans son ensemble ou des Africains en général, sans tenir compte des différences locales, régionales et nationales, de ces ensembles continentaux. Dans leur approche, les distinctions historiques, politiques, économiques ou culturelles sont ignorées. Et lorsqu'ils découvrent la diversité, c'est toujours avec étonnement. Les « sociétés du Sud » apparaissent simples et sans normes. Leurs rites sont perçus comme des divertissements auxquels les expatriés n'attachent aucun sens symbolique. Ils assistent aux danses rituelles javanaises, ou pensent pouvoir assister aux cérémonies malgaches de retournement des morts, comme à un spectacle distrayant. Les costumes amusent, les coutumes fascinent, ils y voient l'expression de la joie de vivre, du goût pour la fête. Les croyances sont souvent assimilées à des superstitions naïves. Pratiques et mœurs sont « drôles », « bizarres » ou « étranges ». Le poids des relations historiques et des enjeux politico-économiques, les codes culturels inhérents à toute société, les représentations collectives des uns et des autres sont évacués. Leur vision dichotomique du monde fait état d'un Nord caractérisé par la richesse, le développement, la puissance, la stabilité, le droit, la démocratie qui s'oppose à un Sud défini par la pauvreté, la violence, la guerre, la nature exubérante, la chaleur. Ces distinctions en appellent d'autres : « proche/lointain », « civilisé/sauvage », « modernité/tradition », « stabilité/chaos », « bien » et « mal ».

Une dernière catégorie de volontaires existe toutefois. Marginale, elle constitue une alternative aux deux premières. Plus nuancés, ces volontaires font preuve d'ouverture et de tolérance. Ils reviennent avec plus de questions que de certitudes, sur l'utilité de leur action, leur modèle de développement ou la façon d'aller à la rencontre de l'Autre. Mais cette dimension « critique » reste minoritaire dans le panel que nous avons interrogé.

La « mission civilisatrice »

L'humanitaire renforce souvent, de manière inconsciente, les clichés et le sentiment de supériorité des jeunes Occidentaux[9]. D'abord parce qu'il leur permet de mettre à disposition des autres leur temps et leur savoir. Et, comme les expositions ethnographiques du siècle dernier, qui par la mise en scène d'un spectacle « réel » de l'infériorité servaient à illustrer la suprématie de la puissance coloniale et à justifier son action, les missions humanitaires ont la même fonction : conforter le visiteur dans sa propre supériorité, qui ne peut être affirmée que parce que l'Autre existe en tant qu'inférieur, le « civilisé » ne pouvant exister comme tel qu'au regard du « primitif ». Aujourd'hui encore, il s'agit de mettre de la distance entre « eux » et « nous ». Le discours des volontaires reste empreint de paternalisme. Au nom du bien, ces actions solidaires peuvent s'apparenter à une nouvelle forme de colonisation et l'intervention des « bons Samaritains » de l'humanitaire, venus aider des populations en détresse, rappelle celle de leurs ancêtres venus civiliser des peuples « attardés », en affirmant le faire dans leur intérêt.

Nous sommes dans une reproduction quasi à l'identique de la bonne conscience coloniale que l'on voit s'épanouir et pénétrer l'opinion française comme les élites coloniales tout au long de la IIIe République. Une sorte de reproduction de la culture coloniale, à travers son *versus* humanitaire et missiologique. Toutefois, nous n'entendons pas comme acceptation de ce discours sur la « mission civilisatrice » celui qui était gravé dans le marbre des théoriciens de la colonisation française, mais plutôt cette *culture* commune, ce sentiment partagé par une large partie de l'opinion, cette *culture coloniale* qui avait intégré dans ses paradigmes l'idée même d'œuvre de civilisation dans le cadre de l'action coloniale. Nicolas Bancel et Pascal Blanchard ont précisé que la notion de *culture* nécessitait une définition précise pour être appliquée avec justesse dans le champ du colonial :

> On comprendra ici la culture populaire visuelle, composée par l'ensemble des dispositifs imagés fixes – carte postale (dont les Français consomment plus de 500 millions d'exemplaires par an), photographie, affiche, jeu, illustration, bande dessinée,

9. Sophie Bessis, *L'Occident et les autres, histoire d'une suprématie*, La Découverte, 2001.

> timbre... – et animés – cinéma, théâtre, cabaret, exposition... – destinés au public le plus large. Délimitation contestable, fluctuante, nous en convenons, mais, en même temps, indispensable, car les limites ultimes de la culture populaire ne peuvent être précisément dessinées sans revenir à chaque fois à une époque ou à un moment précis de l'histoire, à tel ou tel type de population ou à telle ou telle génération ou classe d'âge. C'est bien à partir de ces formes, qui peuvent paraître anodines, que se trament les linéaments des mentalités collectives, que se construisent, se renforcent et se transforment les stéréotypes qui structurent l'imaginaire social[10].

Ainsi, les humanitaires restent-ils majoritairement convaincus du bien-fondé, de l'utilité et de l'efficacité de leur action ; ils ont également besoin de le démontrer. Par souci de transparence auprès de leurs donateurs mais aussi de légitimation, les ONG affichent largement le décompte des écoles et puits construits, des enfants vaccinés et des vies sauvées et transformées. Sylvie Brunel en convient :

> [...] Nous n'avions jamais eu la possibilité de démontrer ainsi, concrètement, l'utilité, la nécessité de l'engagement humanitaire. [...] Elle [l'action humanitaire] se contente humblement de sauver des vies, une à une, et, bien menée, obtient des résultats rapides et extraordinaires[11].

Et, dans leur discours, les volontaires sont les seuls à pouvoir mener cette mission salvatrice, comme l'explique Patrick, de retour d'ex-Yougoslavie :

---

10. Il s'agit d'un article de Nicolas Bancel et Pascal Blanchard, « Civiliser : l'invention de l'indigène », *in Culture coloniale. La France conquise par son Empire (1871-1931)*, Autrement, 2003.

11. Sylvie Brunel, *Libération*, 16 septembre 1994, *in* Jean-Christophe Rufin, *L'Aventure humanitaire*, *op. cit.*, p. 157. Dans cet article, Sylvie Brunel, alors directrice de l'association Action contre la faim, répondait à la polémique suite à la campagne d'affichage de son association « Leila, Leila 100 francs plus tard » montrant deux photographies d'une jeune Somalienne prises à quatre mois d'intervalle. Sur la première, un visage décharné au regard vide. Sur la seconde, une jeune femme en bonne santé au sourire radieux.

> Cette expérience représente l'apprentissage d'une action, concrètement, au jour le jour, et puis c'est quelque chose d'assez fort, travailler auprès de populations qui n'ont que toi pour les protéger, pour les soigner. Ils n'ont que ton organisation, que toi, quand la plupart des gens veulent plutôt les massacrer ou les faire vivre dans des conditions inhumaines.

Comme hier les acteurs de la colonisation avaient besoin de se justifier et de se rassurer, les « volontaires » font de même en se donnant l'« auto-absolution », selon l'expression d'Albert Memmi[12]. S'ils font un pas en admettant que l'on est tous frères, ils continuent néanmoins à se considérer comme les frères aînés. Dans leur esprit, cet Autre, inefficace, pauvre ou faible, a besoin d'être aidé, secouru et protégé. Et c'est bien parce que la civilisation occidentale est supérieure que non seulement elle permet, mais qu'elle se doit d'apporter cette assistance. En effet, seul son modèle offre de se développer économiquement, grâce au savoir et à la technologie, de s'émanciper politiquement, grâce aux droits de l'homme et à la démocratie, et d'entrer ainsi dans la modernité. C'est ce que promettait déjà la France lors de la conquête coloniale : apporter les lumières aux indigènes en luttant contre la misère et en les protégeant des tyrans qui les opprimaient. Aujourd'hui, on invoque le devoir d'ingérence ou encore le droit d'ingérence[13]. L'utilisation quasi indifférenciée de ces deux expressions est révélatrice. Droit et devoir se confondent, car c'est précisément parce que l'Occident en a le devoir qu'il a le droit d'intervenir. Aussi, quel que soit le conflit ou la crise « humanitaire », l'intervention n'est que rarement remise en question, puisqu'il s'agit de secourir, donc de faire le bien ; seules les modalités le sont parfois. Cette responsabilité héritée de la période coloniale à l'égard des peuples « pauvres », « sous-développés », légitime toute intervention humanitaire. Comme par le passé le « devoir de civilisation » prétendait sortir le sauvage de l'obscurantisme malgré lui, le « devoir d'ingérence » aspire à secourir toute victime, à tout prix.

---

12. Albert Memmi, *Portrait du colonisé*, précédé de *Portrait du colonisateur*, Gallimard, 1985, p. 96.
13. Voir sur ce point l'article de Rony Brauman, « Indigènes et indigents : de la "mission civilisatrice" coloniale à l'action humanitaire », *in* Pascal Blanchard, Nicolas Bancel et Sandrine Lemaire (dir.), *La Fracture coloniale, la société française au prisme de l'héritage colonial*, La Découverte, 2005.

Sans doute existe-t-il au départ une réelle volonté de rencontrer l'Autre et de mieux le connaître, mais l'approche se révèle inefficace. Le regard que l'on porte sur lui est profondément ancré dans l'idéologie coloniale, forgé par ses clichés et ses *a priori*. Et même animé des meilleures intentions, on ne peut que mesurer la difficulté de s'en départir. Après quelques mois ou quelques années dans un pays du Sud, les volontaires reviennent avec la certitude d'avoir été utiles. À cette certitude s'ajoute celle de savoir et de comprendre l'Autre puisqu'ils « y étaient ». À leur tour, ils produisent un discours qui contribue à reprendre les mêmes stéréotypes. Ainsi, ces représentations, inconscientes, se perpétuent-elles à l'envi. Et, loin de constituer une rupture ou même une tentative de rupture avec la vision coloniale passée, l'humanitaire entretient, voire renforce, les représentations de l'altérité. Il conforte une certaine vision de l'Autre, dans une croyance immuable dans la suprématie du modèle occidental justifiant ainsi son application au reste du monde, dans l'intérêt exclusif de ce même « Autre ».

TOURISME ETHNIQUE : UNE RECONQUÊTE SYMBOLIQUE ?

Nicolas Bancel

Le tourisme ethnique est-il susceptible de se prêter à une analyse de type postcolonial ? Il faut tenter de comprendre la construction du regard sur l'« exotisme » afin de vérifier l'hypothèse d'héritages symboliques issus de la période coloniale. Dans cette perspective, cette recherche s'appuie sur l'analyse des discours et des images de douze guides de tour-opérateurs qui se sont spécialisés dans la vente de voyages « ethniques » afin de déterminer sur quels arguments essentiels se fondent ces entreprises pour capter l'attention de leurs futurs clients.

On fera ici l'hypothèse que ces discours et ces images répondent à l'attente et aux désirs des clients, et renseignent donc sur l'imaginaire et les représentations des adeptes du tourisme ethnique. On tâchera également d'être sensible à la capacité de renouvellement des discours proposés par ces tour-opérateurs. Ce qui nous intéresse ici n'est donc pas l'expérience intime du tourisme ethnique elle-même – le « comment cela s'est passé », qui demanderait une autre enquête, de type socio-ethnologique –, mais bien sa mise en scène, la manière dont des schémas discursifs répondent à des désirs, à la projection de l'expérience telle qu'elle devrait être. Par une objectivation de la sémiotique des discours et des représentations qui sont proposés par les tour-opérateurs, nous souhaitons analyser le regard qui est porté sur les populations et les espaces lointains dans le champ du tourisme ethnique, mais aussi des catégories d'expérience qui sont proposées aux futurs clients. Cela signifie que l'expérience de l'Autre et de l'Ailleurs répond à certaines conceptions de leur découverte, de leur dévoilement, et renvoie à la construction d'une certaine idée de soi, mise en œuvre dans la position que l'on entend occuper dans cette rencontre et qui se reflète – ou est proposée – dans les discours des tour-opérateurs.

L'un des arguments majeurs du discours de ceux-ci consiste à convaincre que la découverte de l'Autre et de l'Ailleurs est une manière de se découvrir. Argument éculé, on en conviendra, mais qui dans cette projection d'une expérience intime du *déplacement* met en jeu l'intelligibilité de l'étrangeté, la manière dont elle est objectivée, circonscrite – tout en préservant sa part d'indicible (et qui en constitue peut-être l'« exotisme ») –, permettant de renouveler la perception de l'« authenticité », de la spiritualité, du temps et de l'espace. Vaste programme en vérité que celui proposé par le tourisme ethnique !

L'une des questions très délicates posées par cette contribution tient au rapport que l'on peut tisser entre le tourisme ethnique et le regard colonial : quels rapports avec les schèmes coloniaux et la « culture coloniale » y observe-t-on[1] ? Le tourisme ethnique a-t-il à voir avec la « société post-coloniale » ? Voilà qui est loin d'être entendu. Nous avons conscience qu'opérer des articulations entre cette brève analyse et ce que l'on connaît de la « culture coloniale » est hautement risqué. La démonstration qui consisterait à dire « Vous voyez bien que cela est probant, puisque l'iconographie coloniale (ou le discours) montrait (disait) la même chose » a ses limites. L'analogie guette et on pourra à bon droit critiquer cette « faiblesse », du moins cet « anachronisme ». Mais, même dans la mesure où l'on est en droit de comparer certaines unités discursives exploitées dans les brochures à des unités décelables dans la *culture coloniale*, on ne peut pour autant pas affirmer que ces unités répondent aux mêmes attentes, ni d'ailleurs qu'elles produisent les mêmes effets.

On se heurte tout d'abord à l'historicité du phénomène touristique – dont il ne peut être question ici d'évoquer les détails –, qui remonte au moins au premier tiers du XIXe siècle, c'est-à-dire avant la grande poussée expansionniste européenne des années 1870[2]. Et encore n'évoque-t-on ici que le « tourisme international », impliquant

1. *Cf.* Pascal Blanchard et Sandrine Lemaire, *Culture coloniale. La France conquise par son Empire*, Autrement, 2003, et *Culture impériale. Les colonies au cœur de la République*, Autrement, 2004.

2. Il serait d'ailleurs très intéressant de comprendre comment le tourisme aisé

donc de quitter son pays d'adoption. Avec l'expansion coloniale, et notamment après la conquête de l'Algérie, puis de la Tunisie et du Maroc, le Maghreb français devient dans le dernier tiers du XIXe siècle une destination privilégiée des élites bourgeoises, phénomène bien décrit en son temps par Victor Segalen. Ce tourisme aisé – le seul possible alors – se développe parallèlement à l'essor des sites touristiques : villes thermales et de villégiature, découverte des monuments de la culture arabe et surtout des vestiges de l'occupation romaine. Les récits de voyage – hormis quelques rares « découvreurs », tels Segalen, qui s'imprègnent sans préjugés de la culture et des mœurs de l'Autre et, dans un autre registre, Pierre Loti – renvoient aux catégories de pensée et aux prénotions qui structurent alors la culture bourgeoise et savante. Mais, pour autant, ce tourisme est-il colonial ? Sans doute, si l'on conçoit que la situation coloniale, asymétrique, conditionne des perceptions et autorise des comportements qui seraient proscrits ailleurs[3]. Mais en même temps, la découverte de l'Autre et de l'Ailleurs mise en jeu dans le tourisme ne peut être circonscrite à la seule aire coloniale. Il y a, nécessairement, entrecroisement, complexité. Le tourisme comme phénomène dépasse le colonial, mais le rejoint par certains aspects. Nous chercherons donc ici à spécifier, autant que faire se peut, ce qui relève plus directement d'une possible filiation coloniale, tout en tâchant d'être attentif à la « modernité », à la nouveauté de ce qui se joue dans les représentations du phénomène.

Le temps des ethnies

La découverte de l'Autre est par définition au cœur du tourisme ethnique, puisque celui-ci se targue d'organiser une rencontre entre le

---

s'inscrit dans la configuration plus large de la tension vers la découverte de mondes nouveaux, comme l'indique par exemple, au XIXe siècle, l'expansion des sociétés de géographie (*cf.* Dominique Lejeune, *Les Sociétés de géographie en France et l'expansion coloniale au XIXe siècle*, Albin Michel, coll. « Histoire », 1995). On peut faire l'hypothèse que la conquête coloniale s'inscrit aussi dans ce contexte culturel qui voit de nouvelles pratiques sociales anticiper l'expansion européenne.

3. Voir par exemple le travail de Christelle Tharaud, *Mauresques. Les femmes orientales dans la photographie coloniale, 1860-1910*, Albin Michel, 2003.

touriste et des populations extra-européennes[4]. Il s'agit donc de baliser la rencontre, en présentant quelques caractéristiques des populations que l'on se propose de faire découvrir, mais aussi de préserver la part un peu mystérieuse que tout voyageur est en droit d'attendre dans son approche de l'altérité. Ainsi, dans la plupart des brochures, les ethnies qu'on offre à la découverte des clients sont non seulement montrées, mais aussi décrites. Le récit est à double articulation. La première vise à suggérer la rencontre comme un décentrement, une découverte : l'Autre est différent, il déroutera le visiteur, le bouleversera dans ses catégories de perception habituelles, lui offrira ce « déplacement » qui fait, selon Segalen, la substance de l'expérience de l'exotisme. Mais, dans le même mouvement, la seconde articulation définit, par le discours, ce qu'est l'Autre. Il l'assigne, en quelque sorte, à des qualités, à des principes et à un temps qui permettent au client de se représenter les populations qu'il est amené à rencontrer, de le renvoyer à des catégories d'entendement, à un sens commun qui limite les risques de ce décentrement, en traces les frontières, permet l'objectivation.

L'Autre est d'abord renvoyé à une temporalité, ou plutôt à une absence de temporalité. Les habitants des contrées visitées sont présents « de tout temps » : « Sur les côtes [...], vous trouverez des traces des premiers habitants de ces terres », nous apprend le guide *Ushuaia* dans le chapitre consacré au « tourisme ethnique ». Une autre brochure nous renseigne sur les Massaï et les Samburu du Kenya : « Ces tribus, dont beaucoup ont gardé leur authenticité, sont souvent des Nilotiques (Massaï et Samburu pour ne citer que les plus connues), des pasteurs qui se sont fixés dans la région des hauts plateaux depuis des millénaires.[5] » Huit brochures utilisent ainsi des formules équivalentes, construisant une déshistoricisation des « ethnies » : l'Autre est comme enserré dans une lourde gangue de temps, figé par des siècles de « traditions », imperméable au changement et à la modernité[6]. Peu importe ici que l'on préserve une quelconque apparence de vraisemblance historique. Ce qui est important, c'est que le récit sur l'Autre autorise à valider le mythe des « sociétés circulaires », roman anthropologique où

4. On se limitera ici aux voyages proposés à destination de certaines populations africaines.

5. Safari World Image. L'évasion dans le monde, www.safariworldimage.com/.../ken-tanz.htm

6. Assertion qui fait peu de cas, évidemment, des changements générés par le tourisme ethnique lui-même, mais c'est une autre question.

ces sociétés sont closes sur elles-mêmes. Cette extraordinaire fermeture est l'élément qui permet d'identifier le touriste à un découvreur de merveilles : deux brochures suggèrent ainsi que ces hommes venus du fond des âges se dévoilent pour la « première fois » au regard du visiteur. Le touriste est transfiguré en aventurier anthropologue : il peut lui-même remonter jusqu'aux « ancêtres de l'humanité ». Position héroïque de l'explorateur, vertige enivrant du scientifique.

L'analogie est évidente entre plusieurs schèmes de ce discours et la tradition du discours colonial mais aussi précolonial. L'anhistoricité des « tribus » est une figure récurrente, depuis au moins la fin du XVIIIe siècle dans la tradition préanthropologique puis anthropologique, avide de découvrir des peuples susceptibles de vivre « à l'âge de pierre » et progressivement accaparée par la recherche du « chaînon manquant »[7]. L'ethnologie culturelle ne sera pas en reste, d'ailleurs, dans les années 1920, lorsqu'il s'agira de définir les « sociétés fermées », hors de toute historicité. La déshistoricisation est également un élément essentiel de la légitimation de l'exploration, puis de la conquête, en raison précisément du caractère « attardé » des populations visitées[8]. La finalité est ici bien sûr différente, mais on peut soutenir que l'objectivation des ethnies par l'immémorialité constitue une forme d'appropriation symbolique.

L'immobilité du temps renvoie aussi au fantasme de la découverte d'une « société pure », insensible aux altérations provoquées par les échanges et la mondialisation[9]. Une société dont les repères resteraient éternellement stables. On retrouve cette représentation dans la littérature coloniale, et bien sûr dans l'idéologie coloniale[10], qui se faisait fort de rompre cette immobilité des « peuples inférieurs ». Cette filiation

7. *Cf.* Claude Blanckaert, *Des sciences contre l'homme*, vol. 1 et 2, Autrement, « Sciences en société », 1993, et *Les Politiques de l'anthropologie*, L'Harmattan, 2003.
8. *Cf.* Nicolas Bancel, Pascal Blanchard et Françoise Vergès, *La République coloniale*, Albin Michel, 2003 ; Éric Savarèse, *L'Ordre colonial et sa légitimation en France métropolitaine : oublier l'autre*, L'Harmattan, coll. « Logiques politiques », 2000.
9. « La tradition orale et l'utilisation de matériaux dégradables pour les constructions et les objets utilitaires ou de culte font qu'il n'y a que peu de traces d'un passé proche. En Afrique, Passé et Présent se confondent avec le Futur ! », Terre d'Afrique, http://www.terredafrique.com
10. *Cf.* par exemple Nicolas Bancel, Pascal Blanchard et Laurent Gervereau, *Images et Colonies*, BDIC-ACHAC, 1993.

n'est pas la seule : les exhibitions anthropozoologiques faisaient fréquemment l'article sur les peuples arriérés et sans histoire, et ce avant la conquête, comme dans le cas resté célèbre de la Vénus hottentote entre 1810 et 1815[11].

La fixité du temps se déploie dans les mots, mais elle se love aussi dans les images, à travers les poses hiératiques des représentés ou la photographie cent fois répétée du « griot », vieillard immobile décrit invariablement comme le gardien de la tradition, garant incarné de l'authenticité culturelle que l'on se propose de faire découvrir. Pourquoi cette passion pour l'immobilité et pour son corollaire, l'« authenticité[12] » ? Car ce roman anthropologique a la vertu de rejouer sans cesse le théâtre d'ombres du retour aux sources. On peut émettre l'hypothèse, comme semblent le démontrer les enquêtes et les observations de Franck Michel[13], que l'inclination à approcher l'immobilité du temps renvoie à deux désirs. Le premier est d'échapper précisément à la dictature du temps que font peser les sociétés modernes sur le corps social, dictature qui s'exerce par la nécessité de ne pas « perdre » de temps, de le rentabiliser (que ce soit dans la jouissance ou dans le travail), d'objectiver sans cesse son parcours afin de le réussir (parcours professionnel, mais aussi conjugal, amoureux, paternel ou maternel...)[14]. Mais l'inquiétude du temps se déploie aussi dans les bouleversements toujours plus rapides et plus massifs que subissent les sociétés hypertechniques, et que les acteurs sociaux sont bien obligés d'assumer, d'une manière ou d'une autre. L'angoisse du « bougisme », de la transformation, de la segmentation et de la fuite du temps (et donc de sa propre vie) des sociétés postmodernes pourrait être l'une des clés d'explication de l'essor du tourisme ethnique.

---

11. *Cf.* Nicolas Bancel *et al.*, *Zoos humains*, La Découverte, 2004 et plus particulièrement la contribution de François-Xavier Fauvelle.

12. « Des rencontres avec des tribus authentiques dans des réserves qui ne comportent que quelques chambres », Safari World Image. L'évasion dans le monde, www.safariworldimage.com. Voir par ailleurs la très intéressante contribution de John Taylor, « Authenticity and Sincerity in Tourism », *Annals of Toursim Research*, janvier 2001.

13. *Cf.* Franck Michel, *Voyage au bout de la route. Essai de socio-anthropologie*, L'Aube, coll. « Monde en cours », 2004 ; Franck Michel et Jean-Didier Urbain, *Désirs d'Ailleurs : essai d'anthropologie des voyages*, Presses universitaires de Laval, 2004.

14. Luc Boltanski et Ève Chiapello, même si ce n'est pas l'objet central de leur analyse, décrivent bien ce phénomène dans *Le Nouvel Esprit du capitalisme*, Gallimard, coll. « Essais », 1999.

Le second renvoie au ressourcement, à l'aide de la découverte de sociétés et d'ethnies encore immaculées, dans lesquelles toutes les valeurs et les relations sociales hiérarchisées ont encore un sens[15]. L'inclination à retrouver – ne serait-ce que fugitivement – du sens dans la contemplation rassurante de sociétés fondées sur des valeurs stables peut renvoyer à la désespérance de l'« ère du vide » et du « règne de l'éphémère » des sociétés postmodernes décrits par Gilles Lipovetsky[16]. Ce ressourcement s'opère par la quête de l'authenticité de l'Autre et l'appropriation symbolique d'une nature inviolée.

Les brochures ne sont pas avares de descriptions suggestives d'une expérience de la « vérité » de la nature et de l'Autre : « Leurs clients désirent vivre une expérience inoubliable du *vrai* [souligné par nous] Sahara : méharées, treks, dromadaires, 4 x 4, dunes vertigineuses, cieux immaculés, pains berbères : rien ne manque à l'appel », nous informe par exemple Best Sahara Tours, alors que Clin d'œil évasion annonce que ses voyages s'adressent « à vous qui voulez découvrir le *vrai* visage d'un pays. À vous qui privilégiez les rencontres, les échanges *authentiques* [souligné par nous] ». À la vérité de la nature répond l'authenticité des populations. Une forme d'équivalence est tracée, une naturalisation des sociétés autochtones qui ont su préserver leur mode de vie dictée par la nature. Elles sont comme enchâssées dans un ordre qui les dépasse, mais dont elles ont su faire un atout : elles vivent proches de la nature, en tirent parti tout en la respectant. La figure de la symbiose société/nature renvoie là aussi au sentiment que les sociétés occidentales se sont détournées de la nature, qu'elles l'ont ignorée et souvent maltraitée[17]. La nature a donc ici une fonction transcendante, puisque c'est elle, en dernier lieu, qui imprime le régime de vérité du roman anthropologique sur les sociétés visitées.

---

15. Voir l'article d'André Rauch, « Le tourisme ou la construction de l'étrangeté », *Ethnologie française*, « Touriste, autochtone, qui est l'étranger ? », t. XXXII, n° 3, juillet-septembre 2002.

16. Gilles Lipovetsky, *L'Ère du vide. Essais sur l'individualisme contemporain*, Gallimard, 1989 ; *L'Empire de l'éphémère*, Gallimard, « Bibliothèque des sciences humaines », 1987.

17. On retrouve traces dans trois brochures de cet « éco-civisme » engageant le touriste à ne pas perturber ni les sociétés qui les accueillent – deux brochures mentionnent, relativisme culturel oblige, le nécessaire « respect » des traditions et engagent leurs clients à la discrétion.

Là encore, on pourrait induire par analogie des filiations avec le discours et la culture coloniaux. L'authenticité de sociétés vierges et les possibilités de ressourcement qu'elles offrent à l'Occidental blasé ou déboussolé parcourent, par exemple, la littérature coloniale[18]. Mais outre les précautions méthodologiques déjà mentionnées quant à l'usage de l'analogie, se pose là encore la question de l'historicité de la figure. On peut ainsi sans dommages remonter au XVIIIe siècle et au début du XIXe siècle pour retrouver ce schème du ressourcement, dans une partie de la littérature romantique notamment[19]. Ce qui tend à indiquer que, en la matière, la périodisation « coloniale », au sens qu'elle a revêtu dans l'historiographie – fondée sur une chronologie politique – ne nous est pas d'un grand secours. *A contrario*, cette difficulté indique une piste de recherche quant à l'élaboration de schèmes culturels qui ne sont pas « coloniaux », mais qui se sont articulés intimement à l'idéologie et aux discours coloniaux modernes, apparus au milieu du XIXe siècle dans le champ politique, voire ont constitué – pourquoi pas ? – des conditions de possibilité culturelles de l'élaboration de ces discours. Peut-être ce que l'on pourrait nommer une « culture pré-coloniale ».

Figures de l'Autre, images de soi

L'Autre est l'héritier de ces « traditions millénaires », c'est ici un poncif. La photographie le fixe dans ses « activités traditionnelles », qui seront rejouées sur place pour les touristes. Ce sont ces photographies, par exemple, du « marché traditionnel », que nous retrouvons dans cinq brochures, ou le travail des artisans, façonnant des « objets millénaires » que les visiteurs pourront rapporter de leur périple. Ce sont aussi les cérémonies religieuses, qui ne font l'objet que de deux photographies dans le corpus mais de huit occurrences dans six des brochures consultées. Là aussi, le touriste pourra assister à ces fêtes solennelles, rapportant un peu d'une densité spirituelle qui a abandonné l'Occident.

18. *Cf.* Jacques Weber (dir.), *Littérature et histoire coloniale : actes du colloque de Nantes, 6 décembre 2003*, Les Indes savantes, 2005 ; Jean-Marc Moura, *La Littérature des lointains : histoire de l'exotisme européen au XXe siècle*, Honoré Champion, « Bibliothèque de littérature générale et comparée », 2000.
19. *Cf.* Paul Van Thiegem, *Le Romantisme dans la littérature européenne*, Gallimard, 1958.

L'Autre est ainsi caractérisé par ses « coutumes », et sur son corps s'incarne sa différence. À un double titre d'ailleurs : différence par les atours bariolés qui distinguent le chef de ses sujets, le sorcier de ses fidèles, les adultes des enfants, indiquant que le vêtement fait signe dans l'ordre social et spirituel des sociétés visitées. Mais aussi par la nudité ou semi-nudité des corps. L'Autre est ainsi « naturel », au sens où son corps est immergé dans la nature et où il renvoie lui-même à la nature.

La légère érotisation des photographies a ainsi pour fonction, outre l'attrait sexuel, de provoquer la naturalisation de son corps[20]. Le naturel s'inscrit aussi sur les visages et les expressions. Sur plus des deux tiers du corpus, les visages exhibent un large sourire. À l'évidence, c'est d'abord le signe de l'accueil ouvert qui sera réservé aux touristes : ils sont les bienvenus, on pourrait même dire qu'on les attend[21]. Mais ces sourires sont aussi les révélateurs d'une innocence, d'une absence d'affectation et de quant-à-soi, et de la facilité à créer du lien, avec les visiteurs bien sûr mais aussi au sein de la société considérée elle-même. Les photographies représentant des individus sont rares (huit clichés sur un total de soixante-dix-huit), car le tourisme ethnique ne semble pas tourné vers la rencontre individuelle : on vient observer un groupe, une ethnie, un « peuple », une « culture », dans ses manifestations collectives. Le voyage en groupe, l'itinéraire balisé, le rythme rapide du voyage scandé par des étapes courtes ne favorisent de toute manière pas ce type de rencontres.

À l'inverse, les photographies des touristes sont, dans ces brochures, d'une tout autre nature. Un fait est frappant, et un peu surprenant d'ailleurs au premier abord : aucune photographie ne montre des touristes avec des autochtones. Comment expliquer cette absence ? Peut-être par le fait que la présentation du voyage trace une frontière entre deux mondes : celui des visiteurs et celui des visités. La découverte ici n'est pas l'immersion. Les touristes viennent observer, mais à partir d'un point de vue étranger, et avec les armes de « compréhension » qui

---

20. On retrouve nombre d'items renvoyant à cette naturalisation. Par exemple : « Masaï Mara, c'est aussi le pays des Masaï, ces pasteurs ayant remonté le Nil au cours des siècles avec leurs troupeaux pour se fixer dans la région des hauts plateaux du Kenya. Le progrès n'a que peu d'attrait pour eux, ce sont des hommes courageux et fiers de leur patrimoine, et ils cohabitent depuis toujours avec la vie animale sauvage », http://www.meltour.com.

21. « Tout au long du voyage, l'accueil dans les villages est privilégié afin de faciliter les rencontres et d'appréhender les différentes cultures et réalités du Mali d'aujourd'hui », Vision du monde. Voyages solidaires, www.visiondumonde.org/

sont fournies par les explications des brochures. Est ainsi ménagée l'irréductibilité de la différence de l'Autre et de sa société, et construite une relation asymétrique dans laquelle le visiteur est préservé, alors que devant lui s'exhibent les richesses de l'altérité. Lui seul aura le privilège de l'objectivation, souveraineté d'un point de vue encore renforcé par la nécessaire conformation des exhibés aux désirs des visiteurs : ceux-ci savent ce qu'ils viennent voir, et entendent bien ne pas être déçus. De nombreuses études décrivent ainsi la « folklorisation » de sociétés locales par la nécessité de l'exploitation du filon ethnique[22].

Lorsque le touriste est représenté, il est seul ou en petit groupe. Au corps-ethnie des visités se superpose le corps-individué du visiteur. Cette présentation semble devoir être rapportée à une double signification. La première renvoie à la démarche du touriste lui-même : son expérience de l'ethnie sera un face-à-face. Il paie pour s'enrichir lui-même de la différence des autres, aussi ne saurait-il être que seul dans cette confrontation. Plusieurs photographies montrent ainsi un individu isolé face à d'immenses étendues sauvages. Le *tourisme ethnique* est ainsi une expérience individuelle et l'on retrouve dans cette confrontation aux immensités naturelles le thème du ressourcement, mais aussi de la découverte, de l'appropriation symbolique d'espaces encore inexplorés. Le touriste se fait explorateur, mimant les dangers du face-à-face homme/nature.

Les catégories de l'expérience

L'expérience du tourisme ethnique est présentée comme un récit d'aventures. Dans toutes les brochures, la trame narrative de la description de ce qui attend le touriste insiste sur le caractère exceptionnel, inoubliable de la confrontation et du voyage lui-même[23]. On rétorquera que ce récit s'inscrit, de manière somme toute banale et logique, dans l'argumentaire marchand d'un vendeur de produits de consommation culturels et que la banalité contemporaine du voyage doit, en quelque

22. Voir par exemple Gianna Moscardo et Philip Pearce, « Understanding ethnic tourists », *Annals of Tourism Research, A Social Science Journal*, avril 1999.
23. Par exemple : « Nous vous souhaitons de tout cœur de vivre des aventures aussi belles, aussi profondes et inoubliables que celles qu'Ibrahim [un guide] nous a permis de vivre », OK Raids, okraid@cenatrin.bf.

sorte, être contrebalancée par le caractère exceptionnel de l'expédition[24]. Certes. Mais la focalisation sur l'exceptionnalité – rareté des populations rencontrées, splendeur des paysages, dangers et imprévus de toutes sortes – se double ici de l'insistance quant à la construction de souvenirs. Les « souvenirs inoubliables », item que l'on retrouve dans cinq des brochures, sont l'occasion de briser la routine mais surtout de densifier le touriste lui-même, de lui procurer un surcroît d'histoire, de le placer dans cette position nouvelle d'explorateur.

Le souvenir est ici l'incorporation intime d'une expérience individuelle dans laquelle ethnies rencontrées et paysages traversés sont les éléments d'un décor où se joue la construction psychique du visiteur. Le récit de cette centration sur le « moi » du touriste, l'attention qui est prêtée à l'enrichissement de son être[25], s'articule ici avec les images[26]. Celles-ci présentent le touriste seul face à ce qui l'attend : les ethnies visitées bien sûr, mais aussi et surtout les étendues désertes qui vont se livrer à son regard. Le fait que tous les voyages vantés par les brochures soient des voyages de groupe n'a aucune importance. Il s'agit de faire sentir au client potentiel que l'attend une confrontation inédite, débarrassée de tous les artefacts sociaux qui, en quelque sorte, l'assignent constamment à une place et à un rôle. Ici s'affirme la liberté pure de la confrontation à l'espace vierge comme expérience intime de la découverte de soi, du déploiement de l'être entier, sans entraves, face aux étendues. Cette posture renvoie à la fois à une démarche profondément individualiste du visiteur, mais résonne aussi comme une figuration de sa toute-puissance[27]. Plusieurs images jouent en effet à la fois sur la

---

24. « C'est donc avec un Guide de brousse professionnel que vous pourrez découvrir ces contrées fabuleuses », Safari World Image. L'évasion dans le monde, http://www.safariworldimages.com.

25. Parmi plusieurs items, la phrase suivante est caractéristique : « Ces espaces enveloppés de lumière et de sérénité, qui annihilent le superficiel, vous plongent dans vos espaces intérieurs », Atex Discovery, http://www.atexdiscovery.com.

26. Par exemple : « Tableau paisible de fauves et de gazelles se désaltérant, rencontre avec le peuple masaï, étendues infinies de savane et plages de sable blanc, forment un concentré d'images et de sensations inoubliables. Ce safari vous fera découvrir la vie sauvage et authentique du Kenya dans les plus belles réserves naturelles », http://www.meltour.com.

27. Voir dans cette perspective l'article de Vasiliki Galani-Moutafi, « The self and the other : traveler, ethnographer, tourist », *Annals of Toursim Research*, n° 1, janvier 2000, qui distingue les positions différentes à l'égard de l'« expérience de soi » du touriste et de l'anthropologue.

rencontre avec soi-même, mais dans un espace surplombé par l'individu lui-même. Double conquête, donc : l'espace, soi-même.

Dans cette expérience, le corps entier prend enfin sa vraie dimension. Elle exige en effet l'ouverture à la beauté, mais aussi l'affinement de tous les sens, le déploiement d'une sensorialité brisée ou amoindrie par la vie moderne : « Il faut prendre le temps d'écouter et de sentir la brousse pour que la nature se livre à vous et les plus belles scènes, une chasse de lionnes, un guépard lancé à 100 km/h [...][28]. » « Pas de mots... que des souvenirs... L'Afrique ne se raconte pas mais se vit ! Atex Discovery s'engage à vous faire vivre les SENSATIONS [en majuscules dans le texte]...[29] » Se retrouver, retrouver ses sens, dans la souveraineté d'une confrontation inédite : c'est là, probablement, l'une des dimensions « modernes » proposées par l'expérience du tourisme ethnique.

La trame de l'expérience est aussi tissée par l'aventure et six des brochures préviennent le touriste que l'expédition n'ira pas sans imprévus. On le sait, l'aventure se doit de fréquenter le risque pour être vécue, c'est un de ses ressorts. Certes, tous les voyages sont minutieusement encadrés, les secours accompagnent les visiteurs, les moyens de transport sont modernes (et lorsqu'ils ne le sont pas, c'est délibérément, mais alors une assistance scrupuleuse veille sur le moindre incident), les régions traversées repérées. Mais sait-on jamais ? En suggérant le risque, le tour-opérateur s'adosse à un imaginaire, un imaginaire de l'aventure plus qu'à un imaginaire proprement colonial d'ailleurs (même si celui-ci a à voir avec celui-là[30]). Le risque, l'imprévu, en vérité minimes étant donné les conditions d'encadrement, permettent ainsi au touriste de se rêver aventurier. Là encore, il s'agit de densifier l'expérience du visiteur, de lui permettre de se confronter à lui-même, de s'évaluer face aux aléas du voyage.

Ces quelques éléments posés, le tourisme ethnique se réduit-il à une expérience « postcoloniale » ? On pourrait le supposer, car nombre de schèmes coloniaux sont à l'œuvre : premier contact avec des « terres vierges » et des populations immaculées, rapport asymétrique avec ces dernières, conquête symbolique d'espaces, position « héroïque » des

28. Safari World Image. L'évasion dans le monde, www.safariworldimage.com/.../ ken-tanz.htm.

29. Atex Discovery, http://www.atexdiscovery.com.

30. Christian Pociello et Daniel Denis, *À l'école de l'aventure*, PUS, 1999.

visiteurs. Mais d'une part ces dimensions se combinent à d'autres, plus contemporaines, telle l'individuation, décelable dans la mise à l'épreuve de soi-même face aux étendues, la focalisation narcissique sur ses propres expériences, la coupure entre « soi » et les « Autres » (les populations visitées mais aussi les autres touristes), la volonté de « déroutinisation » propre aux sociétés postindustrielles. Enfin, la chronologie coloniale n'est peut-être pas la bonne pour aborder le tourisme ethnique, car on note également que de nombreux éléments de l'imaginaire de cette pratique sociale sont décelables avant la grande poussée impériale. La chronologie politique de la colonisation doit donc s'effacer devant le rythme propre de pratiques sociales – apparemment anodines – qui en excèdent souvent, en amont et en aval, les limites. Cela semble vrai pour le tourisme, mais peut-être faudrait-il pousser plus avant les recherches sur d'autres pratiques « postcoloniales », dans une même perspective non systémique, tels les raids motorisés, les sports d'aventure, la mode (« tribale » ou « coloniale »), etc.[31] Ces pratiques, dans leur temps propre, gagneraient à être intégrées à une analyse de la période coloniale, comme condition de possibilité culturelle de l'extension de l'Occident et de la pérennisation de sa puissance.

31. Une tentative de ce genre a été réalisée par le programme *Pédagogies de l'aventure, modèles éducatifs et idéologies de la conquête du monde*, et notamment l'ouvrage issu du programme, *De l'Indochine à l'Algérie. La jeunesse en mouvement des deux côtés du miroir colonial* (Nicolas Bancel, Daniel Denis et Youssef Fates, La Découverte, 2003).

FRANCOPHONIE ET UNIVERSALITÉ : ÉVOLUTION DE DEUX IDÉES JUMELLES

Gabrielle Parker

Selon le contexte, géographique, historique ou encore politique, la francophonie a acquis des sens différents. Pour Onésime Reclus, le géographe inventeur du mot au XIXe siècle, il désignait le lieu « là où le français règne[1] ». Avec quelque avance sur la définition adoptée plus d'un siècle plus tard, Onésime Reclus incluait parmi les francophones tous ceux qui étaient « destinés à rester ou à devenir participants de notre langue ». La *francophonie moderne*, redéfinie après 1960, englobait ceux qui avaient le « français en commun », puis ceux qui l'avaient « en partage[2] ». Dès la fin du XXe siècle, la francophonie était définie comme une identité collective et un projet politique conçu pour rassembler des peuples et des pays sur la base de valeurs partagées[3]. Pour autant, généalogiquement, la francophonie est liée au mouvement colonial :

1. Onésime Reclus, *France, Algérie et colonies*, 1886 [1880].

2. Définition adoptée à Maurice en 1993. Plus modestement, en ce début de XXIe siècle, « le plurilinguisme francophone s'appuie sur la complémentarité des langues » et se contente de la notion de « langue en concurrence ». Par ailleurs la « francophonie » est aussi définie comme trois cartes superposées : officielle et institutionnelle ; linguistique ; politique et culturelle (Ariane Poissonnier et Gérard Sournia, *Atlas mondial de la francophonie. Du culturel au politique*, Autrement, 2006).

3. Ces valeurs sont aujourd'hui définies comme le « ralliement au "caractère indivisible des droits civils, politiques, sociaux, économiques et culturels, y compris le droit au développement" [Déclaration de Bamako, 2000] qui unit les francophones dans le respect de la culture démocratique et des droits de l'homme », *op. cit.* note précédente, p. 4.

l'invention du terme en 1880 coïncide en effet avec l'émergence de l'Empire colonial français, et c'est aussi l'année où Jules Ferry, ministre de l'Enseignement de la IIIe République, déclare le français seule langue d'instruction et de communication à travers l'Empire : ainsi l'*imperium* français règne-t-il en France et hors de France.

Francophonie : un concept plastique et évolutif

Dans une perspective plus longue, le français jouit depuis le XVIIe siècle du statut international de langue du pouvoir, de la culture et du savoir. Louis-Jean Calvet[4] identifie sur ce point un tournant au XIXe siècle, au moment où faiblit la puissance démographique et économique qui a étayé l'expansion territoriale, linguistique et économique française. Notant deux autres symptômes simultanés caractéristiques de cette perte d'influence – la création de l'Alliance française en 1883 et l'apparition d'une multiplicité de langues artificielles destinées à avoir une portée universelle –, Calvet voit l'indice d'une érosion de l'influence du français. Mais on pourrait avancer une autre explication avec le « partage de l'Afrique » entre puissances européennes lors de la conférence de Berlin (1884-1885) et l'exportation des rivalités linguistiques à un nouveau continent. La même année, Jean Jaurès, alors jeune enseignant à la faculté des lettres de Toulouse, déclare à l'Alliance française de la ville que « nos colonies » ne deviendront françaises « d'intelligence et de cœur » que lorsqu'elles comprendront le français[5]. La préoccupation principale est de compenser le petit nombre de colons français par l'école (française)[6]. Son discours mêle alors lyrisme et réalisme, prônant l'instruction des « indigènes » car une population instruite est mieux à même de servir les intérêts de la France, mais aussi parce qu'une connaissance de la France et des valeurs qui s'y attachent ne peut que susciter gratitude et admiration[7].

---

4. Louis-Jean Calvet, *La Guerre des langues et les politiques linguistiques*, PUF, [1987] 1999, p. 251.
5. Raoul Girardet, *Le Nationalisme français, anthologie, 1871-1914*, Seuil, 1983, p. 94.
6. Dans la même perspective, Onésime Reclus nourrissait explicitement de vastes ambitions géopolitiques pour la France, *cf. France, Algérie et colonies*, *op. cit.*, p. 8-12.
7. Raoul Girardet, *Le Nationalisme français*, *op. cit.*, p. 94.

Un an plus tard, le 28 juillet 1885, Jules Ferry formule une proposition semblable. Selon Tzvetan Todorov, Jules Ferry met en avant des arguments économiques, humanitaires et politiques pour justifier la colonisation[8]. Il ne suffit pas à la France d'être libre, elle se doit aussi d'être grande, sa grandeur se mesurant au degré d'influence exercé sur le destin de l'Europe et du reste du monde : « Elle doit répandre cette influence sur le monde, et partout où elle le peut, sa langue, ses mœurs, son drapeau, ses armes, son génie. » Autrement dit, les territoires et les esprits sont à conquérir et la langue est le véhicule de cette conquête. Quant au deuxième élément de l'argumentaire, la dimension humanitaire, il repose sur le paradigme de la « mission éducatrice et civilisatrice ». Selon Patrice Deramaix, l'entreprise coloniale se fonde donc « sur un double présupposé : que la France détient des valeurs universelles qui légitimisent son sentiment de supériorité et qu'elle a le droit, ou le devoir, de les exporter[9] ». L'humanitarisme occidental n'est donc pas seulement complice du projet colonial : il est essentiel à sa réalisation.

Au nom de valeurs *universelles*, ce même humanitarisme est aujourd'hui à la fois dénoncé – par Achille Mbembe entre autres[10] – et imposé de façon normative comme une mémoire « positive » dans l'enseignement de l'histoire[11]. Tout comme la propagation de la langue française est explicitement conçue comme phénomène compensatoire à la pénurie de colons français, l'expansion de l'Empire console quelque peu des pertes territoriales de la métropole durant la guerre de 1870. Dans le chapitre « L'Hexagone » des *Lieux de mémoire*, Eugen Weber cite le géographe Ernest Lavisse constatant en 1922 l'échec patent de la France dans son désir d'acquérir des frontières « naturelles » avec le succès de ses conquêtes et de sa politique coloniale[12]. Pour Ernest

8. Tzvetan Todorov, *Nous et les autres. La réflexion française sur la diversité humaine*, Seuil, 1989, p. 260-262.

9. Patrice Demaraix, 15 septembre 1996, http://membres.lycos.fr/patderam/racisme.htm.

10. Aimé Césaire, avant lui, avait déjà dénoncé cette idée dans son *Discours sur le colonialisme* [1959], Présence africaine, 1989, p. 19-20.

11. Loi du 23 février 2005 sur la « Reconnaissance de la Nation et contribution nationale en faveur des Français rapatriés », *Journal officiel*, 24 février 2005, n° 158. L'article 4 stipulait que les programmes scolaires reconnaissent le rôle positif de la colonisation. Cette loi a depuis été déclassée à la demande du président de la République.

12. Eugen Weber, « L'Hexagone », *in* Pierre Nora (dir.) *Les Lieux de mémoire*, p. 1183, Gallimard, 1997, vol. I, p. 1171-1190. Onésime Reclus disait de même ;

Lavisse, ce constat indique clairement le chemin à suivre. Eugen Weber suggère que l'idée de la « Plus Grande France » est née de la perte de l'Alsace-Lorraine – il s'agissait à la fois de contrebalancer les limites réduites de la France métropolitaine, et en même temps de servir d'exutoire à son ambition d'étendre son aire d'influence. De même la réinvention de la francophonie dans les années 1960 accompagnera la décolonisation et la perte de ce même Empire qui avait constitué la « Plus Grande France[13] ».

Les redéfinitions successives de la francophonie dans les années 1990 coïncident sur le plan politique avec la nécessité de réajuster la stratégie géopolitique qui lui est liée, à la suite de la chute de l'empire soviétique, de la réunification de l'Allemagne et de la nouvelle « ruée sur l'Afrique » déclenchée par le nouvel ordre mondial[14]. Ce réajustement est contemporain des derniers pourparlers relatifs aux accords sur l'Organisation mondiale du commerce et à l'expansion des empires médiatiques – tous anglophones à quelques exceptions près (telles Vivendi Universal, aujourd'hui défunte, ou encore Hachette Filipacchi).

Concernant la troisième et dernière étape de l'expansion de la francophonie, Philippe Lalanne-Berdouticq[15] suggère que l'avenir du français au XXIe siècle dépendra en grande partie de l'Afrique au sud du Sahara : la région connaît la croissance démographique la plus importante du monde, ses richesses énormes sont encore peu exploitées, elle a adopté le français avec son indépendance comme un bien nécessaire, imposant par là une unité suppléant la diversité de ses propres langues autochtones. Il souligne cependant qu'il ne s'agit là, pour l'instant, que d'un potentiel menacé par les desseins culturels et économiques de l'expansionnisme américain. Or, le discours impénitent d'un Philippe Lalanne-Berdouticq reproduit les principaux thèmes colonialistes du siècle précédent. Les arguments étayant l'Empire et désormais la francophonie sont compensatoires : il s'agit du déploiement stratégique de

---

il faisait aussi remarquer qu'il n'y a pas ou plus de frontières naturelles et que la langue constitue une telle frontière.

13. Pascal Blanchard et Sandrine Lemaire, *Culture impériale 1931-1961. Les colonies au cœur de la République*, Autrement, 2004.

14. Gabrielle Parker, « France and Southern Africa. Culture, Cooperation and Language Policy », p. 231-246, *in* Kamal Sahli (dir.), *French in and out of France : Language Policies, Intercultural Antagonisms and Dialogue*, Peter Lang, 2002.

15. Administrateur de Défense de la langue française. http://www.langue-française.org/Articles_Dossiers/Defendre_la_langue.html.

francophones (une élite, des travailleurs, quelques troupes) sur un large territoire « conquis », doté d'un potentiel économique susceptible de déplacer les rivalités mondiales sur un nouveau champ de manœuvre.

La Francophonie, une construction de l'esprit

Ce concept stratégique s'est vu doté d'un cadre institutionnel grâce à la création de la « Francophonie ». Il est devenu « affaire d'État » en 1969, date de la première conférence des États francophones à Niamey, au Niger. De Gaulle ne s'y est pas rendu, envoyant à sa place son ministre André Malraux. La première conférence des chefs d'État et de gouvernement ayant en commun l'usage du français dut attendre 1986 pour avoir lieu à Versailles. Quarante-deux pays y participèrent. Il avait fallu près de vingt ans pour que le projet arrive à maturité.

L'Agence intergouvernementale de la Francophonie, résultat immédiat et concret de la conférence de Niamey, est créée le 20 mars 1970. Son site Internet attribue à trois chefs d'État – Léopold Sédar Senghor (Sénégal), Habib Bourguiba (Tunisie) et Hamani Diori (Niger) – le mérite de sa création[16]. Tout comme Rivarol cherchait à donner plus de poids à la notion d'universalité de la langue française en soulignant que ce mérite lui était reconnu par les locuteurs d'autres langues, de même les défenseurs officiels de la Francophonie ont toujours mis l'accent sur les origines non métropolitaines du concept. Léopold Sédar Senghor, quant à lui, en attribue la paternité au général de Gaulle.

Un récit non métropolitain, celui du linguiste congolais Ntole Kazadi, retrace les origines de ce qu'il appelle la « francophonie moderne » jusqu'à la proposition faite par Léopold Sédar Senghor en 1958 d'une « Communauté confédérale » ; projet qui, outre la France, aurait inclus le Maghreb, l'Indochine et l'Afrique subsaharienne. Cette Communauté envisagée n'est pourtant qu'un nouvel avatar de l'Union française de 1946 – composée toutefois de pays désormais indépendants, et donc purifiée d'arrière-pensées colonialistes. Ntole Kazadi rappelle un nom souvent oublié dans la liste des « pères de la Francophonie » : celui de Félix Houphouët-Boigny, président de la Côte d'Ivoire. Si le projet

16. http://agence.francophonie.org/agence/home/cfm. Poissonnier et Sournia ajoutent le « Libanais Charles Hélou », *Atlas mondial de la francophonie...*, *op. cit.*, p. 11.

est peut-être trop idéaliste, ou politiquement naïf, Ntole Kazadi note que Habib Bourguiba et Norodom Sihanouk trouvent toutefois l'idée intéressante ; elle trouve en outre quelque faveur au Maroc, au Laos et au Viêt Nam, mais ne reçoit aucun écho en France [17]. L'analyse de Ntole Kazadi, on le voit, met donc l'accent sur le long labeur de Léopold Sédar Senghor et sur l'indifférence initiale du général de Gaulle. Dès 1962, Senghor abandonne l'idée de Communauté ou de confédération pour se concentrer sur celle de Francophonie, concept qu'il définit comme cet « humanisme intégral qui se tisse autour de la terre : cette symbiose des énergies dormantes de tous les continents, de toutes les races qui se réveillent à leur complémentarité [18] ». D'ailleurs, en 1965, Léopold Sédar Senghor en appellera à un « Commonwealth à la française ». Ntole Kazadi note qu'un certain nombre de pays africains ne partagent pas, à l'époque, cet enthousiasme : Sékou Touré (Guinée) en particulier affuble la proposition de Léopold Sédar Senghor du sobriquet de « francofolie » ; l'Algérie ne voit de son côté pas l'intérêt d'un projet qui s'articule sur les liens entre la France et ses anciennes colonies, et le Zaïre, ancienne colonie belge francophone, ne se presse pas d'entrer dans le jeu.

La proposition, en 1968, de créer l'ACCT (Agence de coopération culturelle et technique), que Ntole Kazadi décrit comme une sorte d'« UNESCO francophone », n'est qu'une nouvelle version d'une proposition lancée en 1953 à Montréal : l'Union culturelle française, devenue par la suite Union culturelle et technique de la langue française [19]. Ce projet est proposé au sommet de l'OCAM (Organisation commune africaine et malgache). Douze ans plus tard, au sommet franco-africain de Nice, Léopold Sédar Senghor présente son projet de « Communauté organique de la francophonie ». À la différence du Commonwealth – communauté d'allégeance à un souverain –, la « communauté d'allégeance à une langue » a pour but de former « une Communauté qui embrassera, ensemble, les domaines politique, économique et culturel [20] ». C'est François Mitterrand qui dans les années 1980 donne le dernier coup de pouce à la création d'une Communauté francophone en rassemblant les chefs d'État francophones en 1986 [21].

17. Ntole Kazadi, *L'Afrique afro-francophone*, Didier Érudition, 1991, p. 49.
18. *Ibid.*, p. 50.
19. *Ibid.*, p. 52.
20. *Ibid.*, p. 56.
21. *Ibid.*, p. 57.

On peut y voir un phénomène post-colonial au sens propre, et il semble difficile de suivre Ntole Kazadi lorsqu'elle affirme que la Francophonie est complètement innocente de toute connotation néocoloniale, ou encore que le président François Mitterrand est entièrement dépourvu de tout bagage colonial en regard de l'Afrique, alors qu'il a été, à plusieurs reprises, ministre de la France d'outre-mer.

Francophonie/« universalité »

À la fin du XVIIIe siècle, l'universalité de la langue française était largement acceptée, autorisant Rivarol à poser la question : « Qu'est-ce qui a rendu la langue française universelle[22] ? » Le sentiment que le français gagnait du terrain et les esprits avait vu le jour beaucoup plus tôt. Marc Fumaroli cite sur ce point Charpentier qui, en 1676, explique :

> La langue française est aujourd'hui la langue d'un grand Royaume ; une langue qui n'est point enfermée dans les limites de la France, qui est cultivée avec ambition par les étrangers, qui fait les délices de la politesse de toutes les Nations du Nord[23].

La prévalence de la langue française s'est construite patiemment sur plusieurs siècles.

La formation d'identités nationales se fonde sur des notions de biens partagés, une langue commune étant le premier d'entre tous les éléments formant le patrimoine commun. Ainsi dans la France du XVIe siècle, le souci d'établir une langue nationale coïncide-t-il avec la construction délibérée d'un patrimoine matériel et symbolique, en même temps qu'avec une expansion territoriale importante et une politique de conquête. Le travail sur la langue porte sur la construction de « trésors », dictionnaires mais aussi « dicts » qui composent un fonds de références communes. Selon Ferdinand Brunot[24], un certain

22. Henri Meschonnic, *De la langue française*, Hachette, 1997, p. 207.
23. Marc Fumaroli, « Le "génie" de la langue française », (p. 4666), *in* Pierre Nora (dir.), *Les Lieux de mémoire*, Gallimard, vol. III, 1997, p. 4623-4685.
24. Jean-Claude Chevalier, « L'histoire de la langue française de Ferdinand Brunot », *in* Pierre Nora (dir.), *Les Lieux de mémoire*, Gallimard, 1997, vol. III, p. 3385-3411.

« cosmopolitanisme » caractérise le XVIIe siècle. L'expansion des gazettes, le commencement de l'enseignement des langues étrangères (dans les écoles de la marine marchande), la création par Colbert (en 1669) de l'École des jeunes de langues (qui devait devenir l'École des langues orientales) et les missions des jésuites contribuèrent aussi à l'expansion de la langue française vers l'Asie et l'Amérique. Le développement du concept d'« universalité » dans le domaine de la science et de la pensée au XVIIIe siècle fait de la langue française le vecteur de cette culture européenne commune. Un nouveau « trésor » se constitue : celui de *L'Encyclopédie universelle.*

Comme le fait remarquer Renée Balibar, si, à l'époque de la Révolution française, les nouveaux membres de l'Assemblée nationale qui venait de se constituer (15 juin 1789) ne formaient pas un groupe homogène sur le plan social, ils avaient en commun le fait de maîtriser une même langue, écrite et parlée : « La communication entre lettrés était si profonde et si autonome qu'elle se désignait naturellement par les termes d'"univers" et d'"universalité" hérités du latin classique et impérial[25]. » Par conséquent l'élite des savants et des écrivains se considérait membre de la « république des lettres » et tous parlaient la même langue. La Révolution veilla à ce que l'apprentissage de la « langue nationale » devînt un devoir pour tous les citoyens, dont la plupart avaient jusque-là été exclus de cette culture « commune » en gestation. Des mouvements parallèles dans le reste de l'Europe menèrent à une homogénéisation linguistique à l'intérieur de chaque nation, par conséquent à une érosion du statut « universel » du français. Grégoire concevait la langue « universelle » comme la « langue de la liberté » (1784) et Barrère déclarait à la Convention (8 pluviôse an II/ 27 janvier 1794) : « Le français deviendra la langue universelle, étant la langue des peuples. En attendant, comme il a eu l'honneur de servir à la Déclaration des droits de l'homme, il doit devenir la langue de tous les Français. »[26]

La notion d'« universalité » au XVIIIe siècle se limite donc à l'Europe et à la société « polie », tout comme l'universalité des « droits de l'homme et du citoyen » exclut les esclaves (jusqu'en 1848) et les femmes (jusqu'en 1945, lorsqu'elles obtiennent le droit de vote, puis en 1999, lorsque la Constitution intègre l'« égalité d'accès » [la parité] à la

25. Renée Balibar, *L'Institution du français. Essai sur le colinguisme des Carolingiens à la République*, PUF, 1985, p. 4.
26. *Ibidem*, p. 23.

représentation politique – « Un scandale pour une nation toujours prête à se donner en exemple au monde[27] »). La France est aussi en retard sur la féminisation de la langue elle-même par rapport à d'autres communautés francophones – et la Francophonie elle-même n'est pas moins lente : il faut attendre l'an 2000, à Luxembourg, pour qu'ait lieu sa première conférence des femmes de la Francophonie. L'idée d'universalité n'est pas sans évoquer le dogme de l'Église catholique, « une et universelle », et le messianisme de la « mission civilisatrice ». Mais le rapprochement va plus loin : la promotion zélée de la langue rappelle l'« Œuvre de la propagation de la foi ». La France fut en effet la protectrice officielle des missionnaires, puis la puissance missionnaire catholique la plus importante[28].

Ces valeurs, révolutionnaires ou chrétiennes, étant universelles, et la langue l'étant tout autant, les unes ne cessent de se fonder sur les autres.

Francophonie : concept néocolonial ?

Aux XXe et XXIe siècles, la Francophonie fournit l'accès à une nouvelle universalité, à nouveau fondée sur la langue. Le projet de Jules Ferry – politique, économique, humanitaire – a réussi, mais le prix en est élevé. L'enseignement dans les colonies a exacerbé un sentiment d'aliénation. On peut donc se demander si la Francophonie est vraiment postcoloniale ou bien s'il s'agit en fait d'un autre avatar du colonialisme lui-même. La Francophonie reste une organisation politique sur laquelle la France compte pour accumuler les votes et un soutien dans les instances internationales. Le sommet de Moncton (septembre 1999) et la troisième conférence ministérielle sur la culture (Cotonou, juin 2001) en sont exemplaires à cet égard puisqu'ils ont mobilisé le grand déploiement des pays membres pour soutenir et défendre la position française

27. Françoise Picq, « Parité, la nouvelle "exception française" », *Modern and Contemporary France Review*, vol. 10, n° 1, février 2002, p. 13.
28. « En 1900, trois missionnaires catholiques sur cinq sont français. [...] Un écrivain catholique des années 1920 va même jusqu'à écrire que la langue française est l'une des langues privilégiées des saints », Patrick Cabanel, « Protestantisme et laïcité : réflexion sur la trace religieuse de l'histoire contemporaine de la France », *Modern and Contemporary France Review*, vol. 10, n° 1, février 2002, p. 90.

sur l'« exception culturelle ». Dans un autre registre, la « coopération » reste le champ principal de l'action de la France dans ses anciennes colonies et au-delà. C'est un outil d'intervention ambigu dans le tissu politique, économique et culturel de ces pays. Dans un rapport à l'Assemblée nationale intitulé « Du global à l'universel : les défis de la francophonie », Yves Tavernier déclare :

> Si à l'origine la Francophonie était un mouvement de nature linguistique (promotion et défense de la langue), elle a été amenée, selon la volonté des pères fondateurs, à participer au développement du Sud. Progressivement, la langue est devenue, non plus un objectif, mais un outil de développement. On utilise le français pour faire de la coopération, de la concertation, de la politique, de la coopération économique, politique, de solidarité Nord-Sud et de prévention des conflits[29].

Pourtant, si le français est censé être essentiel au « développement » des économies émergentes, qu'est-ce que cela implique quant à leur dépendance postcoloniale ? Certains critiques de la Francophonie prônent une rupture radicale en termes éducatifs pour des raisons éthiques, militant en particulier en faveur d'un enseignement en langue vernaculaire comme « instrument essentiel pour le développement économique et démocratique d'une société[30] ». Ainsi la mission, les messages, la politique de la Francophonie se modifient depuis 1998 parallèlement à la restructuration de l'organisation[31]. On constate une prise de conscience nouvelle du fait que la promotion et la propagation du français dans le monde sont inséparables d'une action en faveur du

---

29. Yves Tavernier, « Du global à l'universel. Les enjeux de la francophonie », rapport d'information à l'Assemblée nationale n° 2592, Librairies-Imprimeries réunies, 2000, p. 183.
30. Raymond Renard, *Une éthique pour la francophonie. Questions de politique linguistique*, Didier Érudition, 2000, p. 41.
31. Gabrielle Parker, « The Fifth Republic and the Francophone Project », *in* Kamal Sahli (dir.), *French in and out of France..., op. cit.* La Francophonie institutionnelle vient de passer deux ans (2003-2005) à se simplifier (fusion de l'Organisation internationale [OIF] et de l'Agence internationale [AIF]) ; mais pas à l'intérieur de l'État français où règne l'éparpillement ministériel ; elle est qualifiée de « labyrinthe », ou même de « maquis » par Dominique Wolton (*Demain la francophonie*, Flammarion, 2006).

plurilinguisme, à poursuivre en France et dans l'Union européenne aussi bien qu'au niveau des organisations internationales et par le biais de nouveaux réseaux de communication tels que l'Internet.

Ce changement de cap est valable à l'intérieur autant qu'à l'extérieur du pays : à l'intérieur, la France a cédé à la politique européenne et adopté une approche plus libérale par rapport aux langues régionales ; à l'extérieur, elle s'est engagée à soutenir le plurilinguisme, l'idée étant que défendre le français, c'est aussi défendre le droit de chaque pays à défendre son identité culturelle. L'ultime concession est même envisagée : « Ainsi la Francophonie mérite d'être défendue. Elle est le support de la diversité culturelle. [...] Sa diffusion en tant que système de pensée doit être favorisée, y compris par le biais de l'anglais et des langues vernaculaires[32]. »

La francophonie : nouveaux terrains d'engagement, nouvelles communautés ?

À l'occasion de la Journée de la Francophonie 2002, Charles Josselin, ministre délégué à la Coopération et à la Francophonie, déclarait : « La Francophonie s'est affirmée comme une communauté de valeurs. Une organisation à vocation universelle en prise avec les défis de son temps. » Exposant les grandes lignes de la politique principale de la Francophonie – la solidarité –, il soulignait qu'elle reposait sur une double approche : « approfondissement de la démocratie » et promotion de la « diversité linguistique et culturelle ». Il ajoutait, concernant cette dernière : « Son objectif est d'éviter que la mondialisation ne devienne une source d'aggravation des inégalités, mais qu'elle soit au contraire un facteur de développement et de dialogue des cultures. » Ainsi la Francophonie devient l'espace où le français est partagé : le « lieu commun » pour tous les francophones – quoique l'extension de l'adhésion aille au-delà de la logique du partage de la langue (comment expliquer celle de la Bulgarie ?) ; inversement, les intérêts français dépassent les limites de l'ancien « pré carré » tandis que les puissances anglophones – et même le Québec – cherchent à étendre leur influence au-delà des frontières

32. Yves Tavernier, « Du global à l'universel... », *op. cit.*, p. 184 (souligné par nous).

linguistiques[33]. En même temps, la quarantaine d'années écoulées depuis la fin de la décolonisation a permis une certaine prise de distance vis-à-vis du « drame colonial » évoqué par Albert Memmi, surtout au niveau de la langue[34]. Aimé Césaire n'avait-il pas déjà déclaré : « La langue française me colonise, je la colonise à mon tour[35] » ?

Dans une série d'entretiens avec des écrivains francophones du Nord et du Sud, d'Europe et d'Afrique, des Amériques et de Méditerranée, explorant leurs relations avec le français, Lise Gauvin conclut que leur remise en question de la langue est une manifestation de leur désir de remettre en question la nature même du langage et la notion qu'une langue « appartiendrait » à un groupe donné[36]. Patrick Chamoiseau semble soutenir cette thèse/proposition : à son avis, les nouvelles générations « relativisent » les langues :

> Les enfants ne sont plus comme nous ; leur rapport à la langue, à une langue, n'est pas le rapport que nous avions qui était un rapport fondateur, constructeur, un rapport d'élévation, de lutte, de progression. [...] La langue a pris des distances quant à la notion d'identité, c'est-à-dire que la langue ne sert plus à définir une culture, une identité[37].

Ainsi, une forme de réconciliation avec le moi colonisé est en cours, une génération après le diagnostic d'Albert Memmi. Au cours de leurs entretiens avec Lise Gauvin, des écrivains tels René Depestre (Haïti) et Tahar Ben Jelloun (Maroc) revendiquent le français comme leur propre bagage culturel. Si tel est bien le cas, alors la Francophonie perd

---

33. Gabrielle Parker, « The Fift Republic and the francophone projet », *in* Kamal Sahli (dir.), *French in and out of France*, *op. cit.*
34. Albert Memmi, *Portrait du colonisé*, Corréa, 1957 (Gallimard, 1985 et Agence de la coopération culturelle et technique, 1989).
35. Lise Gauvin, *L'Écrivain francophone à la croisée des langues. Entretiens*, Karthala, 1997, p. 41.
36. *Ibid.*, p. 6.
37. *Ibid.*, p. 37. Une étude réalisée par la SOFRES les 23 et 24 février 2005, intitulée « Les Français et la nation », semblerait confirmer une évolution similaire en métropole : « parler la même langue » ne venait qu'en troisième place (29 %) après « partager une même culture et des valeurs » (43 %) et « respecter des lois et des institutions communes » (46 %) en réponse à la question : « Qu'est-ce qui unit aujourd'hui le plus les Français selon vous ? »
http://www.tns-sofres.com/etudes/pol/120305_nation_r.htm

son tranchant impérialiste pour devenir post-coloniale. Raymond Renard en arrive à une conclusion semblable lorsqu'il prône la construction d'une identité francophone réelle. Le ciment qui maintient cette construction est le français et les « valeurs » qu'il est censé véhiculer dans l'imaginaire collectif de nombreux peuples – solidarité, respect pour les droits de l'homme, tolérance, démocratie[38]. La simple démographie de la Francophonie du Sud pourrait accompagner cet apaisement : les nouvelles générations n'ont rien connu ni de la colonisation, ni de la décolonisation, ni des joies et des affres des indépendances.

« Égaux, Unis, Différents[39] » : vers une nouvelle Francophonie

Selon Stélio Farandjis, secrétaire général du Haut Conseil de la Francophonie, la tension entre diversité et universalité constitue à la fois le défi et l'attrait du concept de Francophonie[40]. Peut-être, mais c'est aussi un point de vue qui trahit une vision monolithique de la France (« universelle » et unifiée dans ses valeurs) et du « reste du monde » (divers et hétérogène). C'est le discours français même qu'il faut interroger pour pouvoir déconstruire l'opposition entre la métropole et le « reste du monde ». Les critiques pourraient avancer que la diversité culturelle n'est qu'un concept approprié pour pouvoir étayer ou défendre la politique de l'« exception culturelle ». Cependant, tout comme la notion de francophonie fut attribuée à d'autres de façon à innocenter la France de toute intention néocoloniale, Yves Tavernier nous rappelle que la diversité et l'universalité étaient à la base de la « conception senghorienne du métissage culturel » au cœur d'un « humanisme intégral »[41]. Le « métissage » est envisagé comme un antidote aux effets uniformisants de la globalisation.

La solution se trouve peut-être dans la notion émergente de « diversalité ». Ce mot hybride soude les concepts de diversité et d'universalité,

38. Raymond Renard, *Une éthique pour la francophonie*, *op. cit.*, p. 289.
39. Cette devise était inscrite en filigrane sur le site de la Francophonie en 2001. La présentation de la toile a changé et la devise a disparu.
40. Patrick Bloche, *Le Désir de France*, Paris, La Documentation française, 1999, p. 21.
41. Yves Tavernier, « Du global à l'universel », *Op. cit.*, p. 15.

réconciliant par là deux visions antonymiques du monde. Le modèle proposé par Édouard Glissant, Raphaël Confiant, Patrick Chamoiseau est différent des métissages proposés jusqu'ici puisqu'il suggère une juxtaposition dans laquelle chaque composante reste identifiable. Il se fonde sur une interprétation de la créolisation, il permet une cohabitation harmonieuse de composantes diverses à l'intérieur de chaque individu. La stratégie proposée par Confiant – qui se teinte peut-être d'une touche d'humour subversif ? –, à la troisième conférence sur la culture au Bénin en juin 2002, consiste à assiéger Paris, bastion de la langue française, pour recréer une académie, l'Académie francophone, ainsi qu'un certain nombre d'académies régionales dont la raison d'être serait la production d'un *Dictionnaire du français mondial*. Le projet envisage aussi la création d'outils pédagogiques pour l'enseignement du créole, du wolof, du bambara, du berbère ou de l'arabe, de façon à nourrir les identités multiples qui aideront à combattre les effets uniformisants de la globalisation.

La diversité peut, de fait, se révéler libératrice. Depestre fait remarquer avec satisfaction que l'expansion de la culture française au-delà des frontières a suscité non seulement un certain nombre de créoles, mais aussi de religions et de nouveaux modes de vie : « La France a fonctionné comme un métier à métisser le monde. [...] Toute la nouvelle civilisation se constitue à partir de la multiplicité d'apports culturels tramés par divers peuples[42]. » Jean-Pierre Verheggen suggère quant à lui que les Wallons et les Québécois devraient revendiquer leur langue (le français) et cesser de s'excuser de leur « petit-nègre » pour devenir des « grands Nègres » puisque « nous sommes Africains quelque part[43] ». Il se réfère avec enthousiasme au travail de Loic Depecker, *Les Mots de la francophonie*, qui observait : « Nous sommes les inventeurs de cette langue française à venir[44] » et donc la garantie de son avenir. Pour défendre une approche inventive de la langue, il affirme qu'« il faut faire entendre l'*inouïversel*[45] ». Si le « centre » (la France) est perçu comme oppressant, la Francophonie peut tirer sa force de la solidarité. Tandis que la Francophonie institutionnelle reste suspecte de néocolonialisme[46], la communauté des peuples qui fait la Francophonie peut

42. *Op. cit.*, p. 90.
43. *Op. cit.*, p. 172.
44. *Op. cit.*, p. 172.
45. *Ibid.*, p. 180 (souligné dans le texte).
46. Ou bien aussi suspecte de clientélisme : au service et au bénéfice de petits réseaux qui vivent de la « rente linguistique » (voir Achille Mbembé, « Dénatio-

créer un espace de solidarité et de réconciliation, d'hybridité et d'identité à la fois singulière et multiple. Il s'agirait là d'une réinvention de la Francophonie à partir de la « périphérie ». Si tel est le cas, la Francophonie sera post-coloniale non plus tant parce qu'elle se réalise après la colonisation, mais parce qu'elle la dépasse.

Il restera une tension entre l'instinct de défense et de protection de la langue française et le désir de la voir devenir langue universelle au XXIe siècle. Si l'anglais est devenu langue de transaction, c'est parce qu'il a rompu ses amarres – non seulement celles qui l'attachaient à l'expansion coloniale, mais aussi celles qui l'attachent à la nouvelle superpuissance, les États-Unis. L'anglais langue vernaculaire est multiple et changeant – souvent au prix d'une absence de référentiel culturel. Le français, langue-nation, est attaché à ses valeurs référentielles : saura-t-il se « dénationaliser » comme le réclame Achille Mbembe[47] ? La francophonie « apaisée » est peut-être à ce prix. La France accepte la diversité culturelle et la pluralité linguistique, mais pas encore au sein de la langue même. Ces tensions sont à l'image de la société actuelle. La francophonie s'achemine-t-elle vers une famille linguistique recomposée ?

---

naliser la langue française », article mis en ligne mercredi 22 février 2006, http://multitudes.samizdat.net/article.php3 ?id_article=2330).

47. Voir article en ligne cité ci-dessus.

PEUT-ON PARLER D'UN RACISME POST-COLONIAL ?

Saïd Bouamama et Pierre Tévanian

À cette question de savoir si l'on peut parler d'un racisme post-colonial, nous répondons par une autre question : comment peut-on ne pas en parler ? Comment peut-on parler des formes contemporaines du racisme sans évoquer deux de ses principales généalogies : les systèmes esclavagiste et colonial ? Comment peut-on nier qu'existe aujourd'hui un *profond racisme* qui trouve son fondement dans des institutions, des pratiques, des discours et des représentations qui se sont élaborés dans le cadre de l'Empire colonial français ? Comment peut-on le nier, par exemple, alors que les enquêtes d'opinion mettent en évidence une forme de mépris ou de rejet spécifique, plus fort et plus durable, à l'encontre des immigrés originaires de pays colonisés ?

De ces enquêtes[1], il ressort en effet que, depuis plusieurs décennies, deux phénomènes sont observables : d'une part, les vagues d'immigration les plus récentes sont toujours les plus dépréciées, les plus craintes ou les plus méprisées, tandis que le temps dissipe peu à peu cette crainte et ce mépris ; d'autre part, les immigrés issus de pays anciennement colonisés, notamment d'Afrique, font exception à cette première règle. En d'autres termes, il convient de distinguer le stigmate *xénophobe*, qui n'existe sous une forme exacerbée que pour les nouveaux arrivants, et le stigmate *raciste*, qui cristallise des représentations beaucoup plus profondément enracinées, et qui par conséquent ne perd pas – ou très peu – de sa force avec le

1. Yvan Gastaut, *L'Immigration et l'opinion en France sous la Ve République*, Seuil, 1999.

renouvellement des générations et leur enracinement en France. Si les immigrants italiens, polonais, arméniens ou portugais ont pu être, à leur arrivée en France, l'objet de discours infâmants et de mesures discriminatoires d'une grande brutalité, souvent comparables par leur forme et par leur violence à ce que subissent aujourd'hui les immigrants post-coloniaux[2], il n'en est pas allé de même pour leurs enfants, et moins encore pour leurs petits-enfants. On ne peut pas en dire autant des enfants d'immigrés maghrébins ou noirs africains, seuls condamnés à l'appellation absurde – mais éloquente politiquement – d'« immigrés de la deuxième ou troisième génération » et aux discriminations qui l'accompagnent.

Si le racisme est, selon la formule d'Albert Memmi, « une valorisation généralisée et définitive de différences réelles ou imaginaires, au profit de l'accusateur et au détriment de sa victime, afin de légitimer une agression ou des privilèges[3] », il y a bien un racisme spécifique qui s'est construit comme une légitimation de l'agression et du privilège coloniaux : il y a bien eu essentialisation et naturalisation de « différences culturelles » (notamment la référence musulmane), disqualification « morale » de ces différences, théorisation et production de l'« indigène » comme « corps d'exception » encadré par des dispositifs spécifiques (formalisés notamment, en Algérie, par le sénatus-consulte du 14 juillet 1865)[4]. Et ce racisme culturaliste s'est bel et bien transmis de génération en génération, y compris après les indépendances – et cela sans grande déperdition, comme tout système de représentations non soumis à la critique et à la déconstruction : on peut difficilement nier que dans la société française contemporaine continuent de circuler – et d'agir – de manière massive des représentations du « Noir », de l'« immigré », du « musulman », du « beur » ou de la « beurette[5] » survalorisant une différence « culturelle » (« ils » sont différents de « nous ») et occultant les autres différences, notamment de classe ou de « personnalité » (« ils » sont tous les mêmes, et « nous » partageons tous une même « identité nationale »). Il n'est pas contestable non plus que cette double opération de *clivage* et d'*amalgame* produit des représentations clairement infériorisantes (« ils » sont marqués au mieux par la carence ou

2. Gérard Noiriel, *Le Creuset français*, Seuil, 1988 et *La Tyrannie du national*, Calmann-Lévy, 1991.

3. Albert Memmi, *Le Racisme*, Gallimard, « Folio actuels », 1999.

4. Mohamed Barkat, *Le Corps d'exception. Les artifices du pouvoir colonial et la destruction de la vie*, Éditions Amsterdam, 2005.

5. Nicolas Bancel et Pascal Blanchard, *De l'indigène à l'immigré*, Gallimard « Découvertes », 1998.

le retard, au pire par la dangerosité[6], tandis que « nous » incarnons la « raison », l'« universel » et la « modernité »). Il n'est pas contestable enfin que ce discours dévalorisant assure la légitimation d'une situation de domination, de relégation et d'exclusion sociale systémiques dans l'espace contemporain post-colonial.

Des discriminations systémiques et institutionnelles

Après des décennies de cécité ou de dénégation, l'existence massive de discriminations racistes commence à être reconnue, et beaucoup sont prêts à admettre qu'elles touchent plus spécifiquement les descendants des « anciens colonisés ». Mais, malgré l'existence de plusieurs études soulignant le caractère *systémique* de ces discriminations[7], celles-ci restent appréhendées majoritairement comme des phénomènes purement individuels de « méconnaissance de l'autre » ou de « repli sur soi », quand ce ne sont pas les victimes qui sont elles-mêmes incriminées pour leur manque d'« intégration » ou leur retard « culturel ». Dans tous les cas, ce qui est nié est l'existence de *processus sociaux de production des discriminations*, processus mis en place par les institutions de la République elle-même et en toute légalité, malgré un principe officiel de non-discrimination, rituellement proclamé mais quotidiennement bafoué[8]. Ce caractère systémique et institutionnel des discriminations est pourtant patent, et il constitue la première analogie repérable avec le rapport colonial :

> Outre la série d'analogies qu'on peut saisir entre les deux phénomènes – analogies d'ordre historique (l'immigration est souvent fille de la colonisation directe ou indirecte) et analogies de structure (l'immigration, actuellement, occupe dans l'ordre des relations de domination la place qu'occupait hier la colonisation) –, l'immigration s'est, d'une certaine façon, érigée en système de la même manière qu'on disait que la « colonisation est un système » (selon l'expression de Sartre)[9].

---

6. Pierre Tévanian, « Le corps d'exception et ses métamorphoses », *Quasimodo*, n° 9, été 2005.
7. Véronique de Rudder (dir.), *L'Inégalité raciste*, PUF, 2000.
8. Colette Delphy, « Un mouvement, quel mouvement ? », www.lmsi.net.
9. Abdelmalek Sayad, « La "faute" de l'absence », *in L'Immigration ou les paradoxes de l'altérité*, De Boeck Université, 1997.

Le racisme post-colonial n'est donc pas une simple survivance du passé. Il s'agit au contraire d'une production permanente et systémique de notre société, les représentations héritées du passé étant reformulées et réinvesties au service d'intérêts contemporains. C'est bien notre société qui, au présent, continue de produire des « indigènes » au sens *politique* du terme : des « sous-citoyens », des « sujets » qui ne sont pas étrangers au sens juridique mais ne sont pas pour autant traités comme des Français à part entière.

Karl Marx a bien étudié, dans son ouvrage *Le 18 Brumaire de Napoléon Bonaparte*, cette interaction entre passé et présent, et le rôle que joue l'imaginaire social hérité. C'est à travers cet imaginaire que les hommes déchiffrent leur réalité vécue, déterminent les frontières entre un « nous » et un « eux », et fondent leur action présente. C'est en l'occurrence à travers l'imaginaire colonial qu'ont été appréhendés les immigrés postcoloniaux des années 1960 et 1970, et qu'a été légitimée leur relégation économique, sociale et politique : *insertion par le bas* dans les secteurs les plus pénibles du monde économique, *négation des besoins sociaux* non liés directement aux besoins productifs, *réduction de l'homme à une simple force de travail* (et en conséquence absence de prise en compte de la vie familiale et de l'inévitable enracinement), *injonction à la discrétion et à l'apolitisme*. La massification du chômage et de la précarité depuis la décennie 1980 s'est réalisée sur la base de cet ordre des dominations dans lequel les immigrés apparaissent comme dominés parmi les dominés : ainsi les Français issus de la colonisation ont-ils hérité de la place qu'occupaient leurs parents avant eux.

Des « attributions causales » culturalistes, capacitaires et dépolitisantes

L'imaginaire colonial se réinvestit notamment dans la manière d'appréhender les situations d'inégalité réelle. Dans le regard du colonisateur, les inégalités produites par le système colonial ne sont pas niées, mais leur genèse est refoulée, recouverte par une explication biologique[10] ou culturelle : le manque d'ardeur au travail du colonisé n'est par exemple

10. Voir l'ouvrage récent de Carole Reynaud Paligot, *La République raciale, 1860-1930. Paradigme racial et idéologie républicaine*, PUF, 2006.

pas expliqué par le rapport social colonial, qui impose au colonisé des conditions de travail éreintantes tout en le privant de toute initiative et de toute jouissance du fruit de son travail, mais par la congénitale indolence de l'« Africain » ou par l'incorrigible indiscipline du « Maghrébin[11] ». Un même mécanisme de décontextualisation, dépolitisation et ethnicisation opère aujourd'hui : ce ne sont plus les discriminations qui expliquent la marginalisation, la « rage » ou le « je-m'en-fichisme[12] » de nombreux jeunes issus de la colonisation, mais une carence de ces jeunes – manque de « repères » ou d'éducation parentale, incapacité ou incompatibilité « culturelle », manque de familiarité avec les « valeurs de la République » ou de la « modernité »... Certains sont mêmes allés, en novembre 2005, jusqu'à inverser les causes et les effets en expliquant la difficulté de ces jeunes à trouver un emploi par leurs « comportements asociaux »... eux-mêmes produits par la « polygamie des parents » !

La thématique de l'« intégration », encore dominante dans les politiques publiques ciblant les immigrés ou leurs enfants, s'inscrit dans ce registre culturaliste, capacitaire et dépolitisant. L'appel à l'intégration assigne en effet ses destinataires à une « différence culturelle » irréductible et à une perpétuelle position d'extériorité par rapport à la « communauté nationale » : s'ils doivent s'intégrer ou être intégrés, c'est qu'ils ne le sont pas encore – la procédure de naturalisation, avec son « questionnaire d'intégration », est l'une des traductions pratiques de cette logique. Or, c'est bien dans le cadre du système colonial que l'égalité des citoyens a été subvertie au profit d'une conception culturaliste de la nation, le colonisé ne pouvant pleinement intégrer la citoyenneté qu'en renonçant à son « statut personnel[13] ».

L'intégrationnisme, une autre forme du racisme ?

Le mot d'ordre d'intégration impose également à ses destinataires une obligation de réserve, de discrétion, voire d'invisibilité. Éric Savarèse a montré comment le regard colonial tendait à rendre invisible le colonisé, ou à en faire le simple miroir dans lequel la « France » contemple

11. Albert Memmi, *Portait du colonisé*, Gallimard, « Folio Actuel », 2002 [1957].
12. Richard Hoggart, *La Culture du pauvre. Étude sur le style de vie des classes populaires en Angleterre*, Éditions de Minuit, 2002.
13. Mohamed Barkat, *Le Corps d'exception, op. cit.*, 2005.

son propre génie « civilisateur » ; Abdelmalek Sayad a montré de son côté que cette « invisibilisation » était reproduite à l'endroit de l'immigration :

> Parce que le rapport de forces est incontestablement en faveur de la société d'immigration – ce qui l'autorise à renverser du tout au tout la relation qui l'unit aux immigrés, au point de placer ces derniers en position d'obligés là où ils devraient au contraire obliger –, celle-ci n'a que trop tendance à porter à son bénéfice ce qui, pourtant, est l'œuvre des immigrés eux-mêmes : aussi est-ce fréquemment qu'on présente au moins les aspects les plus positifs (ou considérés comme tels) de l'expérience des immigrés, c'est-à-dire en gros, l'ensemble des acquisitions qu'ils ont su imposer au gré de leur immigration [...] comme le résultat d'un travail diffus ou systématique d'inculcation, d'éducation [...], travail qui consiste à produire ce qu'on appelle les « évolués » (et du même coup, à discriminer ces immigrés « évoluables », « éducables » ou « amendables » des immigrés qui ne le sont pas ou ne veulent pas l'être) et dont le mérite revient bien sûr à la société d'accueil et à elle seule[14].

Il en va de même aujourd'hui pour les jeunes Français issus de la colonisation : eux aussi sont « invisibilisés ». Eux aussi sont sommés de ne pas être « ostentatoires ». Eux aussi sont les objets d'une injonction à la politesse et à la discrétion alors même qu'ils font quotidiennement l'expérience du mépris et de l'injustice sociale. Et toute stratégie de visibilisation de leur part est ressentie comme une menace, un « refus d'intégration » ou un « rejet de la République ».

Au risque de choquer, on peut finalement dire que l'intégration, telle qu'elle est généralement pensée, parlée et traduite en termes de politiques publiques, est moins souvent une alternative à la discrimination raciste qu'une formulation sublimée ou un instrument de légitimation de cette discrimination : si le racisme est le refus de l'égalité, l'intégration est précisément le mot d'ordre qui permet d'évacuer la question égalitaire. En effet, si être « intégré », être « inclus », avoir « sa

14. Éric Savarèse, *Histoire coloniale et immigration*, Séguier, 2000, et Abdelmalek Sayad, « Qu'est ce qu'un immigré ? », *in L'Immigration ou les paradoxes de l'altérité*, *op. cit.*

place » vaut mieux que d'être purement et simplement exclu, ces termes ne disent pas de *quelle* place il s'agit. Un serviteur a « sa place », il est inclus et intégré – il n'en demeure pas moins subordonné, méprisé et exploité. Et de fait, dans de très nombreux contextes, parler de « problèmes d'intégration » sert essentiellement à ne pas prononcer d'autres mots, comme *domination, discrimination* ou *inégalité*. Le parallèle est à cet égard saisissant entre l'usage du terme même d'« intégration » dans le système colonial et dans le système post-colonial : dans les deux cas, au-delà des nombreuses différences de contexte, c'est la même opération qui est réalisée, à savoir le refoulement des revendications de liberté et d'égalité. Le mot « intégration » n'est en effet jamais autant utilisé par l'État français que lorsque les colonisés réclament l'égalité des droits, l'autodétermination ou l'indépendance – ou, plusieurs décennies plus tard, à partir de 1983, lorsque leurs descendants « marchent pour l'Égalité[15] ».

« Intégrer, réprimer, promouvoir, émanciper »

Le système postcolonial reproduit aussi des opérations de division et de compartimentage des individus issus du système colonial : une masse à intégrer, une masse à réprimer, une élite à promouvoir et des femmes à « émanciper ».

Une masse à intégrer. « Handicaps culturels », « résistances », « inadaptation de l'islam à la modernité » ou à la « laïcité », manque d'« efforts d'intégration » : nous retrouvons dans tous ces clichés l'une des principales marques du « portrait mythique du colonisé », qu'Albert Memmi a en son temps nommée la « marque du négatif ». Nous retrouvons le motif de l'« arriération » et du « retard », et son pendant : la mission « civilisatrice » de l'État français.

Une masse à réprimer. Dès qu'il s'agit de jeunes des quartiers populaires, et plus particulièrement de ceux qui sont issus des immigrations coloniales, le refus et la révolte devant les inégalités sont d'emblée mis en illégitimité. Leurs actes, étant perçus à travers un prisme étroitement culturaliste, ne sauraient avoir une signification, une valeur et *a fortiori* une légitimité sociale ou politique[16]. De par leur « refus d'intégration »

15. Saïd Bouamama, *Dix Ans de marche des beurs*, Desclée de Brouwer, 1994.
16. François Athané, « Ne laissons pas punir les pauvres », www.lmsi.net.

ou leurs caractéristiques familiales et/ou culturelles et/ou religieuses, les jeunes revendicatifs ne peuvent apparaître que comme « anomiques » – ou pire : porteurs de normes et de valeurs dangereuses pour l'ordre social.

Des « rodéos des Minguettes » de 1981 aux émeutes de novembre 2005, le recours systématique, quasi exclusif et disproportionné à la « fermeté », à la surveillance et à la répression des mouvements de révolte est un autre point commun avec le modèle colonial. Plus largement, tout comportement dissident, déviant ou simplement « déplacé » de la part d'un jeune issu de la colonisation fait l'objet de jugements moraux qui s'apparentent, par leur outrance, leur généralité et leur contenu, aux doléances du colon à l'encontre du colonisé. Le « portrait mythique du post-colonisé » reproduit dans une large mesure le « portrait mythique du colonisé » dont Albert Memmi a en son temps analysé la structure et la genèse. C'est ainsi qu'on parle, aujourd'hui comme au temps des colonies, de « territoires » à « conquérir » ou à « reconquérir », d'espaces « décivilisés », de « sauvageons » ou de « barbares », de « défaut d'éducation », de nécessaire « adaptation » de nos dispositifs pénaux à des populations « nouvelles », radicalement « différentes » des jeunes de jadis, vivant « en dehors de toute rationalité[17] ».

Au-delà des mots, les pratiques politiques et policières rejouent, sur un mode heureusement moins extrême, une partition qui s'est largement écrite dans un contexte colonial : qu'il s'agisse du couvre-feu, de la « guerre préventive » que constituent les contrôles policiers à répétition ou les dispersions intempestives dans les halls d'immeuble, de la pénalisation des parents pour les fautes des enfants, ou encore des méthodes de gestion de la contestation politique (diffamation, criminalisation, appel aux autorités religieuses locales pour pacifier une émeute ou détourner la population d'une action politique protestataire), les autorités instaurent en banlieue des modes de gestion qui bafouent un certain nombre de principes fondamentaux (comme la *présomption d'innocence*, le principe de la *responsabilité individuelle*, le principe de *laïcité*...), et qui par conséquent apparaissent comme autant d'*anomalies* au regard d'une certaine tradition du droit français. Mais si l'on se réfère à l'*autre tradition française*, à la part d'ombre que constituent le droit d'exception et les techniques de pouvoir qui se sont inventées et

---

17. Pierre Tévanian, *Le Ministère de la peur. Réflexions sur le nouvel ordre sécuritaire*, L'Esprit frappeur, 2004.

expérimentées dans les colonies, alors l'actuelle « dérive sécuritaire » perd beaucoup de sa nouveauté et de son exotisme.

Une élite à promouvoir encore. Que ce soit pour disculper le « modèle français d'intégration » (en montrant à la masse en échec qu'« on peut s'en sortir », et que par conséquent chaque individu est seul responsable de son malheur) ou pour servir d'« intermédiaire » avec les autres « jeunes » au prétexte d'une proximité culturelle, ou encore pour occuper des postes ethnicisés au prétexte de spécificités, partout se décline une injonction idéologique à la déloyauté, dans des modalités proches de l'« évolué » ou du « peau noire, masque blanc » tel que l'analysait Franz Fanon.

Des femmes à « émanciper », malgré elles et contre leurs groupes familiaux. Les débats autour de la loi sur les signes religieux ont mis en évidence la persistance des représentations coloniales sur l'« hétérosexualité violente » du « garçon arabe » ou du « musulman » et sur la soumission de sa femme et de ses filles. Le fait même de récuser la parole des premières concernées, et de les sommer de se dévoiler, sous peine d'exclusion et de déscolarisation – en d'autres termes : de les « forcer à être libres » – relève d'une conception de l'émancipation qui fut celle-là même des colonisateurs[18].

L'enjeu de la nomination

Deux précisions s'imposent, pour finir, en réponse à des objections récurrentes. Tout d'abord, dire qu'il existe un « racisme post-colonial » ne revient pas à dire que ce racisme est le seul à l'œuvre dans la société française contemporaine, que la colonisation est la seule source du racisme, et que les pays qui n'ont pas eu d'empires coloniaux n'ont pas leurs propres racismes, avec leurs propres fondements historiques. Il est évident qu'il existe en France d'autres racismes, c'est-à-dire d'autres formes de stigmatisation irréductible à la xénophobie : les racismes antijuifs et antitziganes notamment – ou même des formes radicales de mépris social à l'égard de « Blancs pauvres » qui s'apparentent à un « racisme de classe ».

18. Nacira Guénif-Souilamas et Éric Macé, *Les Féministes et le garçon arabe*, L'Aube, 2004, et Colette Delphy, « Antisexisme ou antiracisme : un faux dilemme », *Nouvelles Questions féministes*, vol. 25, n° 1, « Sexisme et racisme », janvier 2006.

S'il peut être nécessaire de le rappeler lorsque l'oppression passée et présente des Noirs, des Arabes ou des musulmans est absolutisée ou mise en concurrence avec celle d'autres groupes, il est en revanche absurde, malhonnête et irresponsable de suspecter ou d'accuser *a priori* – comme cela est souvent fait – de « colonialo-centrisme », de « concurrence des victimes » voire de « banalisation de la Shoah » ou d'antisémitisme toute personne qui se consacre à l'analyse ou au combat contre les racismes spécifiques visant les colonisés ou les post-colonisés. Nous citerons sur ce point Sigmund Freud : se consacrer aux nombreuses névroses qui naissent de refoulements sexuels ne signifie pas qu'on nie l'existence d'autres troubles et d'autres causalités. De même, souligner les origines coloniales de certaines formes de racisme ne revient pas à nier l'existence d'autres formes de racisme et de discrimination, qui s'enracinent dans d'autres épisodes historiques et d'autres processus sociaux. Nous ne voyons pas plus la colonisation partout que Freud ne voyait le sexe partout – même si nous la voyons à l'œuvre là où beaucoup *ne veulent pas la voir*, comme Freud voyait la pulsion sexuelle là où beaucoup ne voulaient pas la voir.

Parler de « racisme post-colonial », ce n'est pas non plus prétendre que les descendants de colonisés vivent une situation identique en tout point à celle de leurs ancêtres. Le préfixe « post » est à cet égard suffisamment clair : il marque à la fois un changement d'ère et une filiation, un héritage, un « air de famille ». Là encore, la précision est parfois utile, mais elle est le plus souvent hors de propos, notamment lorsqu'elle sert à « faire la leçon » à des mouvements militants qui sont parfaitement conscients des différences entre les situations coloniale et post-coloniale – et qui le disent de manière claire et répétée. Tel fut le cas à propos du Mouvement des indigènes de la République : malgré leurs nombreuses mises au point[19], nombre de savants ou de responsables politiques leur reprochent, de manière quasi rituelle, de se nommer « indigènes » ou de qualifier de « coloniaux » certains discours ou certains dispositifs légaux, administratifs ou policiers[20]. Le Code de l'indigénat est aboli, leur explique-t-on doctement. Le problème que posent ces appels au

19. Voir notamment Alix Héricord, Sadri Khiari et Laurent Lévy, « Indigènes de la République : réponses à quelques objections », www.lmsi.net.
20. « Certitudes et quiproquos du débat colonial », *Esprit*, février 2006, et « La question postcoloniale », *Hérodote*, numéro du trentième anniversaire, février 2006.

sérieux et à la rigueur historique, outre qu'ils prennent leurs destinataires pour des imbéciles, c'est qu'ils méconnaissent la spécificité du discours politique, ou plutôt de *certaines formes* du discours politique (la pétition, le tract, la banderole, le slogan...), qui impliquent, de tout temps et quel que soit le front de lutte (ouvrier, féministe, homosexuel...), un certain usage du raccourci et de l'hyperbole. C'est aussi qu'ils méconnaissent le pouvoir heuristique que peut avoir la « colère des opprimés[21] ».

Ces rappels à l'ordre laissent enfin un sentiment de « deux poids, deux mesures », car on n'entend pas aussi souvent, de la part de chercheur(e)s ou de politiques, les mêmes leçons ou conseils amicaux adressés aux militantes féministes quand elles continuent – non sans raisons – de qualifier notre société de société *patriarcale.* Il en va pourtant de même pour les lois discriminatoires donnant un statut de mineure à la femme que pour le Code de l'indigénat : elles ne sont plus en vigueur. L'égalité hommes/femmes est désormais actée dans les textes de loi, tout comme le principe de non-discrimination en fonction de la « race, l'ethnie ou la religion » – avec la même efficacité toute relative dans les deux cas... On ne retrouve pas non plus un tel souci de mesure et d'*hypercorrection* lorsque des sans-papiers surexploités se comparent à des *esclaves*, quand des philosophes, des sociologues ou des militants de gauche parlent d'*apartheid* scolaire ou social, ou quand des salariés, bénéficiant pourtant encore de quelques acquis sociaux et d'un accès relatif aux biens de consommation, continuent de s'identifier, en chanson, aux « damnés de la terre » ou aux « forçats de la faim »...

Plus profondément, les réactions hostiles, méfiantes ou condescendantes suscitées par différents mouvements et appels en 2005, entre autres par l'appel des Indigènes de la République, posent la question cruciale du pouvoir de nomination et de sa légitimité. Ce pouvoir de nomination a des effets performatifs, c'est-à-dire effectifs, sur la réalité, sur ce qui en est dit et sur ce qui est renvoyé par conséquent dans le « non-dit » et même dans l'indicible. Il construit le réel social d'une façon déterminée, imposant ainsi des grilles de lecture, des attributions causales et les conséquences concrètes qui en découlent en termes de politiques publiques. Il n'est donc pas indifférent de savoir *qui s'autorise à nommer qui.* Il n'est pas indifférent de voir émerger de nouveaux

21. Colette Guillaumin, « Les effets théoriques de la colère des opprimés », *Sexe, race et pratique du pouvoir*, Éditions des Femmes, 1992.

termes, qu'ils soient d'*auto-désignation* ou d'*hétéro-désignation*. C'est sous cet angle, plutôt que sur le mode professoral du rappel des différences entre indigènes coloniaux et post-coloniaux, qu'historiens et sociologues devraient appréhender les récents mouvements de revendications qui puisent une partie de leur analyse dans le passé colonial. Comme le rappelait Abdelmalek Sayad :

> C'est une chose connue : la dérision est l'arme des faibles ; elle est une arme passive, une arme de protection et de prévention. Technique bien connue de tous les dominés et relativement courante dans toutes les situations de domination : « Nous, les Nègres... » ; « Nous les Khourouto... » (pour dire « Nous les Arabes... ») ; « Nous les nanas... » ; « Nous les gens du peuple... » ; « Nous les culs-terreux », etc. [...]. La sociologie noire américaine, la sociologie coloniale enseignent qu'en règle générale une des formes de révolte et sans doute la première révolte contre la stigmatisation [...] consiste à revendiquer le stigmate, qui est ainsi constitué en emblème[22].

22. Abdelmalek Sayad, « Le mode de génération des générations immigrées », *Migrants-Formation*, n° 98, septembre 1994.

DES STÉRÉOTYPES COLONIAUX AUX REGARDS POST-COLONIAUX : L'INDISPENSABLE ÉVOLUTION DES IMAGINAIRES

Dominique Wolton

Il n'existe pas de communication sans une représentation de l'Autre, parce que l'Autre n'est jamais une « réalité », c'est une virtualité. Certes, cette virtualité a pu prendre l'image – illusoire – d'une « réalité » dans l'espace colonial, puisque l'Autre colonisé dispose d'un statut, en fait d'un non-statut, relativement en phase avec le stéréotype colonial dominant. Cela signifie que certains ont pu croire dans un lien « réel » entre l'image et la figure, faisant en quelque sorte de la virtualité un « être » : l'indigène. Dans l'époque post-coloniale qui est la nôtre, cette façon de voir perdure, certes, mais cela ne va pas sans remises en question et sans frictions. Car désormais, il y a des images contre des images, du réel face aux images, et une présence qui brise le miroir colonial de l'imaginaire. C'est ce que l'on peut appeler la « réalité post-coloniale ».

Ce constat est valable pour tous les stéréotypes, qu'ils soient coloniaux ou non, que l'on se situe dans le passé colonial ou dans le présent post-colonial. Il n'existe pas de rapport à l'autre sans représentation, comme il n'existe pas de communication avec l'Autre sans stéréotypes[1]. Dans l'espace colonial, le rapport de domination bloque la communication, stérilise la complexité de la représentation et crée la caricature. C'est cela dont nous héritons et c'est cela qui, à cause des contre-images contemporaines, s'effondre progressivement et se trouve graduellement

1. Klaus Bochmann, « Fonctions pragmatiques et discursives des stéréotypes », *Rives nord-méditerranéennes*, Telemme, 1995.

remplacé par de nouvelles images, de nouveaux regards, de nouveaux stéréotypes.

Nous ne pouvons échapper à cette représentation dans la mesure où elle est extérieure à nous. Elle est le produit du regard et du système colonial, de la culture populaire – qui peut donc être « coloniale » –, des productions imagières publiques ou privées... On ne peut aborder l'autre sans le stéréotyper[2]. C'est un fait. C'est la raison pour laquelle il faut être particulièrement modéré sur le concept même de stéréotype et sur sa nature « coloniale » ou « sociétale ». En effet, faire la part des choses dans la nature d'un stéréotype est extrêmement complexe et hasardeux, car il faudrait distinguer entre ce qui est le produit d'une époque dans sa globalité et ce qui est le fruit direct d'un système – comme le colonialisme – dans le regard porté sur l'Autre. De toute évidence, la constitution de stéréotypes est la « pire des choses ». Mais en même temps nous n'y échappons pas. C'est une vision utopique que de croire qu'un monde, une société, puisse échapper aux stéréotypes[3]. Et même s'il y a eu des agences de propagande coloniale en France (jusqu'aux années 1950, l'Agence économique des colonies y coordonne la propagande coloniale), elles n'ont jamais duré très longtemps sur l'ensemble du temps historique.

Dans sa définition première, le stéréotype est répétition ; c'est aussi une généralité reproduite qui s'impose, une sorte de « *vérité généralisée* » (Gianpaolo Ferrari). Il faut donc récuser la notion même de « stéréotype d'État » puisque parler de « stéréotype d'État » suppose qu'il y ait une maîtrise totale de celui-ci et de sa diffusion, ce qui n'est jamais le cas. Par contre, le stéréotype a aussi pour fonction de souder le groupe (dans notre cas, ce groupe correspond aux « colonisateurs ») et fonctionne alors comme un moyen de préserver des rapports de domination. Pour l'appréhender, il vaut mieux retenir l'idée d'une « culture dominante du regard », qui peut donc être coloniale, à telle ou telle époque. Dans cette perspective, si nous pouvons parler d'une idéologie d'État et d'une

2. Klaus Bochmann, « Les stéréotypes ethniques. Nature et contour d'un objet de recherche », *in* Jan Berting et Christiane Villain-Gandossi, « The Role of Stereotypes in International Relations », The Rotterdam Institute for Social Policy Research, *Studies in Sociocultural Transformations*, n° 4, 1994. Voir aussi revue *Hermès*, n° 30, *Stéréotypes dans les relations Nord-Sud* (coordonné par Gilles Boëtsch et Christiane Villain-Gandossi) CNRS Éditions, 2001.

3. Marcel Grandière et Michel Molin, *Le Stéréotype, outil de régulations sociales*, Presses universitaires de Rennes, 2004.

idéologie coloniale dans le contexte naissant de la IIIe République, on ne peut pas parler de stéréotype d'État car personne ne le contrôle : il traverse les classes sociales et échappe immédiatement à ses créateurs. Certes, il impose un certain regard, mais celui-ci n'est pas automatiquement le regard dominant dans la mesure où il s'expose immédiatement à la manipulation, à la mutation et à la transformation [4]. D'une certaine manière, c'est une rigidification d'une représentation collective qui très vite se trouve confrontée à d'autres représentations, et aussi parfois à d'autres idéologies. L'horizon des stéréotypes butte toujours sur les idéologies.

Comment et quand déconstruire un stéréotype ?

Les représentations collectives sur la religion, les sciences, l'armée, les colonies et les citoyens évoluent dans le temps en se reconfigurant à chaque étape, avant de se fixer dans la société et de se reconfigurer de nouveau [5]. De ce point de vue-là, il existe des stéréotypes sur les curés, les militaires, les professeurs, les « colonisateurs », et donc sur les « indigènes ». Nous en héritons, là encore c'est un fait. Mais en même temps, le contexte changeant, une grande partie de ces paradigmes ne sont plus efficaces dans l'espace post-colonial, même si d'autres perdurent. Il faut donc rester réservé sur la notion même de stéréotype « colonial », dans la mesure où son impact est, par nature, différent dans une société post-coloniale au regard de la perception même de la société actuelle dans laquelle il se diffuse. L'idée est difficilement acceptable. Mais il est impossible de se passer de ces stéréotypes issus du passé colonial pour vivre dans une société multiculturelle. Ils sont comme des outils de décodages comportementaux pour « apprendre à vivre ensemble », y compris en s'opposant aux paradigmes qu'ils imposent.

Seule l'action politique et la controverse – par exemple portées par des associations, des collectifs, des intellectuels – peuvent *déconstruire* les stéréotypes issus du passé et, dans le même temps, leurs actions,

4. Christiane Villain-Gandossi et Jan Berting, « The Role of Stereotypes in International Relations », The Rotterdam Institute for Social Policy Research, *Studies in Sociocultural Transformations*, n° 4, 1994.
5. Alain Goulet, *Le Stéréotype, crise et transformation*, Presses universitaires de Caen, 1994.

messages et communications produisent de nouveaux stéréotypes qui trouvent également leur place dans la société et seront de nouveaux combattus à l'avenir. C'est un processus normal et qui obéit à des règles de communication classique : un imaginaire a besoin d'être énoncé, construit et diffusé pour s'imposer avant d'être combattu, déconstruit et remplacé... Mais, parmi tous les héritages du passé colonial, un stéréotype demeure, celui que résume l'idée : « Nous sommes allés là-bas pour les civiliser. » Le « heureusement qu'on était là » est le mensonge qui perdure encore de cet héritage stéréotypique, que ce soit dans notre rapport à l'Autre, dans notre rapport à l'action humanitaire, dans les images que nous produisons sur les « Suds » ou, tout simplement, dans la pensée publicitaire qui a besoin de cette codification stéréotypique pour fonctionner et être comprise.

Mais nos *« défaites coloniales »* nous ont rendu modestes et donc « critiques » à l'égard des stéréotypes. C'est une de nos grandes différences avec ceux qui ont vécu le temps colonial, qui ont été imbibés de « culture coloniale » et n'avaient pas le loisir d'« aller sur place » pour déconstruire le modèle dominant. Même dans la mondialisation et le développement durable, la musique d'antan résonne. Pourtant, c'est dans cet espace nouveau que celle-ci mute et se transforme. Ce qui change entre le stéréotype « d'hier », issu du temps colonial, et celui d'aujourd'hui, c'est qu'il est devenu un « passeur » – un repère si l'on préfère – pour aborder l'*altérité* d'aujourd'hui. Et l'altérité n'est plus hiérarchique, sauf chez quelques tenants d'une hiérarchie des races ou les derniers irréductibles de l'épopée coloniale. D'ailleurs, la charte de l'ONU de 1945, qui n'a pas été appliquée pendant cinquante ans en raison de la guerre froide, est antistéréotypique, et évoque l'« égalité des hommes » mais aussi l'égalité des civilisations et des cultures comme principes fondateurs... Nous savons que c'est un principe posé, une hypothèse, mais c'est autour d'elle que le schéma de notre société s'élabore aujourd'hui.

En quelque sorte, c'est un « mythe », mais il reste le discours normatif le plus fort et il est devenu la seule idéologie de la mondialisation démocratique depuis 1990. La charte de l'ONU légitime la reconnaissance de la diversité culturelle et fait exploser tous les stéréotypes de hiérarchie à l'égard d'autrui. C'est de cette manière que le « stéréotype colonial » perd de sa force ou, plutôt, de sa résonance dans le temps présent. Une fois ce texte voté par l'ensemble de l'humanité, on accepte une société et un monde éclatés parce que reconnaître l'Autre, respecter la « diversité culturelle », n'a jamais eu lieu dans l'histoire de l'humanité jusqu'alors[6]. Dans un tel contexte, chacun d'entre nous gère plusieurs logiques à la fois, accumulées et contradictoires. Celle qui consiste à penser que nous sommes toujours les « héritiers », notamment les Européens, d'une vision hiérarchique, et celle de l'histoire qui a donné tort à cette vision hiérarchique. C'est donc un double héritage qui s'entrechoque en permanence et qui fabrique de nouveaux référents identitaires sur les Autres, tous les Autres. L'émergence du tiers-monde n'a pas bouleversé, contrairement à ce que l'on a pensé, la dichotomie Est-Ouest, mais elle a empêché en revanche le bilan de la colonisation qui aurait dû être fait dans les années 1960.

Alors, aujourd'hui, il faut que les débats se fassent. Certes, cela se produit dans une confusion entre l'« universalisme » et la « reconnaissance de la diversité culturelle », mais ce débat est inévitable puisqu'il régente les nouveaux codes entre les hommes et donc les « regards » portés entre les différentes composantes de nos sociétés mondialisées.

Les mutations du stéréotype

À côté du processus que nous venons d'analyser, il existe d'autres éléments qui interfèrent dans ce processus de déconstruction, notamment les médias et les voyages qui détruisent magnifiquement les « stéréotypes ». Nous pensons *a priori* que cela les renforce, mais, avec la « mondialisation de l'information », le regard stéréotypé et l'unique « vision blanche » de l'événement, qui a dominé le monde depuis l'invention du cinéma à la fin du XIXe siècle, se diffracte. Désormais, il y a une *vision* arabe, asiatique, africaine, européenne, américaine... De toute évidence, des conflits récents ont été des « accélérateurs » de ce processus. La guerre du Golfe, par exemple, a produit des visions *uniques* de l'information. Quinze ans après, avec le second conflit en Irak, nous assistons à l'éclatement du monopole de l'information. Tout cela élargit le cadre des représentations. Du coup, la mondialisation de l'information (peu importent les raisons, ambiguës, économiques ou idéalistes) va dans le sens de l'ouverture des regards. Il y a désormais un « regard arabe » sur le conflit et cela change tout. Le voyage et le tourisme de masse

6. Katérina Stenou, *Images de l'Autre. La différence : du mythe au préjugé*, Seuil/Éditions de l'UNESCO, 1998.

modifient également les anciens schémas. Les stéréotypes ne disparaissent pas forcément, mais ils sont ébranlés. Lors de nos voyages, nous recherchons des « stéréotypes » que notre culture a fixés en nous, comme ces « villages massaï » fabriqués de toutes pièces. Nous cherchons à retrouver ce modèle lors de nos voyages lointains (l'image fabriquée domine le réel, nous le savons), mais nous voulons « voir » le mythe et non le réel. Ainsi acceptons-nous d'être manipulés, car nous le voulons. Cela nous rassure sur un monde que nous croyons connaître, et dont nous voulons qu'il soit comme nous l'imaginons et non comme il est. En même temps, confrontés au réel dans notre rapport au virtuel, nous apprenons à briser nos stéréotypes de façon « progressive » et contrôlée. Nous apprenons à voir le réel à travers le virtuel et nous sommes conscients, aujourd'hui, de ce qu'est le « virtuel ».

Cet imaginaire renforce le stéréotype tout en travaillant à le détruire. La chose est paradoxale, mais c'est pourtant un tel processus qui opère au quotidien, tant au niveau des individus qu'au niveau des sociétés. La « mondialisation de l'information » et les voyages transforment le lointain en « frontières proches » et font évoluer, muter et se transformer les stéréotypes « coloniaux » devenus inaptes dans un monde qui « circule ». Cela nous renvoie au livre récent d'Anne Nivat[7] qui décrypte la manière dont les « islamistes » nous voient. Résumons : ils nous « détestent » autant que nous les « détestons ». C'est donc bien d'une guerre de stéréotypes qu'il s'agit et, finalement, en supposant même que les stéréotypes s'émoussent, nous devons prendre en compte les stéréotypes des autres, qui sont au moins aussi violents que les nôtres. Même si, dans l'histoire du monde, l'Occident a une longueur d'avance en matière d'images s'imposant à l'humanité, il est aujourd'hui de fait dans un processus de concurrence mondiale à cet égard. C'est un changement de contexte fondamental : nos images ne « colonisent » plus le monde mais se trouvent mises en concurrence – selon les mêmes règles et moyens – par les images des Autres. Il y a un processus de colonisation contre colonisation, de stéréotypes contre stéréotypes, qui conduit inexorablement à une neutralisation des regards... ou au « choc des civilisations ».

Dans ce processus, l'Occident possède de l'avance, notamment sur l'idée de domination, de défaite et d'altérité, les Autres étant pour l'heure dans une phase identitaire défensive, voire offensive. D'une

7. Anne Nivat, *Islamistes. Comment ils nous voient*, Fayard, 2006.

certaine manière, notre « longueur d'avance culturelle » nous permet de dire que l'unique solution est de « cohabiter ». En attendant, les stéréotypes nous protègent – c'est pourquoi nous tenons tant à les conserver –, nous rassurent et nous construisent. Même si nous savons qu'ils ne sont plus opérants, nous les maintenons vivants. Les fondamentalistes, eux, sont encore dans une guerre – notamment une « guerre des images » –, mais ils seront obligés d'en arriver à la même conclusion que celle à laquelle nous sommes parvenus entre 1930 – au temps de l'apogée colonial – et l'an 2000 – au moment du débat sur la mémoire coloniale en France. Eux aussi vont s'apercevoir qu'ils ne peuvent pas nous « détruire » et qu'il va falloir « cohabiter ». La mort du stéréotype ou son déplacement s'instaure quand la problématique de la cohabitation s'installe derrière ou au-delà, ou à côté du stéréotype. Certes, le temps est nécessaire pour un tel processus et, d'ici là, nous risquons de connaître des moments d'opposition violents pour ceux qui, justement, prennent les stéréotypes à la lettre et ne peuvent « fonctionner » qu'à travers eux. C'est d'une certaine manière ce qui se passe pour ceux qui sont les tenants – ou les acteurs – du « choc des civilisations ».

Dans la déconstruction des stéréotypes issus de l'époque coloniale, l'étape actuelle – que les États-Unis ont connue il y a une vingtaine d'années – se caractérise, en France, par le débat sur la « discrimination positive ». Dans ce cadre, il apparaît cette chose étonnante que l'image de l'Autre est un outil de déconstruction de cette même image. L'Autre est maintenu à sa place fixe, ce qui renforce le stéréotype, alors que l'Autre hors de son espace normé interroge et condamne le stéréotype. Mais, par rapport à ce schéma, on peut repérer deux approches distinctes : l'une défendue par ceux qui pensent que le concept de « société multiculturelle » est un concept normatif, l'autre par ceux qui pensent qu'il s'agit d'un fait que nous devons reconnaître. Tant que des sociétés n'acceptent pas de se voir comme multiculturelles – c'est le cas de la France et des sociétés européennes dans leur grande majorité –, elles n'arrivent pas à construire l'Europe et à penser les modifications de leurs identités culturelles. Les Néerlandais ont, par exemple, mal réussi le passage au multiculturel et montrent aujourd'hui un « modèle en crise ». Les Anglais ont trouvé une solution *via* l'économie, mais sont aujourd'hui face à l'échec du « communautarisme », comme nous sommes face à l'échec de notre modèle « universaliste ». Et même la représentation des minorités à la télévision – en sachant que la BBC est sur ce point une « référence » en Europe – n'a fondamentalement rien changé. Pourtant, au nom du « modèle communautariste », on trouvait normal de voir un « Jaune », un « Noir », un « gros » à la télévision. Mais nous n'avons quant à nous pas voulu voir les « gros », les « Jaunes », les « Noirs » sur nos écrans et dans nos médias, en raison du mythe de l'intégration.

Ce mythe semble être en crise aujourd'hui et nous ne parviendrons à résoudre cette situation que si nous sommes capables de le faire marcher avec un « deuxième pied », celui du respect des identités. Autrement dit, une forme de discrimination positive temporaire qui permettrait de rattraper un retard conséquent vis-à-vis des outre-mer et de l'immigration des ex-espaces coloniaux. Il serait non seulement appauvrissant de ne pas reconnaître cette diversité, mais aussi dangereux : nous irions vers des confrontations qui réitéreraient les vieux schèmes de la situation coloniale.

L'*action positive* ne va pas remettre en cause le modèle universaliste intégrateur, en dépit de ce qu'annoncent, tels des prophètes, les tenants d'un républicanisme figé. Elle va simplement l'obliger à reconnaître que le modèle universaliste ne pourra pas exister sans une réflexion sur l'identité et donc sur une intégration *des* identités[8]. L'action positive est une nécessité qui répond aux exigences de la situation actuelle[9]. Pour éviter le retour de la haine des autres – qui n'est en fin de compte que la haine de soi –, nous devons faire un détour par la reconnaissance des identités et leur valorisation et ne pas craindre que cette reconnaissance détruise l'unité sociale et culturelle. Reconnaître les identités revitalisera l'universalisme. La France de droite, celle de gauche, ont peur, en lâchant la communauté nationale[10] ou l'universalisme, de voir cette dernière s'effondrer. On pense que c'est un manque de confiance en soi que de reconnaître les identités, reconnaissance censée provoquer le délitement de la cohésion sociale. C'est justement donner du sens aux stéréotypes et les prendre pour ce qu'ils ne sont pas : une réalité. C'est à ce niveau que les stéréotypes – coloniaux ou non – fonctionnent encore : on n'analyse pas le temps présent pour ce qu'il est, mais pour ce que l'on croit qu'il est. Dès lors, la crise s'approfondit et les stéréotypes refont surface.

8. Achille Mbembe, « La République et l'impensé de la "race" », *in* Pascal Blanchard, Nicolas Bancel et Sandrine Lemaire, *La Fracture coloniale. La société française au prisme de l'héritage colonial*, La Découverte, 2005.

9. Éric Keslassy, *De la discrimination positive*, Bréal, 2004.

10. Teresa Walas, *Stereotypes and Nations*, International Cultural Centre, 1995.

C'est pourquoi, même si ce n'est qu'une image, même si les gens sont « racistes » – comme le montrent de récents sondages, les idées du Front national ont touché une large frange de l'opinion publique –, le fait que, par la discrimination positive, on puisse avoir une présence physique, une présence médiatique des minorités, pourrait ébranler le contenu et la croyance dans le stéréotype. De fait, la France est multiculturelle[11], c'est ce que montrerait cette présence dans l'image. Et même si cette image est virtuelle, cela fait sens. Si nous ne sommes pas capables de mettre un tel dispositif en place, dans moins d'une génération les « stéréotypes coloniaux » reprendront de leur importance. Comparons cette situation avec le monde bourgeois et capitaliste du dernier quart du XIXe siècle, haineux à l'égard de la classe ouvrière. La même classe dirigeante bourgeoise, un siècle plus tard, a été obligée de reconnaître l'existence des classes ouvrières. À l'instar de la bourgeoisie triomphante de 1850, qui considérait que toutes les autres classes sociales étaient hiérarchiquement inférieures, les mythes se sont effondrés et les rapports de classe ont changé. Cela a progressivement basculé, pour aboutir finalement à la reconnaissance que cohabiter, c'est cohabiter avec d'autres qui ne sont pas « en dessous » de nous. Certes, pour parvenir à cette situation, il y a eu des crises, des combats, des conflits : mais ce sont choses indispensables pour sortir des mythes et de la virtualité.

Bien sûr cette perception ne peut qu'être différente pour ceux qui vivent de l'autre côté du « miroir colonial », pour les dix millions de personnes qui ont un ancêtre né aux outre-mer et qui vivent aujourd'hui en France métropolitaine ou dans les DOM-TOM. Si « nous » tournons le regard vers « eux » et que nous reconnaissons une identité, une légitimité, une grandeur, nous ferons progresser substantiellement les conditions d'intégration. Par exemple, pour un Afro-Français, il est nécessaire de pouvoir lui dire : « Oui c'est vrai, la société française vous a vu comme un Banania à telle époque. » L'anthropologie culturelle oblige à reconnaître que les catégories sociales de classes sont inopérantes sur le problème des représentations, des rumeurs, des stéréotypes... Mais il faut rappeler ce qui a été et ne pas cacher ce qui fait la culture, même morte, d'une société coloniale, sous peine d'être un jour condamné à la revivre. De plus, ce rapport aux « stéréotypes coloniaux »

11. Michel Wieviorka, *Une société fragmentée ? Le multiculturalisme en débat*, La Découverte, 1996.

est divers selon les populations concernées. De même, dans chaque groupe social, les héritages ne se vivent-ils pas de la même manière. Certains sont les premiers à vouloir « couper avec leurs racines », avec l'image dévalorisante du passé. Gaston Kelman participe au « choc des stéréotypes »[12] à sa manière, même si certains le considèrent comme un « Bounty ». Et celui qui – et ils sont de plus en plus nombreux – dit « Je voudrais bien que la société française soit capable de faire contact, de reconnaître qu'un *Black* n'est pas un *White* », est aussi un des acteurs d'un débat qui combat le stéréotype. D'ailleurs, en reconnaissant le « *Black* » et le « *White* », la question de leur cohabitation se pose. Prenons l'exemple du CRAN (Conseil représentatif des associations noires) : son discours consiste non pas à produire de la différenciation, mais à dire « Écoutez, on n'a pas la même "image", et si vous reconnaissez déjà que l'on n'a pas la même "identité imaginaire", on pourrait mieux s'entendre au sein de la République ». Il n'y a rien à craindre, pour moi, à reconnaître l'Autre dans sa différence, y compris dans le cadre des « contentieux historiques », parce qu'en reconnaissant l'Autre on lui tend la main et qu'en retour lui peut nous regarder autrement. C'est comme cela aussi que l'on commence à déconstruire les stéréotypes. C'est en cela que je dis que l'Occident a toujours une responsabilité historique parce que nous avons une longueur d'avance et que nous devons être capables de donner les clés de cette déconstruction des imaginaires.

De la mutation des stéréotypes à la « francophonie »

Dans ce processus, il est indispensable d'analyser l'espace dual dans lequel se situe aujourd'hui ce débat *autour* et cette déconstruction *du* stéréotype. Il y a un espace temporel, qui est le temps post-colonial, et un espace culturel, qui est la francophonie. L'histoire de la francophonie se découpe en trois phases, qui nous permettent de saisir comment ces questions ont évolué dans le temps.

La première s'étale du XVIe au XIXe siècle avec la conquête du futur Empire français, et se situe entre l'Ancien Régime et le temps de la Révolution française.

---

12. Gaston Kelman, *Au-delà du Noir et du Blanc*, Max Milo, 2005.

La deuxième est réduite à l'histoire coloniale, sous quatre Républiques, la Restauration et Napoléon III, de 1830 à 1960. Lors de la première phase, la France disperse dans son Empire des espions, des marchands, des curés, des marins à l'instar des Portugais, des Espagnols et des Anglais. Cette première francophonie laisse des traces extrêmement fortes que nous retrouvons dans la troisième phase : la « francosphère ».

La première phase va permettre de déconstruire le stéréotype : on peut en effet prendre appui sur la première francophonie, malgré des modèles précoloniaux très violents, car cela peut permettre dans le temps de créer de la solidarité au-delà du contentieux. Dans le même mouvement, la francophonie s'en sortira par son élargissement à l'est, quand elle sortira définitivement de son histoire coloniale. Si elle se structure, elle deviendra l'exemple de cohabitation de gens qui ont été marqués par une histoire coloniale et d'autres qui ne l'ont jamais connue. Pour autant, nous aurons une culture, une langue et une histoire communes. Mais peut-on cohabiter avec un héritage culturel et politique différent ? Si nous parvenons à faire cohabiter plusieurs strates de la francophonie, cela démontrerait que la francophonie est un véritable projet politique, un facteur d'amortissement de la violence mondiale, voire un espace où les mémoires « opposées » peuvent cohabiter. Si nous n'arrivons pas à ce « vivre ensemble » avec nos différentes histoires de la francophonie, alors le stéréotype perdurera.

Non seulement nous avons une langue commune – et parfois un pays commun –, mais surtout nous avons un minimum de valeurs communes. Ces valeurs républicaines et démocratiques, si utopiques soient-elles, si controversées soient-elles, si « fausses » dans la réalité soient-elles au regard de l'histoire coloniale, transcendent les imaginaires. Autrement dit, un « jeune » de nos banlieues qui s'est révolté à juste titre en octobre 2005, a pourtant hurlé sans cesse à l'État français et à la République qu'ils ne sont tout simplement pas fidèles à leurs propres valeurs de référence. Il nous oblige à interroger nos valeurs républicaines et nos idéaux de façon critique. Il nous dit que nous prononçons des mots creux et vides et il nous oblige à les respecter. C'est un paradoxe, mais c'est justement l'enjeu majeur du devenir de la République. Si les partis politiques ne l'entendent pas, la situation redeviendra explosive. Les valeurs de la francophonie ou de la France universelle, même si cette France les trahit, font malgré tout leur chemin. Le retour sur le colonial est important, car c'est une étape pour mieux le déconstruire.

D'ailleurs, cela nous oblige aujourd'hui à nous questionner sur la manière dont les Français ont pu faire cohabiter l'« incohabitable » pendant près d'un siècle. Entre une idéologie universaliste et une pratique qui glissait de plus en plus vers l'oppression – avec les guerres coloniales en Indochine et en Algérie par exemple –, on comprend le paradoxe entre discours et pratique. Le débat dans cette dernière époque du colonial est fondamental. Les ex-colonisés ont véritablement eux-mêmes déchiré l'image de Banania sur les murs de France, comme le disait Senghor ; alors que beaucoup de Français « de vieille souche » n'ont pas encore commencé ce processus de déconstruction. Nous n'avons pas encore réfléchi à la manière de passer à une autre étape, à une autre histoire. L'unité d'une langue ne suffit pas à rapprocher des points de vue différents : en effet, malgré toutes les populations immigrées qui ont vécu et vivent en France, le racisme français existe et se fixe électoralement. Le partage d'une langue ne suffit donc pas à créer la francophonie et le « vivre ensemble ». L'hypothèse la plus optimiste repose sur l'idée que, avec une histoire commune et des valeurs communes, nous transcenderons toutes les différences qui regroupent actuellement les soixante-trois pays de la Francophonie et désamorcerons les stéréotypes.

D'ailleurs, l'aspect le plus intéressant de la francophonie réside dans cette prise en considération des identités culturelles, dans le désir, la volonté et l'espoir de penser que nous pourrons à la fois maintenir les identités, grâce aux « valeurs universalistes », et éviter le « communautarisme ». En d'autres termes, il s'agit de casser ce qui fait l'identité de l'Autre comme un modèle. Le colonial a construit l'image, dans la psyché coloniale, d'un modèle de dominant qui était le « Blanc » et cette domination à l'égard de l'autre comme une réalité virtuelle. L'héritage de cette vision ethnoraciale doit se transformer en une « citoyenneté ».

Dans un tel mouvement, si l'Autre continue à voir que nos stéréotypes demeurent et s'il les dénonce de façon régulière aujourd'hui, c'est qu'opère un autre phénomène, c'est que cet Autre a aussi ses propres stéréotypes à notre égard, ce qui ne l'empêche pas pour autant d'être français. Mais reconnaître ce qui s'est passé historiquement donne à l'Autre les moyens, dans un premier temps, de se décharger de son agressivité contre nous, et dans un deuxième temps de renouer un dialogue. Les stéréotypes s'affrontent et la non-violence et la déconstruction sont la seule solution pour désamorcer la violence de ces imaginaires. En résumé, la non-violence est d'abord la reconnaissance de l'autre.

Sémiologiquement, si nous pouvons constater qu'une publicité, un texte, un regard, sont finalement toujours les mêmes qu'en 1970, il ne faut pas oublier que le contexte a fondamentalement changé. Et il n'est pas honnête intellectuellement de dire qu'en « démontant » un magazine de TF1 ou de France 3 sur le Congo-Brazzaville ou sur le Laos, on retrouve les mêmes stéréotypes qu'en 1930. Le contexte fait que le stéréotype n'a plus la même portée. Il n'a pas le même sens parce que les hommes et le regard ont changé de concert. Progressivement, une incommunicabilité va être rendue visible par la production d'images opposées. Ce sera la première étape d'une négociation et de l'organisation d'une cohabitation. Le schéma de la communication est de croire que nous nous comprenons [13] : c'est sur cette base que nous devons nous engager. La difficulté est de découvrir l'incommunicabilité dans ce processus. Aujourd'hui nous sommes obligés de reconnaître la diversité culturelle et de dire que nous sommes tous égaux.

À partir de ce postulat de l'incommunicabilité, nous négocions et nous construisons le début d'une cohabitation. Ce n'est pas une solution extraordinaire, mais c'est la seule séquence démocratique possible pour instaurer une cohabitation mondiale. Si les stéréotypes sont peut-être les mêmes qu'hier, reste qu'ils n'ont plus le même sens. L'image de Banania n'est pas dérangeante, puisqu'elle ne représente pas un Sénégalais d'aujourd'hui comme en 1917. Banania doit donc devenir un « clin d'œil » de la société française, il faudrait même le pousser à son paroxysme en considérant qu'il pourrait presque devenir un jour l'emblème de la multiculturalité, du cosmopolitisme ou de la différence parce qu'il montre d'où l'on vient. Il nous rappelle le chemin virtuel parcouru. Il nous empêche d'oublier. En quelque sorte, il est un lieu de mémoire virtuel. Peut-être l'un des plus forts du XXe siècle.

---

13. Voir Dominique Wolton, *Penser la communication*, Flammarion, 1997, et *Demain la francophonie. Pour une autre mondialisation*, Flammarion, 2006.

POSTFACE
LE BLUES DE MOUSSA L'AFRICAIN

Abdourahman A. Waberi

Flaubert écrivait ceci : « Ceux qui lisent un livre pour savoir si la baronne épousera le comte seront dupés. » Ajoutons ça : ceux qui lisent ce texte pour savoir comment va la terre de France seront en droit de se sentir floués. Qui veut obtenir un pronostic ou établir une perspective à ce sujet doit se rendre sans tarder au Bar de la Marine cher à Marcel Pagnol. Et pourtant. Avançons[1].

La période des grandes vacances est propice à la paresse, à la flânerie, aux lectures futiles (lire les journaux sans substance ces jours-ci est une ordalie) et aux effusions aussi collectives que faciles : ici l'émoi, ressenti jusqu'au fond des Ardennes, provoqué par un ours échappé de son zoo pyrénéen ou la compassion à l'endroit de telle équipe vélocipédique soupçonnée de dopage. J'ai, en ces moments, un peu honte de me soucier de moins en moins du sort des sans-papiers et autres déboutés du droit d'asile, rongés par l'angoisse et les incertitudes, au centre de rétention pour étrangers de Vincennes, moi qui ai la peau peu claire et ai choisi de m'installer dans ce pays où il me faut toujours épeler mon nom et mon prénom.

La joie de l'étrange étranger n'éclate pas une fois pour toutes à la descente de l'avion. C'est même tout le contraire qui se produit fréquemment, le nouvel arrivant, le fraîchement débarqué craignant

1. Ce texte est une version remaniée d'un article paru dans *Le Monde* du 23-24 août 1998.

– sentiment légitimement démultiplié s'il s'agit d'un réfugié ou d'un apatride – que l'agent de la police de l'air et des frontières, qui se trouve, parfois, être un natif de Fort-de-France ou de Basse-Terre, lui fasse bouffer son billet retour en même temps que son passeport d'infortune. C'est dire que les frontières de Schengen se matérialisent immédiatement à l'aéroport Charles-de-Gaulle ou à Orly.

Ces derniers temps, les Français semblaient endormis tout en surveillant, d'un œil ou d'une oreille, les menaces provenant du parti des purificateurs qui entendent rendre à la Nation son honneur (perdu on ne sait trop comment) et sa couleur de lys. Heureusement, il y a encore des pans entiers de la population où le réflexe et la capacité d'indignation restent intacts, songeons aux grévistes de décembre 1995, aux jeunes cinéastes pétitionnaires ou à la myriade d'associations soutenant les chômeurs, les sans-logis et autres démunis sociaux. Les citoyens à la peau peu claire reprennent courage et confiance : « S'il faut se battre, nous ne serons pas les derniers ! » Il serait facile de se gausser du repli des uns et de l'exaltation effrénée des terroirs en peau de chagrin des autres. Mais bon, avançons.

La France...

Enfant, le premier visage de la France fut longtemps, pour moi, un corps d'athlète. Corps masculin, bronzé, musculeux, scintillant sous le soleil d'Afrique. Un corps dans une enveloppe de sueur, un boxeur ou un éphèbe tel qu'on le trouverait sous la plume de Montherlant. Je me souviens encore de ces corps – appelés du contingent, militaires de carrière ou mercenaires de la Légion étrangère, la taxinomie je ne l'intégrerai que bien plus tard – courant tous les après-midi alors que les corps locaux sont allongés sous le ventilateur ronronnant. Les adeptes de la religion du jogging sont une tribu étrangère dans ce pays de nomades habitués à couvrir l'espace. Pas lourd, mouvement lent, ossature massive, quinze à vingt kilos de plus que la silhouette locale, fluette, élégante et, parfois, souffrante. La France était, à mes yeux adolescents, puissante, pétant d'aise et de santé, vouée aux sports et aux loisirs. Rien à voir avec la France intellectualisée de Theodor Zeldin, cette fille de Rome qu'on voudrait éternellement mère des arts et des lettres.

Aujourd'hui, ma France à moi je la trouve dans la presse écrite, sur l'écran borgne de la télévision – que les fins esprits d'ici ont coutume de dénigrer depuis des lustres tout en prétendant ne jamais la regarder à part, peut-être, la petite Arte, cette télé forte en thème –, dans mon lycée haut-normand, dans la banlieue où je vis, mais je ne la reconnais pas forcément dans les propos du sieur de Closets se disant « français jusqu'au bout des ongles[2] ». Étrange image pour un homme connu pour sa tempérance, son centrisme à toute épreuve et son look politiquement correct. Attention danger ?

En pur produit postcolonial, les mille visages que la France pouvait prendre pour moi étaient inextricablement liés à ce passé-là qui, du reste, ne passe pas tant que ça. En tout cas pas avant qu'on ait mis en place, de part et d'autre, les états généraux de cette mémoire commune. Les mots sages de l'intellectuel palestinien Edward W. Said sont à méditer : « Pour nous [les ex-colonisés], oublier l'Europe revient à effacer les conflits qui ont formé nos identités ; comme il est trop tard maintenant pour nous quitter, nous ferions mieux de tirer profit des interdépendances mutuelles qui nous sont imposées par l'histoire. » Je suis né et j'ai vécu jusqu'à mes vingt ans dans ce qui fut la dernière colonie française, l'archipel des Comores ayant accédé à l'indépendance en 1975, soit deux petites années avant ma terre d'origine, Djibouti. Attrait et rejet, béate admiration et nécessaire distanciation, le balancier affectif ne cesse de basculer d'un pôle à l'autre au gré des événements et des saisons. Aujourd'hui la France qui continue de se métisser se voit partout sur l'étendue de l'Hexagone, le couscous détrône désormais le cassoulet de Toulouse et le taboulé libanais passe avant la potée auvergnate ! Et je ne parle même pas de l'équipe de France. Alors, avançons donc.

Le Mondial...

Paris, 9 juin 1998. Les cérémonies d'ouverture du Mondial ont été marquées par le spectacle, tout en démesure, de quatre géants sur la place de la Concorde. Roméo le Caucasien *(sic)*, Pablo l'Amérindien, Moussa l'Africain et Ho l'Asiatique incarnent l'amitié sportive des trente-deux nations et des quatre continents conviés à cette fête. Moussa, le prénom

---

2. Cité par Pierre Marcelle dans sa rubrique « Quotidienne », *Libération*, 4 juin 1998.

à résonance musulmane, doit avoir pour ambition – du moins, selon le symbolisme primaire et puéril de ses concepteurs –, de réunir toutes les Afriques, le Sud et le Nord, le Mali autant que le Malawi, l'Afrique dite noire et le Maghreb, le pays des Bafana Bafana et la Tunisie de Ben Ali. En attendant, Ibrahim Ali Abdallah, le petit Franco-Comorien de dix-sept ans, Marseillais pur sardine comme le maestro des Bleus, Zinedine Zidane, assassiné par qui l'on sait, n'aura pas eu l'heur de contempler son « géant », Moussa l'Africain, né au monde ce mardi 9 juin 1998 à dix-huit heures en plein cœur de Paris. En voilà au moins un qui n'aura pas de problèmes pour régulariser sa situation dans une quelconque préfecture. Les troupeaux processionnaires et les gardiens de la paix ne trouveront rien à redire sur son cas. Naître au beau milieu de Paris par ces temps qui courent, ce n'est pas donné à n'importe qui. Bien mieux que de venir au monde à Ouaga, à Bamako, à Jacmel, au Sri Lanka ou à Accra. Avançons toujours.

Les relations entre la France et les anciennes colonies sont fort complexes, une histoire d'amour et de haine. Certaines blessures ont été longues à cicatriser. Certes, les illusions sont, à présent, perdues de l'autre côté de la Méditerranée, cette frontière d'avant les barrières policières et les tracasseries douanières. Mais l'attraction de la France, le mythe de Paris en particulier, opèrent encore chez les jeunes générations africaines. La France préfectorale a désormais affaire aux arrière-petits-enfants de ceux qui étaient venus étudier en métropole au tout début de ce siècle. Certains de ces ex-étudiants frayaient avec l'élite française d'alors, à Saint-Germain-des-Prés. Il est bien loin l'époque du Bal nègre de la rue Blomet. Finie la ceinture de bananes de Joséphine et les rires Banania qu'il fallait arracher, selon le credo senghorien, de tous les murs de France et de Navarre.

J'ai deux amours...

Dans les années 1930, Joséphine Baker chantait : « J'ai deux amours/Mon pays et Paris/Par eux toujours/Mon cœur est ravi. » Aujourd'hui, Doc Gynéco, le jeune rappeur d'origine antillaise, déclame : « Mon père est né là-bas/Ma mère est née là-bas/Moi, je suis né ici. » Entre les deux airs, un fleuve long d'un demi-siècle. Entre la fusion bakerienne et l'écart diagnostiqué par Doc Gynéco, toute une foule de relations tumultueuses

– du discours de Brazzaville à l'épisode de Saint-Bernard en passant par les accords d'Évian, la disparition de Ben Barek ou le soutien sans faille au régime génocidaire de Juvénal Habyarimana.

Dans l'immédiat après-guerre, Paris était un havre de paix, une oasis sans ségrégation ni discrimination pour les artistes afro-américains. Et ils furent nombreux à y élire domicile pour une saison ou pour la vie, de Richard Wright au « Duke », de James Baldwin à Chester Himes en passant par Langston Hughes ou Claude MacKay jusqu'à la... Dee Dee Bridgewater d'aujourd'hui.

Avec des mots simples, et le ton las de ceux qui n'attendent plus grand-chose, Doc Gynéco dit, quant à lui, la misère sociale et la fragilité psychologique des enfants de la banlieue, nés de parents étrangers ou non. Avançons encore d'un pas.

Reviennent à la une des journaux français, et de manière cyclique, des discours de prothèse sur l'Algérie, le Rwanda, la Côte d'Ivoire ou, plus rarement il est vrai, sur le Liberia ou la Somalie. On y décèle sensationnalisme, peur de l'Autre subtilement grimée, fatalisme et afropessimisme. Ce dernier animal est une création essentiellement occidentale, un jugement de valeur sans fondement scientifique. L'afropessimisme d'aujourd'hui, qu'est-ce sinon cette bonne vieille habitude de mal nommer les réalités d'ailleurs ? Apollinaire comparait déjà, et ce n'est qu'un exemple parmi mille autres, les statuettes africaines aux « Christ inférieurs des espérances obscures ». C'est joliment dit, mais ça reste bel et bien un dénigrement. Jamais un coup de plume n'abolira les clichés et les préjugés. Il n'y a pas si longtemps encore, il ne faisait sens d'être homme noir, se disant africain. À tout prendre, il fallait mieux le bois, surtout s'il est gabonais ; et le pétrole si angolais, congolais, nigérian ou algérien ; le fer mauritanien ; l'arachide sénégalaise et le coton tchadien. Après les indépendances de 1960, rien n'a vraiment changé ou alors si peu. Le café et l'ananas sont toujours ivoiriens, les footballeurs camerounais, le diamant oubanguien comme l'on disait du temps des colonies, la bauxite guinéenne, les phosphates togolais, la base militaire djiboutienne, tous les minéraux néo-congolais, le couscous royalement marocain, l'obéissance tunisienne, la misère sahélienne, le terrorisme libyen, l'irrédentisme touarègue, l'esclavage soudanais, le malheur somalien, les massacres algériens et le génocide rwandais. Ah, j'oubliais : la dette est africaine, l'émigration malienne, le séparatisme casamançais. La dévaluation du franc CFA, elle, est balladurienne.

Le regard compatissant est, on le sait, en recul chez les jeunes générations de Français nés de parents, pour certains, soixante-huitards. On n'a plus peur de la misère, des belligérances et des microbes lointains, si lointains qu'ils en sont devenus virtuels. Quelques-uns s'envolent bravement pour les terres d'infortune sous les auspices de Médecins du monde, de la Croix-Rouge, de Handicap international ou de Reporters sans frontières. Mais on n'oublie pas, une fois de retour, de rentabiliser la générosité et le don de soi en signalant les semaines et les mois de services en *terra incognita* en bonne place dans les *curriculum vitae*. C'est la moindre des choses, n'est-ce pas, dans cette Europe occidentale où, pour un jeune diplômé, trouver le premier emploi se révèle plus hardi que de faire pousser des tomates sur la face pelée de la Lune. Avançons. Et sans rancune.

NOTICE BIBLIOGRAPHIQUE

Approche bibliographique

Proposer une bibliographie complète relative à la culture postcoloniale et aux recherches postcoloniales est pratiquement impossible, tant les champs sont divers et les recherches sur le sujet, en langue française, dispersées. Le présent volume n'y suffirait pas, c'est pourquoi nous avons donc décidé de proposer une triple approche bibliographique : d'une part l'ensemble des sources et publications (y compris les sources citées en note dans cet ouvrage) peuvent être consultés (et téléchargés) sur le site Internet (http//www.autrement.com) afin de répondre à l'attente de nos lecteurs ; d'autre part, les principaux ouvrages et références des contributeurs rassemblés dans ce livre sont présentés dans leurs biographies respectives ; enfin la présente note synthétique propose une première approche sur les ouvrages de référence pour appréhender plus avant la question « post-coloniale ». De même, des bibliographies plus spécifiques sur la période 1871 à 1961 peuvent être consultées dans les deux premiers tomes de notre travail :

BLANCHARD P. et LEMAIRE S., *Culture coloniale 1871-1931. La France conquise par son Empire*, Autrement, vol. 1, 2003.

BLANCHARD P. et LEMAIRE S. (dir.), *Culture impériale 1931-1961. Les colonies au cœur de la République*, Autrement, vol. 2, 2004.

Pour ce qui est du champ de la recherche en langue française, on peut considérer que le premier travail sur la perspective post-coloniale est issu de l'ouvrage de GIRARDET R., *L'Idée coloniale en France*, La Table ronde, coll. « Pluriel », 1972. C'est à partir de cette approche, qui pour la première fois traitait de la question coloniale en métropole et ouvrait des « perspectives postcoloniales » à travers la notion d'héritages, que vont – très progressivement – se mettre en place des recherches apparentées, consacrées surtout à l'immigration avec les travaux pionniers de SAYAD A. ou de MEMMI A. Dans cette perspective, une synthèse récente – BLANCHARD P., BANCEL N. et LEMAIRE S. (dir.), *La Fracture coloniale. La société française au prisme de l'héritage colonial*, La Découverte, coll. « Texte à l'appui/Histoire contemporaine », 2005 – vient de proposer une analyse transversale des influences et héritages post-coloniaux du passé colonial dans la société française. Celle-ci est un complément immédiat au présent travail.

Entre ces deux générations, distantes d'une trentaine d'années, le spectre de recherche s'est ouvert à de nombreux questionnements, dont les points d'aboutissements récents sont sans conteste une série d'ouvrages importants, notamment l'ensemble des contributions rassemblées dans les numéros 5 et 6 de la revue *Dédale* intitulée « Postcolonialisme. Décentrement, déplacement, dissémination », Maisonneuve et Larose, printemps 1997 ; l'ouvrage de WEIL P. et DUFOIX S. (dir.), *L'Esclavage, la colonisation... et après ?*, PUF, 2005 ; les deux ouvrages relatifs au lien entre République et entreprise coloniale, celui de MANCERON G., *Marianne et les colonies. Une introduction à l'histoire coloniale de la France*, La Découverte, 2003 (en référence à un travail plus ancien : MOURALIS B., *République et Colonies*, Présence africaine, 1999) et celui de BANCEL N., BLANCHARD P. et VERGES F., *La République coloniale. Essai sur une utopie*, Albin Michel, 2003 (rééd. 2006, Hachette Littératures/« Pluriel Histoire »), et enfin la mise en perspective de FERRO M. (dir.*), Le Livre noir du colonialisme, XVI*e *siècle-XX*e *siècle, de l'extermination à la repentance*, Robert Laffont, 2004.

Des dossiers destinés à un public plus large ont aussi proposé récemment des synthèses : outre celui de la revue *L'Histoire* et de la revue *Histoire & Patrimoine* (toutes les deux éditées au dernier trimestre 2005), on peut renvoyer à « Repenser le passé colonial », *Nouveaux Regards*, dossier spécial, juillet 2005 ; « Colonies, un débat français », *Le Monde 2*, hors-série, mai 2006 ; MANCERON G. (dir.), « Le trou de mémoire colonial », *Hommes & Libertés*, dossier spécial, n° 131, juillet 2005 et, surtout, le premier de cette longue série de dossiers, « Polémiques sur l'histoire coloniale », *Manière de voir*, n° 58, 2001.

Le questionnement sur la mémoire coloniale et le poids du passé colonial est un des axes majeurs de la réflexion post-coloniale (en France tout au moins). On peut dans cette perspective renvoyer à plusieurs travaux fondateurs, notamment :

ALDRICH R., « Colonial past, post-colonial present : History wars French-style », *History Australia*, t. 3, n° 1, juin 2006, et, du même auteur, *Vestiges of the Colonial Empire in France : Monuments, Museums and Colonial Memories*, Palgrave Macmillan, 2005 ;

BANCEL N. et BLANCHARD P., « Les pièges de la mémoire coloniale », *Les Cahiers français*/La Documentation française, n° 303, septembre 2001 ;

CÉSAIRE A., *Nègre je suis, nègre je resterai. Entretiens avec Françoise Vergès*, Albin Michel, 2005 ;

CHIVALLON Ch., « Mémoires antillaises de l'esclavage », *Ethnologie française*, XXXII(4), 2002 ;

DULUCQ S. et ZYTNICKI C., *Décoloniser l'histoire ? De l'« histoire coloniale » aux histoires nationales en Amérique latine et en Afrique (XIXe-XXe siècle)*, Publications de la Société française d'histoire d'outre-mer, 2003 ;

ÉTIENNE B., « Amnésie, amnistie, anamnèse, amère Algérie. Dire la violence », *Mots*, n° 57, décembre 1998 ;

FORSDICK C. et MURPHY D. (dir.), *Francophone Postcolonial Studies. A Critical Introduction*, Arnold, 2003 ;

LACOSTE-DUJARDIN Y., « La question postcoloniale » (préface), *Hérodote*, numéro du trentième anniversaire, février 2006 ;

RAYBAUD A., « Deuil sans travail, travail sans deuil : la France a-t-elle une mémoire coloniale ? », *Dédale*, n° 5-6, 1997 ;

RIVET D., « Le fait colonial et nous », *Vingtième Siècle*, mars 1992 ;

STORA B., *Le Transfert d'une mémoire. De « l'Algérie française » au racisme anti-arabe*, La Découverte, 1999 ;

VERGÈS F., « Postcolonial Challenges » *in* GANE N., *The Future of Social Theory*, Continuum, 2004.

On peut également citer dans cette perspective les travaux sur le poids des imaginaires coloniaux, qui après des ouvrages fondateurs – au début des années 1990 – comme *Négripub* ou *Images et Colonies*, se sont attachés à la prégnance de ce regard :

DEROO É. et LEMAIRE S., *L'Illusion coloniale*, Tallandier, 2006 ;

Ezra E., *The Colonial Unconscious : Race and Culture in Interwar France*, Cornell University Press, 2000.

Mais les recherches postcoloniales s'ouvrent à d'autres problématiques. La question des articulations entre périodes coloniale et postcoloniale dans le champ des migrations demeure essentiel :

Belbahri A., *Immigration et situations postcoloniales*, CIEMI-RUM, 1988 ;

Blanchard P. et Bancel N., *De l'indigène à l'immigré*, Gallimard, « Découverte », 1998 (rééd. 2002) ;

Boubeker A., *Les Mondes de l'ethnicité : la communauté d'expérience des héritiers de l'immigration maghrébine*, Balland, 2003 ;

Brouard S. et Tiberj V., *Français comme les autres ? Enquête sur les citoyens d'origine maghrébine, africaine et turque*, Presses de la FNSP, 2005 ;

Geisser V., *Ethnicité républicaine. Les élites d'origine maghrébine dans le système politique français*, Presses de Sciences Po, 1997 ;

Guenif-Souilamas N. (dir.), *La République mise à nu par son immigration*, La Fabrique, 2006 ;

Hajjat A., *Immigration postcoloniale et mémoire*, L'Harmattan, 2005 ;

Lapeyronnie D. (dir.), *Immigrés en Europe : politiques locales d'intégration*, La Documentation française, 1992 ;

Savarese E., *Histoire coloniale et immigration*, Séguier, 2000 ;

Sabeg Y. et Sabeg Y., *Discrimination positive. Pourquoi la France ne peut y échapper*, Calmann-Lévy, 2004.

D'autres auteurs abordent – sans revendiquer la perspective postcoloniale ou en la critiquant – la question de l'« identité française » au regard de l'expérience coloniale, tels Rioux J.-P., *La France sans mémoire. Comment un pays démissionne de son histoire*, Perrin, 2006 – ou cherchent à construire une post-colonialité détachée du colonial – Wolton D., *Demain la francophonie*, Flammarion, 2006. La question des « identités collectives » et de la construction du regard et du rapport à l'« Autre » constitue aussi une composante des recherches récentes :

Bancel N., Blanchard P., Blanchoin S., Boëtsch G. et Gerbeau H. (dir.), *L'Autre et Nous. Scènes et Types*, Syros-ACHAC, 1995 ;

Citron S., *Le Mythe national. L'histoire de France en question*, Les Éditions ouvrières et EDI, 1991 ;

Bayart J.-F., *L'Illusion identitaire*, Fayard, 1996 ;

Bessis S., *L'Occident et les autres, histoire d'une suprématie*, La Découverte, 2001 ;

Boëtsch G. et Villain-Gandossi C., « Stéréotypes dans les relations Nord-Sud », *Hermès*, n° 30, CNRS Éditions, 2001 ;

Lebovics H., *La Vraie France : les enjeux de l'identité culturelle, 1900-1945*, Belin, 1995 ;

Mbembe A., *De la postcolonie. Essai sur l'imagination politique dans l'Afrique contemporaine*, Karthala, 2000 ;

Simon P. et Zappi S., « La politique républicaine de l'identité », *Mouvements*, mars-avril 2005 ;

Todorov T., *Nous et les autres. La réflexion française sur la diversité humaine*, Le Seuil, 1989.

Enfin, plusieurs travaux ouvrent sur différentes problématiques indiquant l'importance (et la dimension internationale) des perspectives mises en œuvre. On citera notamment quelques exemples marquants de ces recherches :

Appadurai A., *Après le colonialisme. Les conséquences culturelles de la globalisation*, Payot, 2001 ;

Bardolph J., *Études postcoloniales et littérature*, Honoré Champion, 2002 ;

Bongie C., *Exotic Memories. Literature, Colonialism and the Fin de Siècle*, Stanford University Press, 1991 ;

Dozon J.-P., *Frères et sujets. La France et l'Afrique en perspective*, Flammarion, 2003 ;

Fabre T., Hanafi H., Kentib M. et Ilbert R., *Colonialisme et postcolonialisme en Méditerranée*, Parenthèses, 2004 ;

Gilroy P., *Postcolonial Melancholia*, Columbia University Press, 2004 ;

Gosden C. et Knowles C., *Collecting Colonialism, Material Culture and Colonial Change*, Berg, 2001 ;

Mc Leod J., *Beginning Postcolonialism*, Manchester University Press, 2000 ;

Mongin O., « Création et culture à l'âge postcolonial », *Esprit*, mars-avril 2002, p. 316-332 ;

Moura J.-M., *Littératures francophones et théorie postcoloniale*, PUF, 1999 ;

Chambers I. et Curti L. (dir.), *The Post-Colonial Question*, Routledge, 1996 ;

Ruscio A., *Le Credo de l'homme blanc. Regards coloniaux français, XIXe-XXe siècles*, Complexe, 1996 ;

Said E., *Culture and Imperialism*, Vintage, 1994 ;

Slemon S., « The Scramble for Post-colonialism », *in* Tiffin C. et Lawson

A. (dir.), *De-scribing Empire. Postcolonialism and Textuality*, Routledge, 1994 ;

THOMAS E. R., *Nation after Empire : the Political Logic and Intellectual Limits of Citizenship and Immigration Controversies in France and Britain, 1981-1989*, Ph. D., University of California, 1998 ;

WILLIAMS P. et CHRISMAS L. (dir.), *Colonial Discourse and Post-Colonial Theory*, Harvester-Wheatsheaf, 1994.

À partir de ce corpus théorique, le lecteur pourra questionner dans sa diversité la culture post-coloniale et, surtout, mesurer en quoi ce champ de recherche est immense...

BIOGRAPHIE DES AUTEURS

Robert Aldrich est professeur d'histoire à l'université de Sydney, où il enseigne l'histoire européenne et coloniale. Il est l'auteur de plusieurs ouvrages portant sur l'histoire coloniale de la France, dont : *Greater France : A History of French Overseas Expansion*, 1996 ; *Colonialism and Homosexuality*, 2003 ; *Vestiges of the Colonial Empire in France : Monuments, Museums and Colonial Memories*, 2005. Responsable d'un dossier pour la revue *Outre-mers* sur « Sites et moments de mémoire dans les anciennes colonies françaises », qui sera publié en 2006, il dirige également un recueil sur *Age of Empires*, qui sortira en 2007.

Nicolas Bancel est historien, professeur à l'université Strasbourg II-Marc-Bloch, détaché à l'université de Lausanne (UNIL/ISSEP), chercheur associé au SEDET (Paris VII) et au GDR CNRS 2322 « Anthropologie des représentations du corps ». Spécialiste de l'histoire coloniale et de l'histoire des mouvements de jeunesse, il a publié, ces cinq dernières années, *La République coloniale* (Hachette, « Pluriel », 2006), *La Fracture coloniale* (La Découverte, 2005), *Zoos humains* (La Découverte, 2004), *De l'Indochine à l'Algérie* (La Découverte, 2003), *Du guerrier à l'athlète* (PUF, 2003).

Esther Benbassa est directrice d'études à l'École pratique des hautes études, titulaire de la chaire d'histoire du judaïsme moderne. Parmi ses dernières publications : *Les Juifs ont-ils un avenir ?* (avec J.-C. Attias, Hachette, coll. « Pluriel », 2002), *La République face à ses minorités. Les Juifs hier, les Musulmans aujourd'hui* (Fayard/Mille et une nuits, 2004),

Juifs et Musulmans. Une histoire partagée, un dialogue à construire (avec J.-C. Attias, La Découverte, 2006).

Christian Benoît, lieutenant-colonel (ER), saint-cyrien, a terminé sa carrière militaire au Service historique de l'armée de terre (SHAT) où il a dirigé pendant dix ans la division des Traditions traitant de symbolique, de comportement et de patrimoine militaires. Auteur de nombreux articles sur ces sujets, il a participé à plusieurs ouvrages collectifs et assuré le commissariat d'expositions temporaires sur des thèmes militaires. Il dirige depuis cinq ans une société de conseils en gestion et mise en valeur du patrimoine. Il est actuellement le rédacteur en chef de la *Revue de la Société des amis du musée de l'Armée.*

Pascal Blanchard est historien, chercheur associé au GDR 2322 du CNRS (Anthropologie des représentations du corps), spécialiste de l'histoire coloniale et des immigrations des Suds en France. Il a publié ou codirigé, ces cinq dernières années, plusieurs ouvrages, notamment *La République coloniale* (Hachette, « Pluriel », 2006), *Le Paris noir* (Hazan, 2001), *Le Paris arabe* (La Découverte, 2004), *Culture coloniale* (Autrement, 2003), *Culture impériale* (Autrement, 2004), *La Fracture coloniale* (La Découverte, 2005), *Marseille, porte Sud* (La Découverte-Jeanne Laffitte, 2005), *Zoos humains* (La Découverte, 2004).

Saïd Bouamama, sociologue, chargé de recherche à l'IFAR (Intervention formation action recherche). Il travaille depuis plusieurs années sur les logiques de domination, en particulier celles concernant les populations issues de l'immigration. Il a notamment publié : *Algérie, les racines de l'intégrisme* (EPO, 2000), *J'y suis, j'y vote. La lutte pour les droits politiques aux résidents étrangers* (Dagorno, 2001), *Jeunes Manosquins issus de l'immigration. Héritiers involontaires de la guerre d'Algérie* (Éditions du CREOPS, 2003) et *L'Affaire du foulard islamique, la production d'un racisme respectable* (Le Geai bleu, 2004).

Antoine Champeaux, diplômé de l'École nationale du patrimoine et docteur en histoire, est conservateur de musée. Il a participé aux ouvrages *Les Troupes coloniales dans la Grande Guerre* (Economica, 1997) et « L'image du soldat colonial aux XIXe et XXe siècles » (*Histoire et Défense*, n° 37, 1998). Il a codirigé *Centenaire des grandes missions africaines, 1897-1900* (Lavauzelle, 2003) et *Les Troupes de la marine et les colonies* *sous le premier Empire* (Lavauzelle, 2005), *Un rêve d'aventure* (Lavauzelle, 2000) et *L'École du Pharo, cent ans de médecine outre-mer* (Lavauzelle, 2005).

Suzanne Citron, historienne, maître de conférences honoraire à l'université Paris XIII, a publié, outre de nombreux articles dans des revues et dans la presse et des participations à des ouvrages collectifs : *L'École bloquée* (Bordas, 1971), *Enseigner l'histoire aujourd'hui, la mémoire perdue et retrouvée* (Éditions ouvrières, 1984), *Le Mythe national, l'histoire de France en question* (Éditions ouvrières/EDI, 1987, nouvelle édition en préparation), *L'Histoire de France autrement* (Éditions de l'Atelier, 1995), *L'Histoire des hommes* (Syros, 1999), *Mes lignes de démarcation* (Syllepse, 2003).

Alain Deneault, titulaire du doctorat de philosophie de l'université de Paris VIII et post-doctorant au Centre canadien d'études allemandes et européennes (université de Montréal), a établi le recueil d'essais de Georg Simmel *L'Argent dans la culture moderne et autres essais sur l'économie de la vie* (Éditions de la Maison des sciences de l'homme/Presses de l'université de Laval, 2006) et a fait une étude de cas sur le problème *offshore*, dans *Paul Martin et compagnies, soixante thèses sur l'« alégalité » des paradis fiscaux* (VLB Éditeur, 2004).

Éric Deroo, auteur, réalisateur, chercheur associé au CNRS (GDR 2223, Marseille), a consacré de nombreux travaux à l'histoire coloniale française et à ses représentations. Il a réalisé plusieurs documentaires, notamment *L'Histoire oubliée* (FR3, 1992), *Le Piège indochinois* (Histoire, 1996), *Zoos humains* (Arte, 2002-2006) et *Paris couleurs* (France 3, 2005). Il a également publié *Aux colonies* (Presses de la Cité, 1992) et a codirigé la trilogie *Le Paris noir* (Hazan, 2001), *Le Paris arabe* (La Découverte, 2003) et *Le Paris Asie* (La Découverte, 2004), *Un rêve d'aventure* (Lavauzelle, 2000), *L'École du Pharo, cent ans de médecine outre-mer* (Lavauzelle, 2005) et *L'Illusion coloniale* (Tallandier, 2006).

Jean-Pierre Dozon, anthropologue, directeur de recherche à l'IRD, directeur d'études à l'EHESS, travaille sur la configuration Occident/Afrique dans le domaine de l'anthropologie politique et religieuse. Il a notamment publié : *La Société bété* (Karthala, 1985), *La Cause des prophètes. Politique et religion en Afrique contemporaine* (Seuil, 1995), *Frères et Sujets. La France et l'Afrique en perspective* (Flammarion, 2003).

Vincent Geisser est chercheur à l'Institut d'études et de recherches sur le monde arabe et musulman (IREMAM-CNRS) et enseigne à l'Institut d'études politiques (IEP) d'Aix-en-Provence. Il préside le Centre d'études et d'information sur les migrations internationales (CIEMI, Paris) depuis avril 2005. Outre une trentaine d'articles scientifiques, il est l'auteur de *La Nouvelle Islamophobie* (La Découverte, 2003), *Le Syndrome autoritaire. Politique en Tunisie de Bourguiba à Ben Ali* (en collaboration avec Michel Camau, Presses de Sciences Po, 2003), *Habib Bourguiba. La trace et l'héritage* (en collaboration avec Michel Camau, Karthala, 2004), *Diplômés maghrébins d'ici et d'ailleurs* (CNRS Éditions, 2000) et *Ethnicité républicaine. Les élites d'origine maghrébine dans le système politique français* (Presses de Sciences Po, 1997).

Sandrine Lemaire est agrégée, enseignante et docteur en histoire de l'Institut universitaire européen. Elle a codirigé *Culture coloniale. La France conquise par son Empire* (Autrement, 2003), *Culture impériale. Les colonies au cœur de la République* (Autrement, 2004) et *Zoos humains. Au temps des exhibitions humaines* (La Découverte, 2004) et a collaboré à *L'Illusion coloniale* (Tallandier, 2006).

Jean-Marc Moura est professeur de littérature comparée à l'université Lille III-Charles-de-Gaulle. Auteur de très nombreux articles et ouvrages, il a notamment publié *La Littérature des lointains. Histoire de l'exotisme européen* (Honoré Champion, 1998), *Littératures francophones et théorie postcoloniale* (PUF, 1999) et *Exotisme et lettres francophones* (PUF, 2003).

Gabrielle Parker est titulaire de la chaire de français et *pro vice-chancellor and dean* de la School of Arts à Middlesex University (Londres). Elle travaille sur la politique culturelle et linguistique, et en particulier sur la francophonie, et a publié sur cette question : « The Fifth Republic and the Francophone Project » et « France and Southern Africa : Culture, Co-operation and Language Policy », *in* Kamal Salhi (dir.), *French in and out of France* (Peter Lang, 2003), « "Francophonie" and "universalité" : evolution of two notions conjoined », *in* Charles Forsdick and David Murphy (dir.), *Francophone Postcolonial Studies. A Critical Introduction* (Arnold, 2003).

Mathieu Rigouste, doctorant en sociologie, chargé de cours à l'Institut Maghreb-Europe, rattaché à l'équipe ÉRASME 3382 de l'université

Paris VIII, travaille sur la sociohistoire de l'altérité et les processus de légitimation des rapports de domination. Il a publié notamment « Le langage des médias sur les cités. Représenter l'espace, légitimer le contrôle » (*Hommes et Migrations*, décembre 2004), « L'ennemi intérieur. La construction médiatique de la figure de l'Arabe », *in La Fracture coloniale* (La Découverte, 2005) et « L'immigré mais qui a réussi... » (*Le Monde diplomatique*, juillet 2004).

Delphine Robic-Diaz achève une thèse de doctorat d'études cinématographiques (université Paris III-Sorbonne nouvelle) portant sur la représentation de la guerre d'Indochine dans le cinéma français. Elle a notamment contribué aux revues *Guerres mondiales et conflits contemporains*, *Images de la culture* et *Le Temps des médias*. Elle est également coordonnatrice des publications du GRRAAL (Groupe de réflexion sur les représentations de l'autre, de l'ailleurs et du lointain) : *L'Autre en images, idées reçues et stéréotypes* et *L'Au-delà des images* (à paraître).

Alain Ruscio, historien, docteur ès lettres, consacre depuis des années ses travaux à l'histoire de la colonisation. Il a particulièrement porté son attention sur la notion de regard colonial : *Le Credo de l'homme blanc* (Complexe, 2002) et *Que la France était belle au temps des colonies. Anthologie de la chanson coloniale et exotique française* (Maisonneuve et Larose, 2002). Ses travaux actuels l'amènent à s'interroger sur l'instrumentalisation de l'histoire, en particulier par les cercles négationnistes. Il dirige un Centre d'information et de documentation sur le Viêt Nam contemporain.

Pierre Tévanian, professeur de philosophie au lycée Eugène-Delacroix à Drancy, membre du collectif Les mots sont importants (www.lmsi.net). Il a publié, seul ou en collaboration, *Dictionnaire de la lepénisation des esprits* (L'Esprit frappeur, 2002), *Le Racisme républicain. Réflexions sur le modèle français de discrimination* (L'Esprit frappeur, 2002), *Le Ministère de la peur. Réflexions sur le nouvel ordre sécuritaire* (L'Esprit frappeur, 2004) et *Le Voile médiatique. Un faux débat : « l'affaire du foulard islamique »* (Raison d'agir, 2005).

Françoise Vergès, politologue au Centre for Cultural Studies, Goldsmiths College, Londres, spécialiste de la théorie post-coloniale et auteure, entre autres, de : *La Mémoire enchaînée. Questions sur l'esclavage*

(Albin Michel, 2006), *Nègre je suis, nègre je resterai. Entretiens avec Aimé Césaire* (Albin Michel, 2005), *Amarres. Créolisations india-océanes*, avec Carpanin Marimoutou (L'Harmattan, 2004), et avec Nicolas Bancel et Pascal Blanchard, *La République coloniale* (Albin Michel, 2004, Hachette Poche, 2006).

Dominique Vidal, historien, journaliste au *Monde diplomatique*, auteur avec Karim Bourtel du *Mal-être arabe. Enfants de la colonisation* (Agone, 2005). Auparavant, il a écrit *Le Mal-être juif. Entre repli, assimilation et manipulations* (Agone, 2003). Il vient de publier, en compagnie de Leila Shahid et Michel Warschawski (avec Isabelle Avran) *Les Banlieues, le Proche-Orient et nous* (L'Atelier, 2006).

Abdourahman A. Waberi, écrivain, essayiste, a notamment publié *Aux États-Unis d'Afrique* (Jean-Claude Lattès, 2006), *Moisson de crânes* (Motifs, 2004), *Balbala* (Le Serpent à plumes, 1997), *Cahier nomade* (Le Serpent à plumes, 1996) et *Le Pays sans ombre* (Le Serpent à plumes, 1994).

Dominique Wolton, directeur de recherches au CNRS, directeur du laboratoire Information, communication et enjeux scientifiques et fondateur du laboratoire Communication et politique, il dirige en outre la collection « CNRS Communication »/CNRS Éditions, et la revue *Hermès. Cognition, Communication, Politique*. Il a notamment publié : *Demain la Francophonie* (Flammarion, 2006), *Il faut sauver la communication* (Flammarion, 2005), *L'Autre Mondialisation* (Flammarion, 2004), *La Télévision au pouvoir* (Universalis, « Le tour du sujet », 2004) et *Penser la communication* (Flammarion, 1997).

Amina Yala, docteur en histoire et communication. Chargée de cours et chercheur associée au laboratoire de recherche ISOR/CREDHESS (images, sociétés, représentations) de l'université Paris I. Ses axes de recherches portent sur les échanges Nord-Sud, le développement, l'humanitaire, le tourisme, les relations interculturelles et les représentations de l'altérité. Auteur de *Volontaire en ONG : l'aventure ambiguë* (Éditions Charles Léopold Mayer, 2005).

ACHAC
75, avenue Gambetta
75020 Paris
memoire.coloniale@achac.com

Ce collectif de chercheurs travaille depuis 1989 sur les représentations et les imaginaires coloniaux et postcoloniaux. Constitué autour d'un réseau de compétences, en partenariat avec différentes institutions, groupes de recherches ou universités, sa démarche consiste à mettre en œuvre des actions sur trois axes : programme de recherches (avec la constitution d'un fonds iconographique), programme d'éditions (livres, articles, catalogues, brochures pédagogiques, partenariats...), manifestations scientifiques (colloques, conférences, séminaires, forums...) ou ouvertes sur le public (programmes pédagogiques, expositions, documentaires...).

Depuis son programme *Images et Colonies*, ses actions périphériques (*Miroirs d'empire, L'Appel à l'Afrique, Images d'empire...*) et son approche sur les prolongements contemporains de la représentation coloniale (*L'Autre et nous, De l'indigène à l'immigré, Zoos humains...*), l'équipe de l'ACHAC travaille sur plusieurs champs liés à la question coloniale ou aux représentations. Toujours en partant des images et des imaginaires, de la culture et des idéologies, elle s'attache à suivre les mécanismes complexes qui structurent la relation entre colonisé et colonisateur, ainsi que les éléments constitutifs de la mémoire coloniale.

En même temps, à travers différentes approches et programmes, l'ACHAC s'attache depuis 2001, en partenariat avec le FASILD, à l'histoire des migrations coloniales en métropole (*Le Paris noir, Le Paris Asie, Le Paris arabe, Marseille, porte Sud, Sud-Ouest, porte des outre-mers*) et, depuis 2002, développe un projet autour de la notion de « culture coloniale » qui concerne les conséquences, dans les métropoles, des enjeux coloniaux et ses influences idéologiques, pratiques et identitaires sur les sociétés coloniales (*La République coloniale*, Albin Michel/Hachette, « Pluriel Histoire »). Elle met en place différentes études sur la mémoire coloniale ou sur la mémoire de l'immigration afin de mesurer l'impact de ces questions dans les enjeux de citoyenneté contemporains, dont l'ouvrage *La Fracture coloniale. La société française au prisme des héritages coloniaux* (La Découverte, 2005/Poche, 2006) propose une première synthèse.

De nombreux travaux de membres de l'ACHAC (ou en partenariat) structurent cette approche. On peut citer *Images et Colonies* (catalogue et actes du colloque, 1993) ; *L'Autre et nous* (1996) ; *L'Afrique. Un continent, des nations* (1997) ; *Images d'empire* (1997) ; « De l'indigène à l'immigré. Images, messages et réalités (1). Le retour du colonial (2) » *in Hommes et Migrations* (1997) ; *De l'indigène à l'immigré* (1998) ; « Ces zoos humains de la République coloniale », *Le Monde diplomatique* (2000) ; « Les non-dits de l'antiracisme colonial français : la République coloniale », *in Politique et Altérité* (2000) ; « Le colonialisme, un "anneau dans le nez de la République" » *Hommes et Migrations* (2000) ; « L'invention de l'indigène », *Passerelles* (1998) ; « L'Afrique noire inventée », *Historiens et Géographes* (1999) ; « Entre apothéose et oubli », *Manière de voir* (2001) ; *Le Paris noir* (2001) ; *Zoos humains. De la Vénus hottentote aux* « reality shows » (2002, qui a fait l'objet d'un film pour Arte) ; « Colonisation, immigration : le complexe impérial » *in Migrations société* (2002) ; *Culture coloniale, 1871-1931* (2003) ; *Le Paris arabe* (2003) ; « De la mémoire coloniale à l'histoire », *Francophone Postcolonial Studies* (2003) ; *De l'Indochine à l'Algérie, 1940-1962*, (2003) ; *Le Paris Asie* (2004, qui avec les deux autres ouvrages de la trilogie a fait l'objet d'un film en 2005 pour France 3 : *Paris couleurs*) ; *Culture impériale, 1931-1961* (2004) ; *La Fracture coloniale. La société française au prisme des héritages coloniaux* (2005) ; *Marseille, porte Sud* (2005) ; *Sud-Ouest, porte des outremers* (2006), et *La République coloniale* (2006).

DÉJÀ PARUS AUX ÉDITIONS AUTREMENT

Culture coloniale 1871-1931. La France conquise par son Empire
Pascal Blanchard et Sandrine Lemaire
256 p. – 19 €
ISBN : 978-2-7467-299-1

Culture impériale 1931-1961. Les colonies au cœur de la République
Pascal Blanchard et Sandrine Lemaire
Avant-propos de Didier Daeninckx
280 p. – 19 €
ISBN : 978-2-7467-0485-4

Éditions Autrement - collection « Mémoires »

Abonnements au 1er janvier 2006 : la collection « Mémoires » est vendue à l'unité ou par abonnement (France : 132 € ; étranger : 161 €) de 8 numéros par an. L'abonnement peut être souscrit auprès de votre libraire ou directement à Autrement, Service abonnements, 77, rue du Faubourg-Saint-Antoine, 75011 Paris. Établir votre paiement (chèque bancaire ou postal, mandat-lettre) à l'ordre de NEXSO (CCP Paris 1-198-50-C). Le montant de l'abonnement doit être joint à la commande. Veuillez prévoir un délai d'un mois pour l'installation de votre abonnement, plus le délai d'acheminement normal. Pour tout changement d'adresse, veuillez nous prévenir avant le 15 du mois et nous joindre votre dernière étiquette d'envoi. Un nouvel abonnement débute avec le numéro du mois en cours. Vente en librairie exclusivement. Diffusion : Éditions du Seuil.

Achevé d'imprimer en septembre 2006 chez Corlet, Imp. S.A., 14110 Condé-sur-Noireau (France). N° 94633.